영화로 만나는

# 동아시아

# 영화로 만나는 동아시아

## 패권주의와 다문화

백태현 지음

산지니

# 머리말

베트남전쟁에 대한 저항 등 반전과 평화를 노래한 미국의 포크 가수 밥 딜런이 대중가수로는 처음으로 2016년 노벨 문학상을 받았다. 하지만 최근 동아시아는 그가 열망했던 평화는커녕 곧 국가들 간 무력충돌이 발생할 것만 같은 일촉즉발의 분위기다.

최근 한반도 주변의 외교안보 상황은 격변의 국내 정세와 맞물려 극한의 위기를 맞고 있다. 대통령 탄핵과 파면, 5 · 9 대선의 소용돌이 속에서 북한 핵 도발을 둘러싼 강대국들의 첨예한 갈등은 한반도 안전을 크게 위협하고 있다.

2016년 초 북한의 4차 핵실험 이후 우리 정부는 개성공단 가동을 중단했고, 사드(THAAD · 고고도미사일방어체계) 배치를 결정했다. 북한은 이에 개의치 않고 2016년 9월 5차 핵실험을 단행했다. 이로써 남북한은 물론 한국과 중국, 미국과 중국 사이의 관계가 악화됐다. 2017년 대통령 탄핵정국을 틈타 북한의 탄도미사일 발사가 계속되자 미군의 사드 장비가 마침내 한국에 배치됐고, 미국은 전술핵의 한국 재배치까지 검토하는 등 북한의 도발로 인한 사태가 걷잡을 수 없이 전개되고 있다. 사드 배치에 반대해 온 중국의 전투기가 우리 방공식별구역을 침범해 비행하는 등 중국은 강력한 무력시위를 벌이는 한편, '사드 보복' 차원에서 자국민의 한국 관광을 통제하고 한국 기업의 제품에 대한 불매운동을 펴는 강수를 두고 있다. 일본도 한국과 군사정보보호협정을 체결하는 등 북한 핵실험과 미사일 발사에 대해 매우 예민한 반응을 보이고 있다. 한반도를 사이에 두고 '한국 · 미국 · 일본' 대 '북한 · 중국 · 러시아'의 구도로 신(新)냉전체제가 형성되고 있다는 분석도 나온다.

이런 민감한 시기에 김정은 북한 노동당 위원장의 이복형인 김정남이 말레이시아의 공항에서 북한 당국에 의해 암살당한 정황이 드러나면서 국제사회의 비난과 제재 수위가 높아지고 있다. 궁지에 몰린 북한은 이에 아랑곳하지 않고 탄도미사일 발사를 멈추지 않고 있으며, 또 어떤 도발을 감행할지 알 수 없는 예측불허의 상황이다.

한편, 한 · 미 · 일의 관계도 일사불란한 것만은 아니다. 일본군 '위안부' 소녀상 갈등으로 주한 일본대사와 부산총영사관 총영사가 본국으로 소환된 지 85일 만에 복귀했고, 아직도 한 · 일 양국은 협상의 접점과 방안을 찾지 못하고 있다. 한국과 미국 사이의 전통적 동맹 관계도 국가적 실리 앞에서 변화하고 있다. 미국은 자국의 이익과 경제보호 차원에서 곧 한 · 미 FTA(자유무역협정) 재협상을 요구해 올 것이 확실시된다. 주한미군 방위비 추가 분담 요구는 현실화되고 있다. 도널드 트럼프 미국 대통령이 사드 배치에 따른 비용 10억 달러를 한국 정부에 청구하겠다고 밝혀 논란이 일고 있다. 추후 주한미군 방위비 협상 때 미국이 추가 분담 요구를 해 올 가능성은 매우 높다. 자국의 한반도 관련 군사비 부담을 줄이기 위해 일본에 한반도 방위의 많은 부분을 떠넘기려 할 것이라는 관측도 나온다. 일본은 방위상이 야스쿠니 신사를 참배하며 적극적인 군국 의지를 숨기지 않고 있어 북한 도발에 대비하는 미국과 일본의 동아시아 전력 배치가 새로운 양상으로 전개될 수도 있다. 동아시아 정세는 안갯속이고 첩첩산중이다.

동아시아뿐만 아니라 전 세계적인 정치의 풍향도 대립과 갈등의 바람이 거세다. 영국의 유럽연합(EU) 탈퇴(브렉시트 · Brexit)와 미국 우선주의를 천명한 도널드 트럼프 미국 대통령의 취임, 유럽 대륙 각국의 극우정당 약진은 자국과 자국민을 보호한다는 명분 아래 보호주의의 빗장을 걸어 잠그고 있는 형국이다.

포퓰리즘에 입각한 트럼프 대통령은 철저한 자국 보호주의 무역 정책과 함께 대중국 압박 외교 구사, 대북한 선제타격 검토, 핵무장 강화 발언 등 강경 일변도의 세계 전략을 펼치고 있다. 일부 무슬림 국가들의 미국 입국을 금지하는 '반(反)이민 행정명령'과 '수정명령'을 내렸으나 법원에서 제동이 걸린 상태다. 멕시코 난민의 유입을 막기 위한 국경 장벽의 설치도 강행했다. 영국의 브렉시트 역시 자국 근로자의 일자리와 경제 보호를 위한 고립주의로 볼 수 있다. 이번 프랑스 대선에 출마해 돌풍을 일으킨 마린 르펜 후보가 민족주의와 국가주의의 기치를 앞세운 극우정당 국민전선(FN)의 후보란 점에 주목해야 한다. 2017년 5월에 끝난 프랑스 대선 결선투표에서 르펜 후보가 패하긴 했지만 유럽 전역에 폐쇄적 국가주의의 물결이 밀려오고 있는 건 사실이다.

이 같은 현상이 우려되는 것은, 자국만을 위한 보호주의와 국가주의 열풍은 자칫 세계 정치의 트렌드를 교류와 협력이 아닌 국가 간 대립과 갈등, 충돌의 치킨 게임으로 몰아갈 수 있기 때문이다. 눈앞의 자국 이익에 열중하다 공멸의 낭떠러지로 휩쓸려 가는 것은 아닌지 불안하기 짝이 없다. 특히 불확실성이 강한 트럼프 대통령의 미국과 현대판 중화주의의 재현을 갈망하는 시진핑 주석의 중국이 불화하고 부딪치면 동아시아와 한반도 정세에 결정적 영향을 미칠 수 있다. 초강대국인 양국이 자국의 이익만을 앞세울 때 북한의 무력 도발이 불씨가 되어 어떤 돌발적 사태가 한반도에서 발생할지 알 수 없는 일이기 때문이다.

최근 동아시아의 외교적 지형은 마치 근대 서양 국가들의 침략으로 풍운에 휩싸였던 19세기 중반~20세기 중반의 격동기를 방불케

할 정도로 요동치는 형국이다. 하지만 이처럼 국가주의와 패권주의가 판을 치는 갈등과 반목의 세계 정세 속에서도 다양한 인종과 민족의 세계인들이 함께 어울려 살아가는 다문화 사회는 이제 엄연한 우리 곁의 삶의 풍경으로 자리를 잡았다. 한국에도 174만 명이 넘는 외국인이 도시와 농어촌의 건설 현장과 공장, 식당 등 우리 사회 곳곳에서 필수적인 산업역군으로, 또 이웃으로 살아가고 있다. 다문화 가정도 일상적 풍경이 됐다. 이들은 함께 미래를 가꾸어 나갈 동료이자 이웃이고, 가족이다.

이 책에서는 동아시아 영화의 창을 통해 이 같은 두 가지 풍경, 동아시아에서 벌어지고 있는 민족·국가적 갈등의 패권주의적 풍경과 다문화 사회의 공생의 풍경을 함께 들여다보고자 했다. 민족·국민이라는 정체성과 다문화 사회의 세계시민이라는 정체성, 이 두 개의 정체성은 현대인에게 동전의 양면처럼 떼려야 뗄 수 없는 동반적 특성이다. 미래의 사회는 좋든 싫든 민족과 국가의 경계를 넘어 교류하고 교섭하는 혼종의 다문화 사회를 향해 진행되어 갈 수밖에 없다. 소개하는 영화들의 다채로운 스펙트럼을 통해 동아시아 사회의 현재와 과거, 미래의 풍경을 선명하게 비춰 볼 수 있기를 희망한다.

1부에서는 동아시아의 패권과 중화질서의 복귀를 노리는 중국, '평화헌법' 개헌을 추진하며 군사·국가적 팽창 의지를 불태우는 일본, 중국과 양안(兩岸) 관계의 긴장을 늦추지 않고 있는 대만, 핵 실험과 경제난으로 주민들의 국가 이탈이 속출하고 있는 북한, 한반도 분단 체제의 비극에서 자유로울 수 없는 대한민국 등 21세기 동아시아 국가들에 장착된 핵심 키워드를 영화의 풍경 속에서 읽어 내려 했다.

2부에서는 과거 19세기 중반~20세기 중반에 전개된 근대 서양 국가들과 일본 제국주의의 동아시아 침탈과 피해 국가들의 대응 양상을 잘 보여 주는 영화들을 살펴봤다. 동서양 국가와 민족이 근대의 향방을 두고 서로 부딪치고 갈등했던 격동의 동아시아는 혼란스럽고 복잡했다. 근대 국가들의 침략과 이에 맞선 동아시아 민중의 반(反)봉건, 반(反)제국주의 응전이 치열하게 전개됐던 시기였다.

3부의 영화들은 다문화 사회와 그 주인공들에 관한 얘기들이다. 북한이탈주민, 조선족, 이주노동자, 결혼이주여성 등 한국 땅에서 우리와 함께 살아가고 있는 외국인 이웃들의 실상을 추적해 봤다. 아울러 1997년 중국 반환을 앞둔 시기 홍콩인들의 불안, 전 세계로 퍼져 나간 화교 디아스포라의 애환도 한국 다문화 사회의 거울로 들여다봤다.

4부는 단일의 정체성에 매몰되지 않고 연대와 혼종의 다문화 사회를 열어 가는 재일한인(在日韓人)에 집중했다. 일본 거주 한인의 정체성 변화 추이를 잘 보여 주는 영화들을 폭력과 사랑 코드로 분석했다. 이를 통해 재일한인의 미래지향적 특성과 세계시민으로서의 다원적 정체성의 면모를 추적했다. 이 글은 필자가 한국해양대학교 대학원 국제지역문화학과 석사논문으로 발표한 것을 가다듬은 것이다.

우리가 몸담고 있는 지역의 정세와 사회적 변화에 대한 관심은 곧 우리의 삶을 통합적으로 성찰하는 일과 다르지 않을 것이다. 그런 점에서 동아시아적인 맥락과 시각으로 동아시아의 현재와 과거, 미래를 함께 짚어 보는 것은 의미 있는 일이라고 생각한다.

동아시아를 이해하는 사고의 지평을 넓혀 준 한국해양대학교 동아시아학과 교수님들께 감사드린다. 이 책이 나올 때까지 성원을 아끼지 않은 아내와 두 아들에게도 진심으로 고맙다는 말을 전한다.

2017년 5월

백태현

# 차례

## 3부 우리 곁의 다문화 사회



## 4부 폭력 · 사랑 코드로 읽는 재일한인의 세계시민주의



## 5부 경계를 넘어

1부

# 21세기 신(新)냉전체제

## 국가와 국민의 관계를 다시금 생각해 보다 :
### 영화 〈연평해전〉

초유의 대통령 탄핵으로 2017년 5월 9일 '장미대선'이 치러져 새 대통령이 선출됐다. 언론 보도와 특검 및 검찰 조사를 통해 드러난 비선실세의 국정농단 사실을 접하면 이 나라가 누구를 위한 나라인지 의구심이 들 정도다. 헌재 선고에서 세월호 참사 당시 대통령의 '세월호 7시간' 부분에 대해서는 파면 사유는 아니지만 성실한 직책 수행 의무를 위반했다는 보충의견이 나왔다.

2014년 4월 16일 발생한 세월호 참사는 국가와 국민의 관계를 다시금 짚어보게 한다. 눈앞에서 죽어 가는 학생들을 구해 주지 못했던 세월호 사고의 참혹함은 대한민국호의 실상을 비추는 거울이기도 하다. 세월호의 비극은 같은 서해 해상에서 2002년 6월 29일 발생했던 제2 연평해전을 기억 속에서 끄집어내게 한다.

이 전투에서 우리 해군 소속 참수리 357호의 정장과 대원들은 고속정과 동료를 지키기 위해 목숨을 바쳤다. 북한 고속정의 해상 NLL(북방한계선) 침범과 무력 도발에 맞서 끝까지 싸우다 희생한 것이다. 승선원을 저버리고 자기만 살겠다고 탈출한 세월호 선장의 모습과 대한민국 영해에서조차 국민의 생명과 안전을 지켜 주지 못한 국가의 무능, 무책임과 비교되면서 자꾸만 제2 연평해전의 상황이 떠오르는 것은 어쩔 수가 없다.

영화 〈연평해전〉(감독 김학순)은 2015년 6월 개봉했다. 제2 연평해전의 전투 장면을 최대한 사실적으로 묘사해 당시의 치열했던 순간들을 재연한 이 영화는 국가를 위해 희생했던 장병들의 책임감 있는 모습들을 리얼하게 앵글에 담았다.

영화는 2002년 6월 29일, 대한민국과 터키의 한·일 월드컵 3, 4위전이 있던 날, 서해 연평도 북방한계선에서 북한 고속정의 공격에 맞서 싸운 해군 제2함대 소속 참수리 357호 대원들의 실화를 바탕으로 제작됐다. 이날 북한 고속정의 기습 함포 공격을 시작으로 양방 간 치열한 격전이 30분간 진행됐다. 그 결과 우리 측에서는 참수리 357호의 정장 윤영하 대위(김무열 분)와 조타장 한상국 하사(진구 분) 등 20여 명의 사상자가 발생했고, 고속정은 침몰했다.

이 전투에서 해군 출신 아버지의 자랑스러운 아들인 윤영하 대위, 아내의 든든한 남편인 한상국 하사, 어머니의 하나뿐인 아들인 의무병 박동혁 상병(이현우 분) 등 정장과 병사들은 포탄과 총알이 쏟아지는 절체절명의 교전 중에서도 목숨이 끊어지는 순간까지 자신의 자리를 지키며 맡은 역할을 충실히 수행해 낸다. 동고동락해 왔던 전우를 구하기 위해서였고, 나라를 경비하는 고속정을 끝까지 지키겠다는 일념에서였다. 국민과 국가를 위한 희생이었다.

한상국 하사의 전투 장면은 치열하다 못해 비장하기까지 하다. 조타장으로서는 치명적인 약점인 손 떨림 현상으로 육상 근무를 신청해 놓은 한 하사였다. 그는 전투가 발생하자 큰 부상을 입었지만 끈으로 자신의 손과 조타구를 같이 묶어 배의 방향타를 잡은 채 산화해 간다. 한 하사는 의무병인 박 상병에게 "내가 배를 살릴 테니까 너는 가서 사람을 살려라"라고 말한다. 동료와 배를 지키기 위해 끝까지 의무와 책임을 다하는 자세라고 할 수 있다. 국민의 어려움을 나

“

북한 고속정 도발에 맞서 싸운
참수리 357호
전우 · 배 지키려 책임 다한 희생,
분단 체제의 비극

몰라라 하는 정부나 책임은 뒷전인 채 자신의 이익만 좇는 일부 정치인들의 행태와는 극명하게 대비된다. 이 영화를 단순히 반공영화로만 볼 수 없는 이유다.

1953년 7월 27일 한국전쟁 정전협정 때 유엔군사령관은 휴전과 함께 해상 NLL을 설정하면서 NLL 이북 모든 도서를 중국과 북한에 양도한다. 이처럼 그어진 분단선의 고착은 해상에서도 제2 연평해전과 같은 국지전 발생의 빌미를 제공했다. 제2 연평해전이 발생한 지 8년 뒤인 2010년 3월과 11월 잇따라 발생한 백령도 부근 해상에서의 천안함 침몰 사건과 북한군의 연평도 포격 사건도 분단체제가 낳은 큰 비극이 아닐 수 없다.

우리는 국민국가에 살고 있다. 국민국가의 구성원은 국민이고, 국민이 주인이다. 국민은 납세와 국방의 의무 등으로 국가에 대해 의무를 지는 대신, 국가로부터 생명과 재산을 보호받을 권리를 갖는다. 인간으로서 영구히 박탈당하지 않는 생래적인 기본권도 있다. 우리

헌법도 평등의 원칙과 신체의 자유 등 고전적 기본권을 보장해 왔고, 인권의 불가침성과 행복추구권 등 천부적 인권을 규정하고 있다. 만약 국가가 국민의 이 같은 권리를 보장해 주지 못한다면 국민은 자신들의 손으로 뽑은 위정자들을 표로써 심판하거나, 국민이기를 포기하고 국가를 이탈하려 들 수 있다.

민족이나 국민을 근대국가 형성 과정에서 만들어진 상상의 공동체로 보는 견해가 있다. 국민은 이전부터 실체가 있었던 것이 아니라 배타적 공동체인 근대국가 생성을 위해 근대 이후 새롭게 구축된 개념이라는 것이다. 일본 학자 니시카와 나가오는 그의 저서 『국민을 그만두는 방법』에서 "최근 200~300년 사이에 만들어진 국민국가는 여러 제도와 장치를 사용해 열심히 국민성과 국민문화를 만들어 왔는데, 그것은 루소의 말을 빌리자면 '근원적인 자유의 감정'을 억압하고 사람들에게 '노예상태'를 즐기도록 획책했다"고 국민과 국민국가의 실체를 진단한다. 국민이 국가의 존립을 위해 만들어져 국가를 위해 희생하는 존재라면 국가도 국민의 생명과 안전, 행복권을 보장해줘야 한다. 만약 국가가 이를 이행하지 못할 경우 국가와 국민 사이를 지탱하는 암묵적 계약이 깨질 공산이 크다. 대의민주주의 제도 아래서 국민은 대체로 선거와 투표에 의해 자신들의 불만을 표출하고 권리를 되찾으려 한다. 하지만 사태가 심각하고 더 이상 기다릴 수 없다고 판단될 경우 탄핵이라는 법적인 절차를 통해 위정자들을 자리에서 강제로 끌어내리기도 한다. 이번 대통령 탄핵과 파면도 그런 맥락이다.

대한민국이 국민에게 실망을 안겨 준 건 한두 번이 아니다. 삼풍백화점 붕괴, 세월호 참사, 비선실세의 국정농단에 이르기까지 어처구니없는 대형 사고와 사건이 끊이지 않고 있다. 재외국민에 대한 허술한 보호 대책도 그렇다. 오죽하면 "자국민의 안전과 보호를 내팽개치는 국가는 국가가 아니다"라는 외침이 영화나 드라마에 단골로 등장하겠는가.

극심한 취업난과 청년 실업, 중산층의 몰락을 가속화하는 경제 양극화와 사회지도층의 각종 비리 등도 국가에 대한 실망과 불신을 불러오고 있다. 국가에 대한 민심 이반은 자칫 국가를 이탈해 국민임을 포기하려는 행태로 나타날 수도 있다. 이럴 경우 국가의 근간이 흔들리게 된다. 그런데도 위정자들에게 국민은 안중에도 없는 것 같다. 당리당략과 파벌싸움, 정권 획득을 위한 정치술수만 난무한다. 국민의 정치혐오는 국가의 체질을 약화시키고, 냉엄한 국제사회에서 국가가 도태되는 결과를 초래하기 십상이다.

세월호의 비극과 참수리 357호의 결전 장면이 오버랩되면서 국가와 국민의 관계를 다시금 생각하게 하는 요즘이다.

## 한반도 분단의 아픔 :
### 영화 〈고지전〉, 〈포화 속으로〉, 〈인천상륙작전〉

우리는 아직도 분단체제 속에서 살아가고 있다. 1989년 베를린 장벽 붕괴와 1991년 구소련 해체로 동서냉전의 미국-소련 양극체제가 와해됐음에도 불구하고 한반도 남북 분단의 비극은 계속되고 있다. 민족이 둘로 갈라져 적대시하는 희한한 풍경과 이산의 아픔도 그대로다. 한반도 분단은 단지 동서 냉전의 산물이 아니라 동아시아 패권을 차지하기 위한 강대국들의 헤게모니 경쟁, 세계체제의 작동 등 복합적인 양상을 띠기 때문이다.

남북한 분단체제를 고착시킨 결정적 사건이 6 · 25전쟁 곧 한국전쟁이다. 한국전쟁은 민족끼리 서로 죽이고 파괴하는 동족상잔의 비극을 낳았고, 그 피해와 고통은 온전히 남북 양측 민중의 몫이었다.

한국전쟁 중에 우리 민족이 겪어야 했던 피눈물 나는 사연과 가혹한 운명을 다룬 영화로 장훈 감독의 〈고지전〉(2011), 이재한 감독의 〈포화 속으로〉(2010)를 꼽을 수 있다. 지난해 개봉한 이재한 감독의 〈인천상륙작전〉(2016)도 한국전쟁의 전세를 역전시킨 인천상륙작전을 소재로 만든 전쟁영화다. 한국전쟁 당시의 전투를 다룬 이들 3편의 영화는 분단체제를 고착화시킨 전쟁의 실상과 그 속에서 잃어버린 인간성의 가치들에 대해 다시 생각하게 한다. 그 가치들은 분단체제가 지속되고 있는 바로 오늘의 문제이기도 하다.

“

애록고지 차지하려고
휴전 직전 치열한 공방전
전쟁 이유 불분명
살기 위해 죽이는 아수라장

장훈 감독의 〈고지전〉은 한국전쟁 기간 중 동부전선 최전방 애록고지에 배치됐던 일명 ‘악어중대’를 모티브로 만들어진 영화다. 휴전을 눈앞에 두고 영토를 확정하기 위해 한 치의 땅이라도 더 확보하려는 한국군과 북한군의 치열한 공방전이 펼쳐진다. 전쟁을 하는 이유도 불분명한 상태에서 그저 명령 하나로 고지 탈환전을 벌이고, 내가 살아남기 위해 상대를 죽여야 하는 아수라장이 바로 그곳, 애록고지다.

1953년 2월, 국군 방첩대 중위 강은표(신하균 분)는 애록고지로 향한다. 애록고지에서 전사한 중대장의 사인을 밝히고 그의 죽음이 적과의 내통과 관련되어 있는지 조사하라는 명령을 받은 것이다. 강은표는 그곳에서 전쟁 발생 초기에 죽은 줄 알았던 친구 김수혁(고수 분)을 만난다. 수혁은 2년 사이에 혁혁한 전공을 세워 이등병에서 중위로 특진해 있었고, 전투에 임할 때는 인정사정없는 냉혹한 전사로 돌변하는 모습을 보인다.

고지 쟁탈전에 함께 참가하게 된 은표는 전투 과정에서 놀라운 사실들을 목격하게 된다. 수혁이 무리하게 고지 사수를 지시하는 새 중대장을 사살한 후 퇴각을 지휘하는 장면을 보고는 경악한다. 수혁은 군 명령 체계를 넘어 대원들의 목숨을 더 중요하게 여겼던 것이고, 대원들은 그런 수혁을 신뢰하고 따른다.

또 하나의 충격적인 사실은 애록고지 벙커 속에서 남과 북의 군인들 사이에 물물교환이 이루어지고 있다는 것이다. 고지를 점령한 한국군은 북한군이 술, 성냥, 담배 등을 비밀장소에 넣어 두고 그 대가로 남한에 있는 가족들에게 편지와 사진을 전달해 달라는 사연을 적어 둔 것을 발견한다. 수혁 등 몇몇 악어중대원들이 거래를 트고 있었다. 은표는 수혁 등이 북한군과 내통하고 있는 건 아닌지 의심하지만, 알고 보니 이 행위는 전쟁이나 기밀 거래와는 상관없이 순수하게 인간적인 차원에서 이뤄지고 있는 동족 간의 소통이요 거래였다. 이 과정에서 차태경(김옥빈 분)의 가족사진을 입수한 수혁은 태경의 모습에 호감을 갖고 그 사진을 간직한다. 하지만 그 인연은 예기치 않은 결과를 낳는다. 차태경은 일명 '2초'로 불리는 북한군 저격수로 한국군에게는 두려움의 존재였던 것이다.

많은 희생 끝에 '2초'를 먼저 쏠 수 있는 기회를 잡았지만 '2초'가 차태경인 줄 알아차린 수혁은 머뭇거리고, 그 사이 수혁은 오히려 그녀의 저격에 당하고 만다. 그리고 은표 앞에서 죽어 간다. 수혁은 죽어 가면서 "나도 악어중대도 '2초'도 당연히 지옥에 가야 하는데, 여기보다 더 지옥이 없어서 여기서 살고 있는 것 같다"고 토로한다. 사람이 사람을 죽이고 동족끼리 총부리를 맞대는 전장이야말로 다름 아닌 지옥이라는 수혁의 독백이 의미심장하다. 극 중에서 악어중대는 1950년 8월 포항전투 철수 때 배에 올라타기 위해 신일영 대위(이제훈 분)가 다른 부대의 대원들을 쏘아 죽이고 탈출에 성공한 것으로 나온다. 자기가 살기 위해 아군을 죽일 수밖에 없었던 전쟁의 한가운데가 바로 아비규환의 생지옥이었던 것이다.

1953년 7월 27일 정전협정이 발표되자 은표는 수혁이 간직하고 있던 태경의 사진을 철수하던 그녀를 만나 전해 준다. 하지만 마지막 전투가 남아 있었다. 협정이 효력을 발생하는 오후 10시까지 남은 12시간 동안 전략적 요충지인 고지를 차지하라는 명령이 떨어지고 쌍방의 치열한 전투가 벌어지게 된다. 이 전투에서 은표는 살아남지만 양측 군인들은 대부분 전사하고, 태경도 죽는다. 협정을 맺고도 최후의 순간까지 한 치 땅을 차지하기 위해 귀한 인명의 희생도 불사하는 국가주의의 냉혹한 현실을 잘 보여 준다.

마지막 전투를 앞두고 양측이 대치한 상태에서 북한군 진영에서 흘러나온 '전선야곡' 노랫소리는 정치적 논리나 구호와는 아무 상관없는 '인간'의 외침이었다. 전쟁터에서 어머니를 그리워하는 내용의 이 노래는 한국군 소년병 남성식(이다윗 분)이 불러 전우들의 눈물을 자아내게 했던 그 노래였다. 북한군이든 한국군이든 어머니라는 존재 앞에서는 이념이나 사상, 국가적 소속에 관계없이 한마음으로 귀결될 수 있음을 보여 주는 장면이다. 북한군 장교 현정윤(류승룡 분)은 애록고지 벙커에서 죽어 가면서 "싸우는 이유를 확실히 알고 있었는데, 지금은 너무 오래돼서 잊어버렸다"는 말을 남긴다. 이 한 마디는 동족 간에 벌어진 한국전쟁의 명분으로 삼았던 것들이 얼마나 허망한 것이었나를 웅변한다. 또한 이런 비극을 낳게 한 실체는 과연 무엇인가 하는 의문만 더욱 깊어지게 한다.

이재한 감독의 〈포화 속으로〉는 학도병들의 전우애를 다룬 영화다. 1950년 8월 11일 포항여중에서 북한 인민군의 진격을 11시간이

“ 포항여중 사수 학도병들
인민군 진격 지연
북 장교의 인간적 배려 한계
장렬한 최후

나 지연시킨 육군 3사단 소속 학도의용군 71명의 실화를 바탕으로 재구성됐다.

포항을 지키던 강석대 대위(김승우 분)는 낙동강 사수를 위해 낙동강전선으로 집결하라는 명령을 받자 포항에 71명의 학도병만 남겨두고 떠난다. 전투 경험이 있는 오장범(최승현 분)이 학도병 중대장으로 임명되고, 소년원에 끌려가는 대신 전쟁터에 오게 된 구갑조(권상우 분) 일행은 사사건건 오장범과 대립한다. 이들은 총알 한 발씩을 쏘아 보는 것으로 사격 훈련을 마친 뒤 실전 배치돼 강석대 대위가 오기를 기다리며 포항여중을 사수하는 임무를 맡게 된다. 아직까지 천진난만한 학도병들은 떠들며 장난을 치기도 하지만 이들에게는 가혹한 운명이 기다리고 있다.

인민군과의 첫 전투가 벌어지고 난 뒤 오장범은 어머니에게 편지를 쓴다. “머리에 뿔이 달린 괴수가 아니라 어머니를 부르며 찾던 북한군을 죽였습니다. 어머니, 전쟁은 왜 해야 하나요?” 오장범은 북한군을 승냥이로 표현한 포스터를 찢어 버린다.

한편, 북한군 진격대장 박무랑(차승원 분)은 영덕을 점령한 뒤 포항으로 진격한다. 포항을 거쳐 최단 시간 내에 최후의 목적지인 부산을 함락하겠다는 전략이다. 학교 밖으로 정찰을 나갔던 학도병들은 인민군을 만나 교전을 벌이게 되고, 이 과정에서 '남조선혁명'을 외치던 북한군 소년병을 구갑조가 쏘아 죽인다. 학도병 측에서도 한 명이 인민군 포로로 잡혀가게 된다.

박무랑은 이 포로를 포항여중으로 데리고 가 풀어 주면서 백기투항하면 모두 살려 주겠다고 제안한다. "학도병들이 미제 총알받이로 나온 것을 알기 때문이며, 통일된 조국의 미래를 책임질 역군이 돼야 하기 때문"이라는 이유에서다. 박무랑의 어린 학생들에 대한 나름의 배려가 읽히는 대목이다. 박무랑이 인정사정 보지 말고 빨리 진격하자는 정치보위부 간부에게 그들이 군인으로 보이느냐고 묻는 장면도 인간에 대한 기본적 예의를 보여 준다.

하지만 박무랑은 학도병들이 포를 쏘며 저항하자 곧바로 학교로 진격한다. 태극기를 말아 머리에 맨 학도병들은 학교에 바리게이트를 구축하고 화염병과 휘발유통 폭탄을 던지며 강경하게 저항한다. 이 과정에서 학도병들은 부상당해 힘들어하는 동생을 형이 쏘아 죽이기도 하고, 폭탄을 소지한 채 몸을 던져 북한군 탱크를 폭파하는 등 사력을 다한다. 이는 애국심의 발로이기도 하겠지만 함께 지내던 친구와 학우를 지키기 위한 우정과 의리라고 볼 수 있다. 도망가던 구갑조 일행이 무기와 탄약을 실은 인민군 트럭을 탈취해 학교로 되돌아와 전투에 합세한 것도 그런 차원에서 이해된다.

결국 학교 옥상으로 후퇴한 오장범과 구갑조는 끝까지 저항하지만 뒤따라온 박무랑과 싸우다 죽는다. 박무랑도 학도병들을 구하러 온 강석대 대위의 총에 맞아 죽는다. 박무랑이 오장범에게 "이런 불상사가 없길 바랐지만, 동무는 남조선에서 태어났고 난 북조선에서 태어난 걸 어떻게 하느냐"고 말한 대사는 남북 분단의 비극적 상황을 잘 대변한다.

〈포화 속으로〉를 연출한 이재한 감독이 메가폰을 잡은 영화 〈인천상륙작전〉은 반공영화의 범주에 속한다. 그렇지만 이념의 맹목성에 대한 비판도 들어 있고, 가족에 대한 사랑과 인간의 자유 의식을 고취하고 있는 점에서 휴머니즘 영화로도 볼 수 있다.

1950년 6월 25일 북한군의 기습으로 한 달 만에 낙동강 지역을 제외한 한반도 전역을 빼앗긴 상황에서 유엔군 총사령관 더글라스 맥아더(리암 니슨 분)는 많은 반대 속에서도 인천상륙작전을 감행하려 한다. 이 작전의 관건은 북한군 인천지구 방어사령부가 바다에 설치한 기뢰 부설 해도를 확보하는 것이다. 이 임무를 수행하기 위해 해군 첩보부대 장학수 대위(이정재 분) 일행은 북한군으로 위장 잠입해 정보 수집을 시작한다. 이른바 'X-RAY' 첩보작전이다. 하지만 인천 방어사령관 림계진(이범수 분)의 의심을 사게 되고, 결국 신분이 발각되어 해도 입수에 실패한다. 하지만 켈로 부대 인천지부 대장 서진철(정준호 분)과 병원 간호사 한채선(진세연 분) 등의 도움으로 기뢰 좌표 정보를 알고 있는 인민군 장교를 납치하는 데 성공한다. 켈로 부대는 미국 극동군 사령부가 북한 지역 출신으로 조직한 북파 공작 첩보부대로, 한국전쟁 당시 특히 인천상륙작전 때 혁혁한 공을 세운 것으로 알려져 있다.

천신만고 끝에 장학수 대위와 대원들은 인천 월미도에 매설돼 있는 지뢰를 폭파해 제거하고 포대를 파괴한 뒤 조명탄을 쏘아 올린다. 서진철 대장 일행도 팔미도 등대를 켜 연합군의 인천상륙을 유도함

인천상륙작전 성공 도운
드라마틱한 첩보작전
자유 불허 · 이념 중시
공산주의에 비판적 시각

으로써 작전을 성공으로 이끈다.

영화를 이끌어 가는 관점은 인간성을 말살하고 이념을 우선시하는 공산주의에 대한 비판적 시각이다. 맥아더가 '이기주의자' '전쟁광' 등의 비난을 감수하면서 인천상륙작전을 강행한 이유는 공산주의 근절과 자유주의 수호를 위해서라고 영화는 강변한다. 장학수가 신(神)이나 사상의 문제는 개인의 몫이라고 강조하는 장면들이 나온다. 사실 장학수는 소련유학파로 공산주의자였다. 하지만 반동 부르주아 아버지를 쏘아 죽이라는 당의 명령을 거부하고 자신의 아버지를 죽인 동료들에게 복수한 뒤 남으로 도주해 왔던 것이다. '이념은 피보다 진하다'는 정치 사상의 절대성에 갇혀 버리면 도덕성과 인성을 파괴당할 수밖에 없는 건 당연지사다. 장학수 일행을 돕다 발각돼 사살된 이발사 최석중(김병옥 분)도 죽기 직전 "어떻게 생각이 다르다고 다 죽이느냐"며 림계진을 추궁한다. 개인의 자유와 선택을 허용하지 않는 이념과 사상에 대한 깊은 불신과 반발이다.

이에 비해 장학수는 작전을 수행하는 중에도 어머니를 먼발치에서 바라본다든지 부대원에게 아내와 아이들을 만나게 해 주는 등 인간적인 배려를 아끼지 않는다. 심지어 켈로 부대원들은 적군인 인민군 소년병들한테 먹을 것을 나누어 주기도 한다. 이를 전쟁 중의 호사스러운 값싼 동정이라고 치부하는 이들도 있을 것이다. 하지만 이런 장면들은 비록 정치적인 이유로 동족 간에 전쟁을 치르고는 있지만 무고한 민중들은 아무 죄가 없으며, 인간의 기본권을 누릴 자유가 있다는 메시지를 전해 준다.

이들 3편의 영화에서는 공통적으로 이념 대 인간성 갈등의 이미지가 극명하게 대비되어 나타난다. 이러한 갈등과 고민은 어쩌면 한반도 분단체제에서 살아가는 오늘날 우리들의 모습일지도 모른다. 분단체제의 질곡과 모순이야말로 우리 삶의 조건들을 규정하는 실체가 아니겠는가.

한반도 분단 상황을 동아시아 지역질서 및 세계체제 수준의 외부적 조건과 결부해 파악하기도 한다. 그럴 때 한반도 분단체제가 고착화되고 있는 내력과 그 의미를 보다 깊게 들여다볼 수 있다. 분단체제의 형성과 유지에는 남북한의 능력 범위를 초과하는 외적 조건, 즉 미국과 중국의 역학관계와 일본의 유제 등이 얽혀 있으며, 분단체제의 해소 역시 남북한의 역량만으로는 불가능하다는 인식[1]이 그것이다.

동서냉전이 해체되었음에도 분단체제가 지속되는 것은 세계체제의 모순이 해소된 것이 아니기 때문이며, 냉전의 본질이 바로 여기에 있다는 시각도 같은 맥락이다. 이에 따르면 냉전의 본질은 미국 주도의 세계 패권 전략에 있으며, 한반도는 미국 패권이 관철되는 핵심 장소라는 것이다. 또 38선은 미국이 주도하는 근대적 국제질서와 중국이 주도하는 근대화된 중화질서가 부딪치고 충돌하는 마지노선이자 저지선이라는 분석[2]도 남북한 분단체제를 이해하는 새로운 잣대를 제공한다.

## 분단체제의 자기장 속으로 :
### 영화 〈짝코〉, 〈괴물〉

1979년 중국과 미국의 국교 수립을 계기로 중국의 개혁개방이 시작되면서 탈냉전의 서막이 올랐다고 해도 과언이 아니다. 하지만 이런 시대적 조류의 변화에도 불구하고 동아시아에는 아직도 분단체제라는 특수한 정치적 지형이 그대로 남아 있다. 세계에서 유일하게 한 민족이 둘로 나뉜 분단국가가 존재하는 한반도가 그 첨예한 전선의 현장이다. 주한미군을 주둔시키고 있는 미국은 한국의 동맹국으로서 북한의 도발과 중국의 태평양 진출을 억제하고 있다. 반대로 중국과 러시아는 북한에 대한 지지와 지원을 통해 미국 패권을 견제하고 있다. 말하자면 한반도는 동아시아에서 중국과 미국의 패권 다툼이 일어나고 있는 접경이자 완충지대인 셈이다.

지속되는 분단체제의 모순적 상황을 잘 보여 주는 영화로는 박찬욱 감독의 〈공동경비구역 JSA〉(2000)를 꼽을 수 있다. 이 영화의 주제는 민족애이다. 비극적 최후를 맞은 이수혁 병장(이병헌 분)의 오열과 죽음, 살아남은 북한군 오경필 중사(송강호 분)의 휘파람 소리는 그래서 더 안타깝고 애처롭다.

지금부터 살펴볼 2편의 영화 중 임권택 감독의 〈짝코〉(1980)는 전쟁이 끝난 후에도 계속되는 한국전쟁 희생자들의 후유증과 기구한 사연을 잘 보여 준다. 봉준호 감독의 〈괴물〉(2006)은 분단체제의 왜곡된 정치적 상황이 낳은 사회적 모순을 돌연변이 괴물에 빗대어 상징적으로 비판한 영화다. 오늘을 살아가는 우리의 삶에 심대한 영향을 미치고 있는 분단체제의 자기장 속으로 들어가 보자.

분단체제가 쳐 놓은 이념과 사상의 그물에 걸려 평생 빠져나오지 못하고 인생을 허비한 두 남자의 웃지 못할 얘기를 소재로 다룬 독특한 영화가 있다. 임권택 감독의 〈짝코〉(1980)는 남북 분단의 비극을 개인사적 관점에서 조명한다. 이 영화는 반공주의와 반미 제국주의라는 시대적 갈등에서 시작된 토벌대와 빨치산의 싸움이 결국 그 집착과 원한으로 인해 개인의 몰락과 인간정신의 말살로 이어진 비극의 드라마다.

빨치산이었던 남자와 토벌대 경찰이었던 남자, 두 남자의 30년에 걸친 쫓고 쫓기는 사연이 기구하다. 배우 김희라가 악명 높았던 빨치산 대장 백공산(별명 짝코) 역을, 최윤석이 실수로 백공산을 놓치는 바람에 패가망신한 전투경찰 송기열 역을 맡아 열연했다.

송기열은 1953년 짝코를 체포하지만 압송 도중 놓치고 만다. 이 일로 경찰 옷을 벗게 되고, 고의로 풀어 줬다는 의심까지 받게 된다. 그는 억울한 누명을 벗기 위해 짝코를 찾아 전국 방방곡곡을 떠돌아다니며 점점 피폐해 간다. 남편의 술주정과 주위의 시선을 견디다 못한 아내는 결국 자살하고, 아버지를 기다리던 아이마저 병들어 죽자 그의 가정은 풍비박산이 난다. 그 과정에서 송기열은 전 재산을 날리고 다리마저 불구가 된다.

결국 송기열과 짝코는 서울의 한 행려병자 수용소에서 조우한다. 짝코 역시 전국 어디에서도 정착하지 못한 채 도망을 다니다가 이곳으로 흘러 들어와 있었던 것이다. 그 역시 당뇨병과 복막염이 심해 언제 죽을지 모르는 신세다. 몸 파는 여자로 전락해 버린 빨치산

“

빨치산과 토벌대원
30년 추격전
분단체제가 낳은
시대의 희생자

시절의 애인을 우연히 만나 함께 죽자고 먹은 쥐약 때문에 생긴 병이다.

만나기만 하면 싸우는 두 늙은이를 주위 사람들은 정신병자 취급을 한다. 송기열은 짝코를 가리켜 '망실공비'라고 우겨 보지만 현재의 경찰은 무슨 말인지 잘 알아듣지도 못한다. 30년 동안이나 '그들만의 전쟁'을 치르고 있었던 것이다. 영화의 배경음악으로 흘러나오는 '제3한강교'는 개발시대의 풍경을 떠올리게 하고, 지나간 역사의 산물인 '망실공비'란 외침과 묘한 대조를 이룬다. 짝코는 숨어 지내느라 보지 못했던 것들을 죽어서라도 실컷 보겠다며 사후 안구 기증을 약속한다. 이런 상황들은 삶의 아이러니를 넘어 차라리 희극적이다.

짝코는 TV에서 외세의 한반도 침략 역사를 다룬 프로그램을 보다가 송기열에게 "나나 당신이나 불쌍한 사람들"이라고 말한다. 남북 분단과 동족상쟁의 비극을 초래한 분단체제야말로 이들을 파멸로 이끈 원흉이라고 감독은 말하고 있는 것이다.

한반도 분단과 한국전쟁, 이념의 대결과 민족의 분열은 제2차 세계대전 종전 이후 미국과 소련 · 중국의 동아시아 패권 다툼에서 비롯됐다. 세계대전 후 강대국들의 동아시아 패권 다툼 과정에서 냉전 구도가 형성됐으며, 그 전략적 핵심 장소가 바로 한반도인 것이다. 그런 점에서 짝코와 송기열은 동아시아 냉전체제가 낳은 역사의 피해자요, 시대의 희생자라고 할 수 있다.

갱생원을 탈출한 두 사람은 고향행 열차를 타지만, 짝코는 송기열의 어깨에 기대어 끝내 숨을 거둔다. 송기열은 허무함이 묻어나는 허탈한 웃음을 터뜨린다.

한반도 분단체제는 북한과 중국에 대한 군사적 억제력을 위해 한국 땅에 미군이 주둔하는 특수한 상황을 낳았다. 세계체제는 중심부와 주변부의 비대칭적 관계의 속성상 주변부나 반주변부에 속하는 지역의 피해와 희생을 초래한다.

봉준호 감독의 〈괴물〉(2006)은 흥행과 재미 면에서도 성공했지만, 한편으로는 관객들에게 괴물을 탄생시키고 키운 환경의 실체에 대해 묻는다. 한강 둔치에서 아버지(변희봉 분)와 함께 매점을 운영하며 살아가는 강두(송강호 분). 그는 갑자기 나타난 정체불명의 괴물이 딸 현서(고아성 분)를 낚아채 한강으로 사라져 버리자 혼비백산한 상태에서 현서를 찾기 위해 숨 가쁜 사투를 벌인다.

감독은 2000년 2월 실제로 일어났던 주한미군 독극물 방류 사건인 '맥팔랜드 사건'에서 이 영화의 모티브를 얻었다고 한다. 영화 첫 장면은 주한미군 부대에서 엄청난 분량의 맹독성 약품이 한강에 무단 방류되는 것을 보여 준다. 돌연변이 괴생물체의 탄생을 암시하는 장면이다. 괴물의 탄생이야 그렇다고 하더라도 괴물의 식인 습성은

> 세계체제, 주변부 희생 낳아
> 국민 위협 '괴물' 탄생케 해

어떻게 생겨났을까. 영화는 한강 다리 위에서 투신자살한 사람들이 괴물의 먹이가 됐음을 시사한다. 그리고 그들을 한강에 뛰어들게 한 건 우리 사회의 비정한 현실 때문이라고 영화는 투신자살하는 한 남자의 입을 통해 증언한다.

엄마 없이 자란 강두는 아내가 집을 나가 버린 뒤 딸 현서만 바라보며 살아가고 있다. 그의 동생 남일(박해일 분)은 불만에 가득 찬 대졸 실업자다. 강두와 남일의 여동생 남주(배두나 분)는 양궁 선수로 가족의 자랑이다. 남일의 선배는 잘나가는 대기업 직원이지만 많은 빚을 지고 있다. 그는 포상금에 눈이 멀어 병원을 탈출해 도움을 청하는 후배 남일을 경찰에 밀고한다. 남일 등 강두의 가족은 병원을 탈출한 뒤 괴물에게 잡혀간 현서를 찾으러 출입이 통제된 한강변에 들어가려 하고, 현장 공무원에게 뒷돈을 줄 수밖에 없다. 결국 이런 부조리하고 부도덕한 우리 사회의 토양이 괴물을 자라게 했다고 영화는 말하고 있는 것이다.

영국의 철학자이자 정치이론가인 토마스 홉스는 바다의 괴물 '리

바이어던'을 국가에 비유했다. 그의 사회계약론에 따르면 국가는 강력한 권력을 갖는 대신 개인의 안전을 보장해 줄 책임이 있다. 하지만 영화에서 국가는 개인을 지켜 주지 못한다. 오히려 현서를 찾아 나서려는 강두 가족을 격리 수용하고, 현서가 살아 있으니 구해야 한다는 그들의 말을 믿어 주지도 않는다. 결국 강두 가족은 국가의 도움 없이 괴물과의 외롭고 처절한 싸움을 벌여 나갈 수밖에 없는 상황으로 내몰린다. 개인과 가족을 보호해 주지 못하고, 그들의 안전과 생명을 위협하는 국가야말로 가공할 만한 위력의 괴물이 아닌가.

정확한 원인을 밝혀내지도 않은 채 괴물 출현을 바이러스 때문인 것으로 몰아붙여 전 세계적인 비상 관리 체제를 선포하고 나선 미국, 그리고 국민의 불편과 안전은 아랑곳하지 않은 채 그 요구를 수용한 한국 정부의 태도는 미국이 동아시아 국가들에 군대를 주둔시키고 있는 현실과 맞물려 세계체제론적인 해석이 요구되는 대목이다. 전 세계적인 차원의 중심-주변부의 관계 즉, 국가와 국가, 사회와 사회 간의 권력 관계가 형성되는 세계체제의 틀 속에서는 중심부에 종속되는 주변부의 국가 권력이 국민을 잡아먹는 괴물로 변신할 수도 있다는 관점을 영화는 제공한다.

또한 분단체제 아래서 당사자인 남북한은 동아시아 패권쟁탈전을 벌이고 있는 강대국들의 영향에서 어떤 식으로든 자유로울 수 없음을 보여 준다. 괴물을 탄생시킨 독성 약품을 무단 방류한 주체가 주한미군이라는 사실이 그렇고, 바이러스 감염이 우려되자 직접 위험에 처한 대한민국 국민에 대한 안전망 구축보다는 미국 주도의 전 세계적인 비상 관리체제를 먼저 가동하는 방식이 또한 그렇다.

요즘 한반도를 둘러싼 외교·안보 상황은 계속되는 북한 핵실험과 이에 대응한 한국 내 사드 배치로 최악의 위기를 맞고 있다. 국제정치적인 지각 변동도 이 같은 한반도 위기 상황을 더욱 위태롭게 몰아가고 있다. 2017년 1월 출범한 도널드 트럼프 미국 대통령 정부와 중국 사이의 힘 겨루기로 인해 한반도에서 군사 충돌에 대한 우려가 높다. 그동안 오바마 미국 대통령과 시진핑 중국 국가 주석은 여러 갈등에도 불구하고 북한 핵 불용과 한반도 비핵화, 대북제재 공조에서만큼은 한 목소리를 내 왔다. 하지만 트럼프-시진핑 시대에는 이 같은 '전략적 인내'의 협력을 기대하기 힘들어 보인다. 미국은 북한이 핵을 동결하고 비핵화 의지를 보이면 대화하겠지만 도발을 계속할 경우 경제제재와 외교적 압박으로 북한의 핵확산 프로그램을 해체하겠다는 입장이다. 군사적으로도 이미 사드 장비가 배치됐고, 미국은 전술핵의 한국 재배치를 검토하고 있어 중국이 강력히 반발하고 있다. 남북 간 갈등의 완충지대였던 개성공단 가동과 금강산 관광마저 중단된 상태에서 발생하고 있는 일촉즉발의 정세 변동으로 인해 우리 국민의 불안은 가중되고 있다.

국민의정부의 '햇볕정책'과 참여정부의 '평화와 번영의 동북아시아 건설' 국정목표 아래서는 남북 간 화해와 협력의 분위기를 이끌어냈다는 긍정적인 평가가 있다. 반면, 그 당시 남북 경제협력 사업으로 북한에 지원한 돈이 전부 북한 핵 개발과 독재 정권 유지에 사용돼 오늘의 위험천만한 사태를 야기했다는 비판도 있는 게 사실이다. 하지만 지금처럼 남북관계가 계속 '강 대 강'의 군사·정치적 대결 국면으로만 치닫는 것은 매우 위험하다. 남북 경제교류 활성화와 북한 핵 6자회담 등 외교적 노력을 통한 한반도 통일 분위기 조성 및 동아시아 평화질서 정착의 길은 자꾸 멀어지기 때문이다. 5·9 대선을 통해 탄생한 새 정부의 신중하면서도 미래지향적인 외교정책 실현에 기대를 걸어 본다. 우리 안보외교의 최대 목표는 한반도에서 다시는 전쟁이 일어나지 않게 하는 것이며, 군사적 위협으로부터 국민의 생명과 안전을 지켜 내는 것이어야 한다.

## 현재진행형인 코리언 디아스포라 : 영화 〈경계〉

김정은 북한 노동당 위원장의 이복형 김정남이 2017년 2월 13일 말레이시아 쿠알라룸푸르 공항에서 독물로 암살당하자 국제사회에서 북한의 독재체제와 공포정치에 대한 비판의 목소리가 높아지고 있다. 2016년에는 북한 고위 외교관들의 망명이 화제를 모았다. 영국 주재 북한대사관 태영호 공사는 2016년 8월 부인, 자녀와 함께 한국에 망명했다. 그는 출신 성분이 좋은 엘리트 중 엘리트, 이른바 '금수저' 태생이다. 하지만 억압적인 북한체제에 대한 염증 때문에 탈출했다고 밝혔다. 이에 앞서 2016년 7월에는 러시아 블라디보스토크 북한 무역대표부에 근무하던 1등 서기관급 북한 외교관이 가족과 함께 제3국을 거쳐 한국에 망명했다. 국제사회의 대북제재로 인한 실적 압박과 장성택, 현영철 등 북한 내부 인사에 대한 피비린내 나는 숙청이 결심에 영향을 미친 것으로 분석되고 있다. 또 이 무렵 김정은의 자금 관리 담당 북한군 장성급 인사가 중국에서 제3국행 망명 절차를 밟고 있다는 소식과 북한의 수학 영재가 홍콩주재 한국총영사관에 망명을 요청한 사실이 속속 보도됐다.

하지만 이들 고위급 인사들의 탈북 도미노가 일어나기 훨씬 전부터 북한 주민들의 탈북은 줄을 이었다. 극심한 경제난과 공포정치의 압제를 피해서였다. 이들 탈북자들은 대개 탈북브로커에게 돈을 주고 안내를 받아 북한 이탈을 감행하는 경우가 많다. 탈북자들은 북한을 탈출한 뒤 중국을 거쳐 동남아 국가로 갔다가 한국으로 들어오는 루트를 주로 선택한다. 아예 제3국행을 희망하기도 한다. 이 과정에서 중국으로 유입된 북한 난민들이 겪는 고초는 이루 말로 다 할 수 없을 정도라고 한다. 탈북브로커에게 이용당해 떠돌이 신세가 되거나 중국 공안에 쫓겨 다니다가 붙잡혀 북한으로 강제송환 되는 경우도 많다.

탈북자들은 다행히 중국을 벗어나 동남아로 흘러들어 가더라도 붙잡히면 북송되는 신세가 되고 만다. 2013년 5월 탈북 청소년 9명이 라오스에서 강제 북송돼 국제적 비난과 함께 외교적 마찰을 빚기도 했다. 이 같은 탈북자 강제송환은 인권침해 논란을 낳으며 국제적인 문제로 대두하고 있다. 심지어 탈북자들 중에는 인신매매의 덫에 걸려들어 고난을 겪는 경우도 있다는 사실이 알려지고 있다. 코리언 디아스포라는 현재진행형이다.

장률 감독이 만든 영화 〈경계〉(2007)는 북한 난민의 힘들고 고생스러운 삶에 관한 얘기다. 영화는 중국과 인접한 몽골 변경의 작은 마을에 사는 항가이의 천막집에 탈북자 순희와 그녀의 아들 창호가 찾아들면서 시작된다. 계속되는 사막화로 마을 사람들은 하나둘 떠나갔지만, 항가이는 초원 보호를 위해 나무를 심으며 살아간다.

영화는 조국을 떠나 타국을 떠돌아다니는 북한 난민의 고통스러운 여정을 담아내고 있다. 나아가 그러한 삶이 가져온 인간적 감정과 욕망의 왜곡과 억압에 대해서도 성찰한다. 국경(두만강)을 넘다가 총격으로 남편을 잃은 여인과 아버지를 잃은 아들, 순희와 창호는 어디에서도 보호받지 못한다. "초원도 보호를 받는데 우리도 보호를 받아야 되지 않느냐"는 창호의 외침이 절절하게 다가온다. 라디오에서

타국살이 북한 난민의
고단한 삶
탈북자 강제송환
인권문제 대두

흘러나오는 노래 '아리랑'은 향수를 자극하고, 모자는 사막에서 만난 한국 영화촬영 팀을 따라 나서려고 했지만 실패한다.

이 영화는 장률 감독의 전작인 〈망종〉에 이은 연속편으로 봐도 무방하다. 중국 변방에서 조선김치를 팔며 살아가던 순희는 자신을 배신하고 절망에 빠뜨린 중국인들에게 복수하기 위해 결혼식 피로연에 쥐약을 넣은 김치를 갖다 놓은 뒤, 새로운 희망을 찾아 길을 떠난다. 그 길이 몽골 항가이의 겔로 연결됐다고 볼 수 있다.

세상에 대한 두려움과 자기 보호본능으로 굳어지고 메마른 그녀의 몸은 인신매매꾼들로부터 자신을 보호해 준 항가이에게조차도 경계를 허물지 못한다. 떠돌이 여인이 항가이와 모래사막 위에서 나누는 자유롭고 열정적인 사랑의 유희는 순희의 닫힌 몸과 대조를 이룬다.[3] 순희는 항가이가 집을 비운 사이 젊은 군인에게 몸을 허락하지만, 이마저도 영화 속에 끊임없이 등장하는 탱크의 억압적 이미지처럼 억눌린 채 자연스럽지 못하다. 젊은 군인과의 만남마저도 아들 창호에 의해 저지당한다.

북한의 정치적 상황들이 영화 틈틈이 라디오를 통해 흘러나온다.

'북한 장거리 미사일 실험 경고, 특정지역의 어선 활동 금지, 대포동 2호 장거리 미사일 추가실험 준비…' 북한 정권의 군비 확장과 이로 인한 경제적 생활고 때문에 탈북자가 양산되고 있음을 웅변하는 듯하다.

난민에게 유랑은 운명과 같은 것인지도 모른다. 순희 모자는 또다시 모래 산을 넘어 새로운 길을 찾아 나선다. 그들 앞에 다리가 나타나는데, 그 다리 양측 난간에 몽고인에게 행운의 부적인 푸른 '술'이 달려 있다. 그런데 한쪽 난간의 술은 잠잠하고, 다른 한쪽 난간의 술만 바람에 세차게 나부낀다. 미래에 희망과 절망이 공존함을 암시하는 장면이다.[4] 희망과 절망이 교차하는 떠돌이 삶의 '경계'를 넘어 그들은 안식을 찾을 수 있을까.

북한의 연이은 핵실험과 장거리 미사일 발사 시험, 사드 배치 등으로 한반도를 둘러싼 관련국들 사이에 군사적 긴장과 갈등이 고조되고 있다. 우리 정부는 북한의 4차 핵실험에 이은 장거리 미사일 발사에 대응해 2016년 2월 개성공단 운영을 전면 중단한 데 이어 북한의 핵 공격 방어를 위한 사드 배치를 결정한 바 있다. 유엔을 비롯한 국제사회도 대 북한 수출입 품목을 제한하는 통상 압박 등 여러 가지 방법으로 북한 제재에 나섰다. 하지만 북한이 이를 무시하고 5차 핵실험과 탄도미사일 발사 도발을 계속하자 사드 배치가 시작된 것이다.

북한은 핵 · 경제 병진 노선을 포기하지 않은 채 김정은 체제를 강화해 왔으며, 오히려 보란 듯이 2016년 9월 9일 북한 정권 수립일을 맞아 역대 최대 규모의 5차 핵실험을 단행했다. 이에 앞서 8월에는 동해상에서 SLBM(잠수함 발사 탄도미사일)을 발사해 500km 비행에 성공했다. 2017년 3월에는 일본의 배타적 경제수역 인으로 탄도 미사일을 발사하고 미사일 사정권이 주일미군 기지라고 밝혀 일본을 자극했다. 이에 미국 트럼프 정부는 북핵 선제 타격, 테러지원국 재지정, 전술핵 한국 재배치 등을 검토하고 있다. 한반도 주변 정세가 점점 더 '강 대 강'의 격랑 속으로 빠져드는 형국이다.

이 같은 정세 속에서 국제사회의 대북 제재와 압박이 강화되자 신상에 불안을 느낀 해외 근무 북한 노동자들과 외교관들의 한국 망명이 잇따르고 있다. 2016년 4월 중국 저장성 닝보의 북한식당 종업원 10여 명이 집단 탈출, 한국에 입국해 스포트라이트를 받았다. 국제사회의 전 방위적 대북 제재로 심각한 경영난을 겪게 된 북한식당 종업원들이 북한 당국에 대한 자금 송금이 어렵게 되자 처벌의 두려움 등 심리적 동요를 일으켜 탈출을 감행했다는 분석이 나오고 있다. 이에 대해 북한은 종업원들이 우리 정부에 의해 납치됐다고 주장해 마찰이 일었다. 현재 5만 명 이상의 북한 노동자들이 전 세계에 진출해 있는 것으로 알려져 있는데, 북한 당국은 이들에 대한 단속의 고삐를 죄고 있다는 소식이 전해진다.

## 여전히 풀리지 않은 일본군 위안부 문제 : 영화 〈귀향〉

일본군 '위안부' 소녀상 설치 문제로 한국과 일본 사이에 심각한 외교 갈등이 불거지고 있다. 부산에서는 2016년 12월 28일 일본총영사관 앞에 시민들의 힘으로 평화의 소녀상이 설치됐다. 이에 일본은 주한 일본대사와 부산총영사관 총영사를 85일 동안 귀국시켰다. 또 한·일 통화 스와프 협상을 중단하는 등 외교·경제적 보복 공세를 펼치고 있다. 아베 신조 일본 총리는 "양국 합의에 따라 10억 엔을 출연했으니 한국이 성의를 보여야 한다"며 사실상 소녀상 철거를 요구하고 있다.

우리 정부와 일본 정부는 2015년 12월 28일 열린 한·일 외교장관 회담에서 일본군 위안부 문제에 합의했다. '최종적이고 불가역적 합의'란 사실이 언급됐다. 하지만 당사자인 위안부 할머니들과 많은 국민들은 이를 인정하지 않고 있다. 일본이 위안부 문제에 대해 제대로 사과하지 않았고, 법적 책임을 지지 않았기 때문에 정부의 합의를 받아들일 수 없다는 것이다. 정치권에서도 차기 정부에서 이 문제를 재협상해야 한다는 목소리가 높다. 한국 정부가 피해자들의 의사와는 무관하게 일본 정부와 합의하고, 일본이 제시한 돈으로 역사의 진실을 가리려 한다는 비판이 거세게 일고 있어 향후 사태가 어떻게 전개될지 귀추가 주목된다.

"나 살 만큼 살았어. 그런 썩은 돈은 필요 없어. 그냥 사과 한 마디가 듣고 싶을 뿐인데… 이건 정말 아니지 않아요?" 서울 종로구 주한 일본대사관 앞에 설치된 평화의 소녀상 앞에서 피해자 이용수 할머니가 터뜨린 울분의 말이다. 일본대사관 앞 소녀상은 일본군 위안부 문제 해결을 위한 정기 수요 집회가 1천 회를 맞은 2011년 12월 한국정신대문제대책협의회를 중심으로 한 시민 모금으로 설치됐다. 일본대사관 앞 소녀상에 대해서도 일본은 철거를 요구해 왔다. 이용수 할머니는 미주지역을 다니며 일본군 위안부의 진실을 알리는 기림비 건립을 촉구해 왔다. 소녀상은 국내 수십 곳과 일본은 물론 미국, 캐나다, 호주 등에도 설치돼 있다.

우리 국민들 가운데 4명 중 3명은 주한 일본대사관 앞 소녀상을 이전해서는 안 된다는 생각을 갖고 있는 것으로 나타났다. 한국갤럽이 2016년 전국 성인 1천9명에게 질의한 결과, 전체 응답자의 76%가 '일본 정부의 합의 이행 여부와 무관하게 이전해선 안 된다'고 답했다. 이 조사에서는 또 2015년 말 한·일 합의에서 일본 정부가 위안부 문제에 대해 사과했다고 보느냐는 질문에 '사과하지 않은 것으로 본다'는 응답이 84%나 됐다. 위안부 문제에 대한 재협상 요구에 대해서는 응답자의 63%가 '재협상해야 한다'고 답했다. 또 다른 여론조사 전문기관 리얼미터가 한·일 합의 1년을 맞아 2016년 12월 28일 성인 525명을 대상으로 조사한 결과, 전체의 59% 즉 10명 중 6명은 합의를 파기해야 한다고 응답한 것으로 나타났다.

일본군 위안부 문제를 정면으로 다룬 조정래 감독의 영화 〈귀향〉(2016)은 열여섯 나이에 일본군 위안부로 끌려가 목숨을 잃을 뻔했던 위기에서 탈출한 강일출 할머니의 실화를 바탕으로 제작됐다. 조 감독은 생존 일본군 위안부 할머니 후원시설인 '나눔의 집'에서

강일출 할머니가 그린 그림 '태워지는 처녀들'을 처음 접하고 큰 충격을 받아 〈귀향〉의 시나리오를 완성했다고 한다. 이 그림은 강 할머니가 미술심리치료를 통해 그린 작품으로, 전쟁 당시 피해 여성들이 겪었던 극단적 고통과 희생을 단적으로 보여 주는 고발장이나 다름없다.

영화는 열네 살 정민(강하나 분)과 열다섯 살 영희(서미지 분) 등 조선의 소녀들이 일본군 위안부로 강제 동원돼 만주에 끌려가 겪은 고난과 억울한 죽음에 대해 증언한다. 위안부 수용소에서 죽어 나간 소녀들도 부지기수였다. 병이 들거나 아파서 쓰임이 없어지면 웅덩이에 세워 놓고 죽인 다음 불에 태워 없앴다. 강일출 할머니의 그림 '태워지는 처녀들'이 탄생한 처참한 배경이다.

소녀들은 전장에서 인간 취급을 받지 못한다. "너희는 인간이 아니라 황군을 위한 OO다"라고 윽박지르는 일본군의 태도가 이를 단적으로 말해 준다. 우리 국민들 중에도 일본군 위안부 피해자들의 아픔과 고통을 자신과는 상관없는 일로 여겨 평소 무관심한 이들이 많다. 심지어 당사자들이 부끄러움을 느껴 피해 사실을 숨길 것이라고 생각하는 이들도 있다. 영화에서 세월이 지난 뒤 위안부 신고를 받는 장면이 나오는데, 살아남은 영옥(소녀 영희의 성인 이름 · 손숙 분)은 신고하러 갔다가 "미치지 않고서야 누가 그런 과거를 밝히겠느냐"는 동사무소 직원의 수군거리는 소리를 듣고 "내가 그 미친년"이라며 절규한다. 아직도 우리 사회의 일본군 위안부에 대한 인식이 피해의식의 한계를 벗어나지 못하고 있음을 보여 준다.

일본군 위안부로 잡혀갈 때부터 함께했던 정민과 영희는 생사를 같이하는 둘도 없는 사이가 되어 정민의 어머니가 만들어 준 괴불 노리개를 서로 주고받으며 난관을 헤쳐 나간다. 나중에 일본군이 중국군에게 패하면서 두 소녀는 극적으로 구출되는데, 그 순간 억울하게도 정민은 일본군의 총에 맞아 죽게 되고 시신은 이국땅에 남겨진다. 살아남은 영희는 한국으로 귀환해 한복 만드는 일을 하고 살아가지만 평생을 정민에 대한 미안함과 죄책감으로 괴로워하며 괴불 노리개를 만든다. "내 몸은 돌아왔어도 나도 거기 있었다. 정신은 거기에 있었다"는 영옥(영희)의 말은 생존 일본군 위안부들이 아직도 그때의 고통과 아픈 기억에서 벗어나지 못하고 있음을 대변한다.

영옥은 절친하게 지내던 무당 송희의 신딸로 들어온 성폭행 피해 소녀 은경(최리 분)을 알게 되고, 은경의 굿을 통해 정민의 영혼을 만나 회포를 푼다. 은경은 희생당한 위안부 소녀들의 원혼을 위로하는 해원진혼굿을 주관하게 되고, 마침내 정민의 영혼을 부모가 기다리는 고향 땅으로 데려온다. 고향 길에 오른 정민의 곁에 노란 나비들이 함께하는데, 희생된 소녀들의 넋이 환생한 듯하고 못다 핀 정민의 꿈이 나비로 화한 듯하다.

이 영화는 전 국민을 대상으로 후원을 받는 '크라우드 펀딩' 방식으로 제작비를 지원받아 만들어졌다는 점에서도 큰 의미를 갖는다. 국내뿐만 아니라 일본과 미국 등 전 세계에서 7만 5천 명이 넘는 후원의 손길이 이어졌다. 이들 소녀들의 넋을 위로하는 수만 명의 염원과 성원이 한데 모아진 결정체가 바로 영화 〈귀향〉이다.

일본군 위안부 문제는 1991년 고(故) 김학순 할머니가 최초로 증언에 나서면서 공론화된 이후 24년 만인 2015년 12월 열린 한·일 외교장관회담 협상에서 양국 정부 차원의 합의가 이뤄졌다. 이 협상에서 우리 정부는 일본 측이 합의조치를 착실히 이행한다는 전제로 위안부 문제가 "최종적 및 불가역적으로 해결될 것임을 확인하다"고 밝혔다. 우리 정부는 또 주한 일본대사관 앞 소녀상 문제에 대해서도 "관련 단체와의 협의를 통해 적절히 해결되도록 노력하겠다"고 밝힌 것으로 알려져 있다. 사실상 이 협상을 계기로 한·일 간 20여 년을 끌어 왔던 일본군 위안부 문제를 종결시키려 한 것이다.

하지만 양국 외교장관회담 합의에서 일본 정부는 '책임 통감' 표명에만 그치고 진정한 사과의 태도를 보이지 않아 피해 당사자들과 관련단체들의 반발을 사 왔다. 강제동원에 대한 인정과 반인권적인 행위에 대한 일본 정부의 법적 책임 부분도 빠져 있었다. 피해자 지원을 위한 재단에 일본 정부가 10억 엔을 출연키로 합의한 사항에 대해서도 피해자들은 분노를 삭이지 못하고 있다. 몇 푼의 돈으로 평생에 쌓인 원한과 고통을 뭉개 버리고 소녀상 철거를 당당히 요구하는 일본 정부의 뻔뻔한 태도를 도저히 용납할 수 없다는 입장이다.

부산에서는 시민 성금을 모아 '일본군 위안부 피해자 역사·문학관'을 건립하자는 움직임이 일고 있다. 일본군 위안부 문제는 정부 간 협상으로 타결되는 과거사가 아니라 일본이 법적 책임을 인정할 때까지 추궁해 나가야 할 현실 과제라는 점에서 위안부를 기억하는 문화공간이 필요하다는 취지에서다. 부산에서는 또 일본군 위안부 해원상생한마당이 열려 왔다. 피해자들의 억울한 죽음을 천도하고, 일본의 사죄를 촉구하는 문화예술행사이다.

이처럼 피해 당사자들과 국민의 마음은 풀리지 않았는데, 국가들끼리 '이제 위안부 논란은 그만'이라고 아무리 외쳐도 소용없는 일이다. 이런 상황에서 용서와 치유와 화해는 이뤄질 리 만무하다. 용서는 가해자의 진정한 사과와 그에 준하는 책임 있는 행위가 뒤따라야 가능해지기 때문이다. 위안부 문제를 빨리 털고 미래지향적 관계로 나가겠다는 주장이 허망하고 위태로운 것은 바로 이런 이유에서다. 국가가 위안부 할머니들의 목소리를 외면하는 것은 사실상 국가 간 패권주의 대결의 희생자인 위안부 할머니들을 또 한 번 욕보이는 일이 아닐 수 없다. 최근 유엔이 한국과 일본 정부의 위안부 합의 내용의 수정을 권고했고, 새 정부도 재협상을 원하고 있어 귀추가 주목된다.

중국은 2015년 일제의 위안부 강제동원 사실을 뒷받침하는 사진과 유물 등 사료를 공개하고 난징(南京) 위안부 기념관을 개관했다. 위안부 할머니들의 삶을 다룬 다큐멘터리 영화 〈22(용기 있는 삶)〉(감독 구오커 · 2015)도 제작돼 부산국제영화제 등 여러 국제영화제에 초대됐다. 중국, 한국, 일본 등 관련국의 시민단체들로 구성된 국제연대위원회는 2016년 위안부 관련 기록물을 모아 유네스코에 세계기록유산 등재를 신청해 놓은 상태다. 이처럼 중국이 위안부 문제를 적극 조명하고 나선 것은 일본의 역사 왜곡을 바로잡는 한편 '평화헌법' 개정 추진 등 다시 살아나고 있는 일본의 군국주의 움직임에 적극 대응하기 위한 국가전략으로 분석된다.

현재 우리 정부에 공식 등록된 위안부 피해자들 중 생존자는 30여 명에 불과한 것으로 파악되고 있다. 이들이 모두 세상을 떠나기 전에 뼛속 깊이 새겨진 상처 치유와 명예회복이 반드시 이뤄지기를 바란다. 늦었지만 지금이라도 빼앗겨 버린 청춘의 꿈과 자유, 인간으로서의 품위에 대해 위로하고 보상하려는 국가 차원의 진정한 노력이 있어야 할 것이다. 위안부 할머니들의 인권은 그 어떤 것과도 바꿀 수 없고, 그 어떤 이유에 의해서도 희생되어서는 안 되는 고귀한 가치이기 때문이다.

## 일본 군국주의에 대한 비판과 경계 :
### 영화 〈귀신이 온다〉, 〈할복〉

일본의 역사교과서 왜곡, 독도 영유권 주장은 어제오늘의 일이 아니다. 특히 한반도와 중국에 대한 침략 전쟁 수행과 일본군 '위안부' 동원 사실을 부인하는 일본의 태도는 지금도 여전하다. 2017년 들어와서도 일본은 교과서 학습지도 요령과 '2017 외교청서'에 '독도는 일본 땅'이라고 명기해 우리 정부와 국민의 분노를 사고 있다.

일본의 아베 신조 총리는 2015년 9월 집단적 자위권을 반영한 안보법안을 통과시킨 뒤, 2016년 1월 북한이 실시한 4차 핵실험을 빌미로 '평화헌법' 개헌을 밀어붙이고 있다. 해당 헌법 조항은 군대 보유와 무력 사용을 금지한 9조 2항이다. 자위대의 활동으로 이미 사문화된 평화헌법을 지금 와서 굳이 고쳐야 한다고 주장하는 이면에는 헌법 개정을 통해 법적으로도 전쟁을 수행할 수 있는 보통국가로 전환하겠다는 강력한 의지가 내재돼 있다고 볼 수 있다. 실제 아베 총리는 2016년 7월 참의원 선거에서 완승을 거둬 개헌안 발의 정족수를 확보했다. 이로써 평화헌법 개정이 본격 논의되고 있으며, 이런 움직임에 대해 주변국들은 물론 일본 내에서도 비판의 목소리가 커지고 있다. 일본 군국주의가 되살아나지 않을까 하는 우려 때문이다.

아시아에서 가장 먼저 근대화를 이룬 제국 일본은 '대동아공영권' 등 아시아주의의 명분 아래 한반도를 식민지화하고 중국을 무력 침략했다. 식민지 수탈과 전쟁의 비극을 온몸으로 고스란히 겪은 이들은 다름 아닌 이들 나라의 무고한 민중이었다.

당시 일본은 아시아에서 유일하게 근대화한 국가로서 미개하고 열등한 다른 동양 국가들과는 구별된다는 우월적인 인식을 스스로 갖고 있었다. 바로 일본 오리엔탈리즘이다. 일본 오리엔탈리즘은 일본이 한국이나 중국 등 아시아의 다른 국가들을 침략하기 위한 식민주의적이고 민족 차별적인 패러다임으로 작용했다. 일본은 서양을 초극하는 동아시아공동체를 결성한다는 명분, 그리고 다른 아시아 국가들을 근대화하고 문명화한다는 논리로 침략전쟁을 수행해 나갔던 것이다. 아시아주의를 표방한 일본 대외 정책의 이면에는 이처럼 제국 일본의 팽창주의적인 음모가 도사리고 있었음을 직시할 필요가 있다.

지앙 웬(姜文) 감독의 〈귀신이 온다〉는 일본 군국주의의 비정한 속성에 대해 매우 시사적인 메시지를 던져 준다. 전쟁에 휘말려 궁지에 처한 농민들의 갈팡질팡하는 순진한 모습을 일제의 잔인한 실상과 잘 대비시켜 영상 효과를 극대화했다. 영화는 2000년 칸영화제에서 심사위원대상인 그랑프리를 수상했고, 제5회 부산국제영화제 '아시아 영화의 창'에 초청받아 화제를 모았다.

영화는 제2차 세계대전이 끝나갈 무렵, 일본군이 점령한 중국 북부의 한 시골 마을을 배경으로 전개된다. 이 마을 청년 마다산의 집에 정체불명의 괴한들이 찾아와 일본 군인과 중국인 통역관이 들어 있는 자루 2개를 맡긴다. 다시 찾으러 올 때까지 이들을 죽이거나 일본군에게 신고하면 마을 사람들을 모두 죽이겠다는 협박도 함께 남긴다.

마음 약하고 겁이 많은 마을 사람들은 이들을 맡아 돌본다. 하지

“

일제 침략 최대 피해자는
무고한 민중
되살아나고 있는
일본 군국주의 ‘귀신’

만 틈만 나면 탈출하려는 이들 때문에 지쳐간다. 약속한 기한이 지나도 괴한들이 이들을 찾으러 오지 않자 마을 사람들은 여러 가지 어설픈 방법으로 이들을 죽이려 들지만 결국 실패하고 만다. 고심한 끝에 그동안 돌봐 줬으니 괜찮을 것이라는 인간적인 생각으로 이들을 일본군에게 넘겨준다.

자루에 들어 있던 일본군인 하나야는 부대로 송환되기 직전에 “저들은 인종을 초월해 우리 둘을 보살폈어. 여자는 내 상처까지 치료해 줬다”며 인정에 감동하여 심경의 변화를 일으킨다. 그러나 살아 돌아온 그를 다른 일본 군인들은 치욕으로 여긴다. 그의 이름이 이미 야스쿠니 신사에 올랐다며 명예롭게 자살했어야 마땅하다고 윽박지른다. 일본군 장교는 천황의 항복 소식을 숨긴 채 마을 주민들을 모아 놓고 집단 학살을 자행한다.

제2차 세계대전 종전과 함께 정권을 잡은 중국 국민당의 태도 역시 농민들을 저버리기는 마찬가지다. 일본군의 손에서 용케 화를 피한 마다산은 국민당 군대에 잡혀 있는 일본 군인들에게 복수를 하다가 잡혀 아이러니하게도 동족인 국민당 군대에 의해 처형당한다. 국민당 군대는 당시의 국제정치적 지형을 들먹이며 마다산의 죄를 논하고, 어처구니없게도 일본 군인의 손을 빌려 마다산을 참수한다.

국민당 군대의 간부는 마다산에게 처형을 선고하며 이렇게 말한다. "마다산은 일본군이 항복하고 평화가 찾아온 이 마당에 장제스 총통과 트루먼 대통령, 처칠 수상, 스탈린이 맺은 국제협정에 의거한 포츠담선언을 위반해 저항 의사가 없는 일본인을 살해했다. (…) 저항의 정확한 의미가 뭔가? 침략지에서의 적과의 투쟁을 말하며 그것만이 진정한 저항이다. (…) 전쟁 때문에 우리도 피해가 컸지만 일본인 역시 그렇다."

저항의 정확한 의미가 침략지에서의 적과의 투쟁이란 말은 전쟁은 전쟁터에서 정규 군인들끼리 하는 것이며, 그런 싸움만이 의미가 있다고 말하고 있는 것이다. 중국 민중이 전쟁의 와중에 입은 상처와 피해는 무시되고 있음을 알 수 있다. 포츠담선언의 내용을 저해하는 어떤 행위도 용납할 수 없다는 태도다. 거대 정치권력으로서의 국가들 간 외교적 역학 관계만을 중시하는 발상이 아닐 수 없다.

이런 역사적 풍경은 일본 침략전쟁의 최대 피해자는 무고한 농민 등 민중이라는 사실을 여실히 보여 준다. 일본군은 농민들을 집단 학살할 때 어떤 집단이 자루를 마을로 가져왔느냐고 추궁하면서 살육을 저지른다. 영화는 국민당이나 공산당, 군벌, 일제 등 중일전쟁과 관련된 거대 정치세력들 간 싸움에 끼여 애꿎게 희생된 민중에 초점을 맞추고 있는 것이다.

이 영화는 기존 항일 영화의 구도에서 벗어나 있다. 항일운동을 지도하는 중국공산당이나 항일 게릴라 부대가 등장하지 않고, 일본군에게 점령당한 마을 주민들은 일본에 대한 분노나 적개심도 없다.

그런 점에서 이 영화는 일제 침략으로 인한 민족적·국가적 차원의 재난이 아니라 일본군에 점령당한 허베이 성 외딴 시골 마을에 일어난 재난에 관한 얘기란 분석[5]은 설득력을 갖는다.

영화 제목의 '귀신'은 누구일까. 영화의 비극적 결말을 초래한 등장인물 모두가 귀신이라는 견해가 있다. 자루를 농민들에게 떠맡기고 간 사람들, 중국 농민들을 무참히 살해하며 온갖 만행을 저지른 일본군, 복수에 나서 도끼를 휘두르며 일본인을 살해한 마다산 등이 모두 귀신이라는 것이다.[6] 국가이든 어떤 정치세력이든 거대 권력들 사이의 패권 다툼으로 무고하고 순박한 농민들과 개인들을 희생시키는 근대의 전쟁 상황 그 자체가 귀신일 수도 있겠다.

이 영화는 일본 전체주의의 강박증과 비정한 속성을 잘 보여 준다. 군국주의 일본의 집단적 자기 최면과 폭력적 잔악성 앞에서 마다산과 마을 주민들이 위험을 무릅쓰고 자루 속의 일본 군인과 중국인 통역관을 돌봐 주고 치료해 준 행위들, 인간적 의리로 베푼 인정과 선의는 사그리 무시되고 만다.

감금당했던 일본 군인은 천황군의 명예를 더럽혔다는 닦달을 받게 되고, 일본군에 의한 집단 살육이 벌어지자 자기를 보살펴 줬던 주민들을 광란의 상태에서 거리낌 없이 죽인다. 중국 아이에게 사탕을 나눠 주며 친절을 베풀던 일본 군악대 장교도 그 아이를 죽이는데 주저함이 없다. 인간성을 말살시키는 일본 군국주의의 광기 어린 속성을 잘 보여 주는 장면이다. 이것이 바로 개인이 전체에 매몰되는 전체주의와 군국주의의 생리라고 할 수 있다. 영화 속 중국 농촌마을의 담벼락에 적혀 있는 '동아신질서'란 글자가 무색할 지경이다.

일본군의 중국 농민 살육 장면은 일본이 주창한 아시아공동체 구상의 허상을 잘 드러낸다. 일본은 아시아 침략전쟁과 식민지화를 합리화하기 위해 아시아의 지역적 일체성을 날조했고, 아시아를 유럽 열강으로부터 지킨다는 명목으로 '대동아공영권' 이념을 만들어 냈다고 보는 학자들은 결국 '동아(東亞)'라는 지역 이념은 일본 제국주의의 부산물이라고 지적한다.[7]

후발 제국주의 국가 일본의 강박적 팽창 의지는 아시아주의의 허울 아래 똬리를 틀어 왔고, 지금도 맹목적 국가주의와 우경화 바람 속에 살아 숨 쉬고 있다. 아베 총리 등 일본의 요인들은 근본적으로 과거 아시아 침략 전쟁을 부인하고 있다. 그뿐만 아니라 일본군 위안부 문제 등에 대해서도 진정한 사과를 하지 않고 있다. 이런 역사인식은 역사교과서 왜곡 사실에서도 그대로 나타난다. 개인의 인간성과 민중의 삶을 말살시키는 일본 군국주의 '귀신'이 21세기에 되살아나고 있는 건 아닌지 우려된다.

일본 군국주의 부활을 우려하면서 그 속성의 뿌리를 사무라이 문화에서 찾은 영화 한 편을 소개한다. 1963년 제16회 칸영화제 심사위원 대상을 수상한 고바야시 마사키 감독의 〈할복〉. 이 영화는 일본 전체주의와 군국주의 문화에 대한 통렬한 비판과 경계를 담고 있다.

도쿠가와 막부(幕府) 초창기인 1630년, 몰락한 가문의 한 무사가 영주 가문의 집 앞에서 거짓 할복을 요청한다. 병든 처와 자식을 부양하기 위한 경제적 지원을 받기 위해서다. 그러나 이 가문 사람들로부터 사무라이의 명예를 지키라는 강요를 받아 진짜 할복해 죽자 그의 장인 츠구모 한시로가 복수에 나선다는 줄거리이다.

이 같은 설정은 앞에서 살펴본 영화 〈귀신이 온다〉의 한 장면을 떠올리게 한다. 중국을 침략한 일본 군인들이 농민들에게 억류됐다가 살아 돌아온 일본 군인을 천황군의 명예를 실추시켰다며 압박하

> 몰락한 사무라이의
> 강요받은 할복
> 조직 체면 · 영광 위해
> 개인 희생, 역사 왜곡

는 장면이다. 군인들은 살아 돌아온 일본 군인의 이름이 이미 야스쿠니 신사에 올랐다며 명예롭게 자살했어야 마땅하다고 윽박지른다. 이 장면은 사무라이의 명예를 지키라며 몰락 가문의 무사를 진짜 할복하게 한 상황과 닮은꼴이다. 전체 조직의 체면과 영광을 위해서라면 거리낌 없이 개인의 생명을 희생시킬 수 있다는 발상이다. 이는 근대 일본의 군국주의가 사무라이 문화의 전체주의적 토양에 뿌리를 두고 있음을 통찰하게 한다.

츠구모 한시로와의 대결에서 상투를 잘린 영주 가문의 세 명의 무사는 사무라이 문화대로라면 명예를 지키기 위해 스스로 할복해야 했다. 그럼에도 그 사실을 숨긴 채 병을 핑계로 집에 숨어 지낸다. 이에 대해 츠구모 한시로는 "무사의 면목은 외관만을 장식하는 것"이라며 그들의 허세와 위선을 비웃는다.

츠구모 한시로는 결국 영주 가문의 무사들과 혈전을 벌이다 죽는다. 그러나 이 엄청난 사건은 한 개인의 단순 할복 사건으로 영주 가문의 '가문일지'에 기록된다. 또 그 싸움에서 죽은 영주 가문의 무사들은 모두 병사로 처리되고 만다. 가문의 체면 유지를 위해 허위 일지가 작성된 셈이다. 이 같은 영화적 풍경은 독도 영유권 주장을 비롯해 일본군 위안부 강제 동원, 아시아 침략전쟁 등을 공식적으로 부인하는 현 일본 교과서의 역사 왜곡 사실과 궤를 같이한다고 볼 수 있다.

영화 마지막 장면에 나오는 "태평함에 있어 전쟁을 잊지 않는다. 이런 마음가짐으로 가문의 가세는 더 융성해져야 한다"는 대사에서는 언제든 침략성과 폭력성을 보일 수 있는 일본 군국주의 전통의 진면목을 보는 것 같다. 국가(전체)의 이름 아래 개인의 생명이나 행복 따위는 묵살하고 희생시킬 수 있다는 사고방식, 조직의 존속과 팽창을 위해서라면 역사를 왜곡·조작할 수도 있다는 일본 근대의 폭력적 논리를 경계하는 감독의 의도가 읽힌다. 일본 군국주의의 논리와 속성이 수백 년 전 사무라이 문화의 전체주의적 안개 속에서 이미 피어오르고 있음을 영화는 잘 보여 준다.

영화 속에서 츠구모 한시로가 "낭인들의 비애 같은 것은 생계에 우려가 없는 사람들은 어차피 알 수 없는 것"이라고 지적하는 장면이 나온다. 이는 임진왜란이 끝난 후 도쿠가와 막부 초창기 사회의 계급적 갈등과 빈부격차의 사회문제를 고발하는 비판적 메시지다. 이런 사회적 상황은 1930~40년대 일본 제국주의 세력이 아시아 침략전쟁을 수행하던 시기에 일본 민중들이 폭압적 군부 아래서 겪었던 경제적 궁핍 및 중산층 몰락 현상과 크게 다르지 않은 것으로 여겨진다.

고바야시 마사키 감독이 영화를 만든 해인 1962년은 일본 자민당 계파 중 경제를 중시하던 온건 보수파가 정권을 잡았을 때였다. 하지만 그 몇 년 전까지만 해도 일본 정계는 극우파가 득세했던 시절이었다. 1955년 자민당 보수 대통합을 이뤄 낸 하토야마 이치로 총리의 뒤를 이은 기시 노부스케 총리는 미국과 신(新)안보조약을 체결해 주일미군의 배치를 실현했으며, 자위군 창설을 위한 '평화헌법' 개정 주창 등 강경 노선의 행보를 벌이다 1960년 실각했다. 이런 정치적 분위기 속에서 일본 군국주의의 부활을 경계하는 영화 〈할복〉이 탄생한 것이다.

감독의 우려는 그 이후 일본 총리들의 야스쿠니 신사 참배와 헌법 개정 추진 등으로 점차 현실화되어 간다. 아베 신조 현 총리는 2006년 총리에 오른 뒤 무리한 개헌 추진과 일본군 위안부 부정 발언 등으로 2007년 총리직을 내려놓았다. 그러나 2012년 12월, 두 번째로 총리에 취임해 작금의 우경화 바람을 주도하고 있다. 고바야시 마사키 감독이 이미 50여 년 전에 경계한 일본 군국주의 망령이 오늘날 다시 살아나고 있는 것 같다.

## 중국과 대만의 특수한 정치적 지형 :
### 영화 〈비정성시〉

2016년 1월 16일 대만에서는 총통 선거가 치러졌다. 이 선거에서 민진당 차이잉원(蔡英文) 후보가 국민당 주리룬(朱立倫) 후보를 누르고 당선돼 5월 첫 여성 총통에 취임했다. 이 선거는 대만의 전통적 집권당인 국민당을 이기고 야당인 민진당에서 총통이 나왔다는 정권교체 사실도 뉴스가 됐지만, 선거 과정에서 불거진 이른바 '쯔위 사건'이 더 눈길을 끌며 화제를 모았다. 한국 걸그룹 '트와이스'의 대만 출신 멤버 쯔위(周子瑜)의 발언에서 비롯된 정치적 파문이 차이잉원 당선에 큰 영향을 미쳤다는 것이 사건의 핵심 내용이다.

쯔위 사건은 중국(중화인민공화국)과 대만(중화민국) 사이 양안(兩岸) 관계의 첨예한 현실을 다시 한 번 확인시켜 주는 계기가 됐다. 쯔위가 총통 선거 직전 중국 SNS 웨이보와 그녀의 소속사 유튜브 채널에 사과 동영상을 올린 게 정치적 파문의 발단이 된 것이다. 동영상에서 쯔위는 "중국은 하나밖에 없으며, 해협양안이 하나며, 중국인임을 자랑스럽게 여긴다. 중국인으로서 해외 활동 중 발언과 행동의 실수로 양안 네티즌에 상처를 줘 죄송스럽다"고 말했다. 쯔위는 2015년 11월 국내 한 예능 프로그램 촬영 방송 도중 대만 기(旗)를 흔들었는데, 이를 이유로 중국에서 '대만 독립운동자'라는 논란이 일며 비난이 확산됐고, 소속사 가수들의 중국 활동이 취소되는 등 큰 파란을 겪자 사과 동영상을 내보낸 거였다. 사실 '하나의 중국', '해협

양안', '대만 독립운동' 등의 용어는 동아시아 근현대사 속에서 형성된 중국과 대만 사이의 특수한 정치적 지형, 즉 양안관계의 실상을 웅변적으로 잘 말해 준다.

쯔위의 이 사과 동영상은 대만 젊은 층의 애국심을 불러일으켰고, 결과적으로 대만 독립파들의 지지를 받는 민진당 차이잉원 후보에게 표가 몰리게 했다는 언론들의 분석이 나왔다. 선거 막판에 불거진 쯔위 사건이 차이잉원과 민진당에 정치적 명분을 주고 그들의 입지를 강화해 준 셈이다. 차이잉원은 당선이 확정된 후 "16세밖에 안 된 여성이 중화민국 국기를 들고 있는 화면 때문에 억압을 받았다. 이 사건은 당파를 불문하고 대만 인민들의 공분을 불러일으켰다"며 "선거 결과는 대만 민의가 반영된 것이고, 중화민국이 하나의 민주국가라는 점을 보여 준다"고 강조했다. 또 양안관계에 대해서 대만과 중국은 서로 대등함을 추구해야 하고, 대만의 민주제도와 국가정체성은 존중받아야 한다고 밝혔다. 중국의 '하나의 중국' 정책에 대한 반대 의사를 분명히 한 것이다.

대만은 식민지의 경험이 중첩된 나라다. 역사적으로 서양세력과 청나라, 일본의 통치를 받아 오다 1949년 국민당 정부가 들어오면서 외성인(外省人 · 종전 이후 대만으로 이주한 대륙인)에 의한 본성인(本省人 · 17세기경부터 종전 이전까지 이주해 온 중국인) 지배라는 굴곡의 전철을 밟게 된다. 1971년 유엔(UN)에서 중화인민공화국이 중국의 대표권을 가지면서 타국과 국교가 단절되는 수모를 겪기도 한다. 동아시아 근대의 모순이 중첩된 대만의 파란만장한 정치적 풍경은 가족사의 사적 공간에도 그대로 투영될 수밖에 없었다.

허우샤오셴 감독의 〈비정성시(悲情城市)〉(1989)는 대만 2 · 28사건

> 중첩된 식민지 경험의 공간
> 대만
> 2·28사건 배경
> 굴곡 가족사 그려

을 배경으로 체제의 폭력 앞에 몰락해 가는 한 가족의 비극적인 역사를 그려 낸 영화다. 2·28사건은 대만 국민당 정부의 공권력이 자행한 대규모 민중학살 사건으로 대만 현대사의 민감한 아킬레스건으로 남아 있다. 중국 민주화운동인 톈안문 사건이 발생한 1989년, 베니스영화제에서 황금사자상을 수상한 이 영화는 투철한 역사의식으로 인해 더욱 스포트라이트를 받았다.

청일전쟁 직후인 1895년부터 태평양전쟁이 끝난 1945년까지 51년간 일본의 식민통치를 받아 온 대만은 본성인이 인구의 대부분을 차지하지만 국공내전에 패해 대만으로 건너온 장제스 국민당 정권의 외성인들에 의해 또다시 지배를 받으며 차별과 고난을 겪게 된다.

이런 특수한 상황으로 인해 본성인은 해방 후에도 같은 민족인 외성인보다 오히려 오랫동안 함께 생활해 왔던 일본인에게 더 깊은 정서적 유대를 느끼고 그들과의 추억에 향수를 갖는 아이러니한 현상을 보인다. 감독은 영화 속 이야기를 이끌어 가는 우콴룽·우콴메이 오누이가 일본인 정자(靜子) 오누이와 나눈 우정과 애틋한 기억을 보여 주는 데 영화의 꽤 많은 부분을 할애함으로써 그런 사실을 확인시켜 준다. 일본인 교장의 딸 정자는 전쟁이 끝난 후 대만을 떠나기 전에 콴메이를 찾아가 전사한 오빠가 아끼던 검과 오빠가 생전에 쓴 시를 콴룽에게 주라며 전달한다. 콴메이에게는 자신이 아끼던 기모노를 선물로 주며 "멀리 떨어져 있어도 서로 영원히 잊지 말자"고 말한다. 콴메이도 그 선물들을 감사한 마음으로 받고, 정자의 오빠가 쓴 시(벚꽃을 소재로 일본인의 정서와 미학을 담은 시)에 대한 소회를 오빠의 친구인 원칭과 얘기하며 정자와의 이별을 아쉬워한다.

영화 후반부에 원칭이 옥중에 갇혀 있을 때 수감자들이 처형당하는 동지를 위해 불러 주는 '포장마차의 노래'도 일본 노래다. 동료 혁명가가 처형당하는 상황에서 자연스럽게 일본 노래를 불러 위로했다는 것은 일본 식민 지배의 경험이 대만 민중의 무의식과 정서에 끼친 영향력이 얼마나 큰지를 잘 말해 준다. 이런 향수와 정서는 영화 전반부에 콴룽과 친구들이 함께 술을 마시던 중 창밖에서 흘러들어 오는 '유랑 삼부곡'이라는 중국 노래를 따라 부르는 장면에서도 여실히 느낄 수 있다. 식민지배의 기억으로 남아 있을 중국과 일본의 노래를 합창하는 이러한 아이러니와 관련, 중국 노래 '유랑 삼부곡'과 일본 노래 '포장마차의 노래'를 각각 영화의 앞과 뒤로 배치한 까닭이 국민당 정부에 대한 대만 지식인들의 실망과 환멸을 반영했을 것이라는 해석[8]은 매우 흥미롭다.

영화는 해방되던 1945년부터 타이베이에 정식으로 국민당 정부가 수립된 1949년까지 격동의 대만 현대사를 린(林)씨 일가 4형제를 중심으로 담담하게 그려내고 있다. 작은 음식점을 운영하는 린아루 노인에게는 네 아들이 있다. 첫째 원숭은 부친의 사업을 이어가고 있고, 둘째 원룽은 태평양전쟁 때 징용에 끌려간 뒤 소식이 없다. 셋째 원량은 종전 후 중국 상하이에서 정신이상이 되어 돌아와 치료를 받고 회복되지만, 상하이 범죄조직의 유혹에 넘어가 마약 밀수에 손을 댄다. 넷째 원칭(량차오웨이 분)은 사진관을 운영하며 살아가고 있는 청각장애인으로 진보적 정치사상을 가진 인물이다.

원칭의 친구 콴룽은 국민당 정부의 실정에 불만을 품은 본성인 반체제 지식인이다. 2 · 28사건이 발생하자 타이베이로 갔다가 산으로 들어가 반정부 게릴라가 된다. 간호사인 그의 여동생 콴메이는 나중에 원칭과 결혼한다.

영화는 대륙에서 이주해 온 외성인 정권의 공권력에 의해 1947년 발생한 대만 민중 학살사건인 2 · 28사건에 직접 카메라를 들이대지도 않고, 폭력 장면을 전면에 내세우지도 않는다. 하지만 중첩된 식민의 경험 속에서 대만 현대사의 혼란이 원칭의 가족 구성원들에게 가한 폭력의 결과는 치명적이다. 원슝은 동생인 원량을 구하기 위해 상하이 폭력배와 싸움을 벌이다 죽임을 당하고, 원량은 밀고로 체포됐다가 풀려난 후에 다시 정신이상 증세를 일으켜 회복하지 못한다. 원칭은 콴메이와 결혼해 아들을 낳고 잠시의 행복을 누리지만, 콴룽이 잡혀 처형당한 후 역시 체포돼 소식이 끊긴다.

원칭 일가의 해체되고 붕괴된 삶은 대만 현대사의 굴곡진 심부를 깊숙이 투영하기에 모자람이 없다. 감독은 영화를 콴메이의 일기 내레이션을 통해 차분히 이끌어 가는데, 영화 내내 느껴지는 슬픔과 인고의 분위기는 그 당시에 대만 민중이 겪었던 고난과 기약할 수 없는 삶의 비애감을 더욱 고조시킨다.

대만은 17세기에 스페인과 네덜란드에 점령된 이후, 다시 명나라의 후예 정성공의 지배를 거쳐 청나라의 한 성(省)인 대만성을 이루었다. 근대 들어서는 청일전쟁 후 일본 최초의 식민지가 되어 51년

간 일본의 통치를 받았다. 태평양전쟁 종전 후 일본으로부터 해방된 이후에는 1949년 중국공산당과의 내전에서 패해 해협을 건너온 장제스 국민당 정권의 지배를 받아 왔다. 대내적으로는 국민당 정부의 계엄령이 수십 년간 계속되는 등 정치적 격동을 겪었다. 대외적으로 '하나의 중국'을 지향하고 있는 중국과 양안관계의 갈등을 겪고 있다. 또 중국과 소련의 태평양 진출과 남하를 방어하기 위해 미국 주도로 구축된 동아시아 냉전체제를 지탱하는 반공전선의 중요한 한 축을 맡아 왔다. 하지만 대만은 그런 한편으로 자체적인 민주화와 눈부신 경제성장을 이룩하며 험난한 현대사의 여정을 거쳐 왔다.

영화에서 대만 본성인 지식인들이 반체제운동을 벌이다 체포되거나 처형당하는 장면들은 우리나라 현대 정치사의 얼룩진 페이지들을 연상케 한다. 대만 민중들은 일본뿐만 아니라 중국 본토의 정치세력들에 대해서도 식민 권력으로 인식하고 있다는 정치적 관점을 영화는 보여 준다. 그런 차원에서 2 · 28사건이 스페인 · 네덜란드-청-일본-국민당으로 이어지는 지배 권력의 연대기 전부를 식민지배로 인식하는 정치적 무의식을 구성했다는 지적[9]은 주목할 만하다. 대만은 여러모로 중첩된 식민의 기억이 남아 있는 역사적 공간이라고 할 수 있다.

쯔위 사건과 민진당의 집권은 이전의 국민당 마잉주(馬英九) 총통의 친 중국 노선과 정책에 큰 변화를 가져왔다. 마잉주 총통은 양안간 직항로를 허용하고, 대륙에 진출한 대만인의 권익 보호와 대륙 학생의 대만 유학 수용 등 친 중국 정책을 펴 왔다. 그는 또 2015년 11월 7일 중국 국가 주석 시진핑과 싱가포르에서 만나 1949년 중국 분열 이후 66년 만에 정상회담을 갖기도 했다.[10]

이에 비해 독립파들이 주도하는 민진당은 대만의 독립을 원하고 있어 '하나의 중국' 원칙을 고수하고 있는 국민당과 근원적 차이를 보인다. 2016년 총통 선거에서 친 중국 노선의 국민당이 지고 민진당이 승리함으로써 양국 간에 긴장감이 감돌고 있다. 민진당 차이잉원 총통은 미국 트럼프 대통령 당선인 시절 그와 전화 통화함으로써 중국과 대립각을 세웠다. 이로 인해 중국 함대가 대만해협을 넘어 위협을 가하기도 했다. 하지만 중국과 대만 양안은 지금까지 폭넓은 경제 교류와 밀접한 생활권 형성으로 불가분의 관계를 유지하고 있는 것도 사실이다. 양안 관계는 결정적 파국으로 치닫지 않을 것이란 분석이 나오는 이유다.

중국 역시 앞으로 보다 유연한 대만 정책을 펼칠 것으로 전망된다. 중국, 대만, 홍콩, 싱가포르가 대중화권 네트워크를 형성하며 하나의 산업적 실체로서 제휴하고 있는 현실을 무시할 수 없을 것이기 때문이다. 상하이 푸둥 국제공항에 대만인 전용 입국심사대가 개설되고, 대만 기업의 중국 본토 이전으로 100만 명이 넘는 대만인이 대륙으로 이주해 살고 있는 현실이 이런 전망을 뒷받침해 준다. 중국 전자산업의 수출액 중 절반은 중국 본토에 진출한 대만 기업의 수출액으로 추정되고 있을 정도다.[11]

1989년 베를린장벽 붕괴, 1991년 구소련 해체 이후 사회주의 국가들이 사라져 갔지만 중국만은 사회주의체제를 유지하며 미국과 나란히 초강대국의 지위를 차지하고 있는 것은 다 이유가 있다는 분석이다. 자본주의 체제 아래서 눈부신 경제성장을 이룬 홍콩과 대만을 경제협력 파트너로서 각각 1국 2제, 양안관계 유지라는 독특한 틀 속에서 끌어안았기 때문이라는 해석이 그것이다.[12]

## 강대국들의 신각축장이 된 남중국해 :
### 영화 〈동방불패 2〉

한국과 미국은 북한의 잇따른 핵실험 등 군사적 도발에 대응하기 위해 사드 배치를 실행에 옮기고 있다. 그러자 중국은 무역 제재 등 강력한 '사드 보복' 조치를 취했다. 이로써 한 · 중 및 미 · 중 관계가 악화일로를 걷고 있다. 그 이전에도 시진핑 중국 국가주석은 블라디미르 푸틴 러시아 대통령과 만나 사드의 한반도 배치에 반대하는 공동성명을 발표했다. 함대와 폭격기를 동원해 미국과 한국에 대해 경고성 무력시위를 벌이기도 했다. 한반도를 포함한 동아시아 지역에 대한 미국의 패권주의에 반대한다는 의지를 분명히 보여 준 것이다. 남중국해에서는 일본, 필리핀 등과 영유권 분쟁을 벌이며 '일대일로(一帶一路)'의 신실크로드 추진 의지를 숨기지 않고 있다. 시진핑 국가주석이 몇 년 전부터 미국에 '신형 대국관계'를 요구해 온 자신감을 생각하면 놀랄 일도 아니다.

남중국해는 신냉전시대를 맞아 강대국들의 새로운 각축장으로 부각했다. 중국은 남중국해 영유권 판결에서 1차적으로 패했다. 국제중재법원인 상설중재재판소(PCA)는 필리핀이 제소한 남중국해 영유권 분쟁 판결에서 중국의 남중국해 영유권 주장은 법적 근거가 없다고 필리핀 승소 판결을 내렸다. 스프래틀리 군도(중국명 난사 군도)의 미스치프 암초에 대해서도 중국의 200해리 배타적 경제수역(EEZ) 주장을 인정할 수 없다고 밝혔다. 하지만 중국은 이 판결에 불복하고 결과를 수용하지 않겠다는 입장이어서 관련국 및 미국과의 충돌이 예상된다. 미국은 중국이 건설한 남중국해 인공섬 부근으로 전함을 보내 12해리 이내까지 접근하는 '항행의 자유' 군사작전을 전개해 중국과 무력 충돌의 우려를 낳고 있다.

중국은 남중국해의 파라셀 군도(중국명 시사 군도 · 베트남명 호앙사 군도)에서 미사일 발사 군사훈련을 벌이는가 하면, 인공섬을 남중국해에 건설하는 등 지역 패권 의지를 감추지 않고 있다. 남중국해의 또 다른 영유권 분쟁지역인 센카쿠(중국명 댜오위다오) 열도에서 일본과의 충돌 위험도 높다. 중국은 센카쿠 부근에 함정과 전투기를 접근시키는 등 공격적인 시위도 서슴지 않고 있다. 이와 함께 정치 · 외교적으로도 일본 각료와 정치인들의 야스쿠니 신사 참배와 '평화헌법' 개헌 추진 움직임에 대해 강력한 비판의 목소리를 내고 있다. 일본의 군국주의가 되살아나고 있다며 경계의 태세를 늦추지 않고 있는 것이다. 일본 정부 또한 일전을 불사할 태세다. 센카쿠 열도에 대한 중국의 침범 행위에 대해서 결코 용납하지 않겠다는 입장을 분명히 하며 자국 내 반중 여론을 불러일으키고 있다. 한편으로 아베 정권은 참의원 선거에서 개헌선을 확보함으로써 평화헌법 개정을 강력히 밀어붙이고 있다. 21세기 동아시아 패권의 향방을 놓고 강대국들의 치열한 각축이 벌어지고 있는 형국이다.

쉬커(徐克)가 각본과 제작을 맡고, 청샤오둥과 리후이민이 감독한 〈동방불패 2: 풍운재기〉(1993)는 현대 중국의 동아시아 패권 의지를 드러낸 영화로 평가받고 있다. 이 영화는 치밀한 구성이 돋보였던 전작 〈동방불패〉에 비해 무리한 액션 장면들이 많고, 스토리 전개도 언뜻 이해하기 힘든 부분이 많다. 트랜스젠더에 관한 주제로 읽히기도

> 동아시아 패권 쟁탈 위해
> 열강 각축
> 중화질서 복귀 희구
> 현대 중국 의지

한다. 하지만 등장인물이나 그들의 행동을 비유적으로 해석할 경우, 영화는 시종일관 현대 중국의 정체성과 패권의 향방에 대해 얘기하고 있음을 알 수 있다.

린칭샤(林青霞)가 연기하는 여성화된 남성의 이름이 동방불패이고, 서양인의 눈에는 전통의상인 긴 치마를 두른 중국인이 여장남성 곧 여성화된 남성이므로, 결국 '동방불패=중국(인)'의 등식이 성립한다는 주장은 설득력을 갖는다. 또한 영화에서 동방불패는 물론 중국 관원인 구창펑(顧長風), 먀오족(苗族), 스페인의 장군, 일본인 무사 등 등장인물들이 모두 동방의 패자(覇者)가 되기를 갈망하는 것은 바로 오늘날 현실에 실존하는 콘텍스트라는 진단도 예리하다. 즉 구창펑은 대륙인, 스페인 군대는 서양 열강, 먀오족은 중국 소수민족 및 재외 중국인이라는 알레고리를 가진다는 것이다.[13] 그런 시각에서 볼 때 감독은 아편전쟁과 난징조약 이후 중국에서 패권을 차지하기 위해 열강의 치열한 각축전이 전개됐던 근대의 역사적 사실에 빗대어 그와 유사한 21세기 현재의 정세를 함께 내비치고 있는 것으로 보인다.

동방불패가 서양인이 쏜 총알을 손으로 받아 되돌려 공격하면서 "네게 과학이 있다면 내겐 기공(奇功)이 있다"고 일갈하는 장면이 나온다. 이는 동양이 서양에 맞서 승자가 될 수 있음을 자신감 있게 천명한 상징적 표현이다. 마찬가지로 동방불패가 스페인 함선을 제압하고 일본의 무사를 없앤 뒤 일본인 장군의 복장을 하고 나타난다든지, 동양과 서양의 힘을 합친 '동서방불패(東西方不敗)'호를 진격시켜 대륙의 동방불패를 자처하는 구창평과 최후의 결전을 벌이는 장면 등도 정교한 알레고리적 의미를 갖는다는 연구 분석이 있다. 즉 동방불패가 스페인 함선과 일본인 무사를 격파하고 일본인 복장을 한 것은 그의 정체성이 중국적인 것으로부터 일본적인 것, 곧 근대적이고 서구적인 것으로 전이되었음을 뜻한다는 것이다. 그리고 최후의 결전에서 설욕을 위해 사방을 찾아 헤맨다는 뜻의 이름을 가진 쉐첸쉰(雪千尋, 왕쭈셴 분)이 구창평이 아닌 동방불패를 선택한 것도 과거 중국의 치욕을 설욕할 21세기의 새로운 패권자는 전통 중국의 강자가 아니라 서구화한 동방, 즉 서구를 제압하고 근대적인 것을 장악한 신중국이라는 메시지를 담고 있다는 설명이다.[14] 구창평과의 마지막 대결에서 승리를 거둔 동방불패가 쉐첸쉰에게 "우리 다시 시작하자"고 말하는 것도 같은 맥락이다. 동방불패가 서양과 일본 세력을 평정한 후 진격시킨 '동서방불패'호의 출범은 결국 현대 중국이 동서양의 경계를 넘어 세계 전체의 패권을 차지하는 강자가 되겠다는 자신감 넘치는 '천하' 복귀의 선언으로 읽히는 것이다.

중국은 경제 자유화와 개혁개방 정책 실시 이후 '하나의 중국' 원칙을 고수하면서도 대만과 홍콩의 자본주의 체제를 인정하는 정책으로 경제교류를 강화해 왔다. 그뿐만 아니라 화교국가라고도 할 수 있는 싱가포르와도 제휴해 광범위한 중화권 경제협력 네트워크를 형성하고 있다. 중국은 이와 같은 경쟁력을 바탕으로 전 세계적인 초강대국으로서의 위상을 굳혀가고 있다. 이는 근대 이전 중화제국(조공무역 체제)의 맹주 자리에서 현대 세계체제의 강자로 복귀하는 시대적 자리바꿈의 풍경으로 읽힌다.

근대 국민국가 체제는 개별 국가들 간의 무한 경쟁과 전쟁으로 무질서를 초래한 면이 없지 않다. 하지만 신중국의 출현으로 여러 종교와 문명을 포용하는 '천하'와 '조화세계'의 전통을 가진 중화질서로 반전되는 역사가 지금 새롭게 쓰이고 있다는 주장이 대두하고 있다. 천하는 대중화만큼이나 소중화도 여럿 겹친 복합계로, 차등에 기반을 둔 위계질서를 의미한다. 이런 주장을 하는 연구자는 중국의 개혁개방으로 세계체제 자체가 개조되고, 근대가 뒤집히고 있다고 진단한다. 동아시아에서는 중국과 일본의 반전, 세계적으로는 중국과 미국의 반전, 문명적 차원에서는 동양과 서양의 반전이 동시에 진행되는 반전의 시대가 왔다는 것이다.[15] 이와 관련, 세계체제적인 관점에서 20세기에 중국을 위시한 동아시아의 성장이 18세기까지 존재했던 서양에 대한 동양의 우위를 회복하는 과정이라는 분석을 내놓은 학자도 있다. 또 앞으로 세계헤게모니가 중국으로 이행하리라는 전망과 함께 '세계제국'의 전통을 보유한 중국이 전쟁으로 점철된 불평등한 자본주의적 발전 경로를 수정할 것이라는 예측도 나온다.[16]

중국은 세계 최강국인 미국에 대해 동등한 관계의 협력과 경쟁을 요구해 오고 있다. 시진핑 국가 주석은 2017년 4월 트럼프 미국 대통령과 첫 정상회담을 갖고 북핵 해법 등에 대해 의미 있고 팽팽한 의견을 나눴다.

시진핑 주석은 지난 2013년 열린 미국-중국 정상회담에서도 버락

오바마 미국 대통령에게 '신대국 관계' 설정을 요구하며 세계정세 주도에 대한 의지를 숨기지 않았다. 바야흐로 미국과 중국, G2 초강대국 시대가 도래한 것이다. 1991년 구소련 해체와 탈냉전 이후 유지돼 온 미국의 절대적인 경제 · 군사적 우위는 이제 더 이상 존재하지 않는다고 봐야 한다.

중국의 국방예산은 2015년까지 5년간 매년 두 자리 수 증가를 거듭해 왔다. 중국의 전체 예산을 생각하면 엄청난 액수의 군사비가 증액된 것이다. 2016년에는 7.6% 증가로 6년 만에 한자리 수 증가율에 그쳤지만 국방예산 총 규모 면에서 중국은 미국에 이어 두 번째를 차지하고 있다. 이에 맞서 미국의 오바마 정부도 재임 기간 중 아시아 · 태평양 지역에 군사 · 외교적 역량을 집중시키고 강화하는 '아시아 재균형' 정책을 폈다. 환태평양경제동반자협정(TPP)을 성사시키려 힘썼던 것도 그런 정책의 일환으로 볼 수 있다. 하지만 도널드 트럼프 미국 대통령은 취임 직후 TPP 탈퇴를 선언했다. 트럼프의 미국은 무역 보호주의 강화를 통해 중국을 압박해 들어가고 있다.

경제력 면에서도 중국이 곧 미국을 능가할 것이라는 신호는 이미 곳곳에서 포착돼 왔다. 아시아개발은행은 2011년 펴낸 보고서에서 세계 경제에서 중국 경제가 차지하는 비중은 2010년 9%에서 2050년 20%로 커지는 반면, 미국은 같은 기간 23%에서 12%로 줄어들 것으로 예측했다. 투자자문회사 골드만삭스는 중국이 미국을 따라잡는 해를 2027년으로, 영국의 『이코노미스트』는 2019년으로 예상했다.[17] 중국이 아시아인프라투자은행(AIIB)을 주도해 세계은행(IBRD), 아시아개발은행(ADB), 국제통화기금(IMF) 중심의 세계 금융체제에 도전장을 던진 것도 이런 경제적 자신감에서 비롯됐다고 볼 수 있다. 조정래의 소설 『정글만리』에 묘사된 눈부신 중국의 경제발전이 소설

속의 얘기만은 아닌 것이다.

'중화민족의 부흥'을 내건 시진핑 주석이 집권한 이후 중국의 정책이 보다 적극적으로 변화하고 있다. 덩샤오핑의 외교 전략인 '도광양회'(韜光養晦, 빛을 감추고 어둠 속에서 힘을 기른다)의 시기를 지나고 '화평굴기'(和平屈起, 경제적으로 우뚝 일어서지만 주변국과 화평을 유지한다)를 넘어 이제는 '주동작위'(主動作爲, 중국의 이익을 위해 해야 할 일을 주도적으로 한다)의 단계로 접어든 것이다.

# 2부

# 근대 서양의 침략과 동양의 응전

류융푸는 황페이홍에게 '불평등조약'이라고 쓰인 부채를 건네주면서 "홍콩은 영국에게, 마카오는 포르투갈에게 내줬고, 러시아는 흑룡강을 점령했다. 우리 땅도 못 지키면서 남의 땅에 가서 프랑스와 싸우라니…"라며 한탄한다.(영화 〈황비홍〉 관련 글 가운데서)

영화는 서양 제국주의의 침략에 저항하는 강력한 민족적 정서를 바탕으로 하고 있다. 중국을 '동아병부(東亞病夫, 동아시아의 병든 민족)'라고 조롱하는 일본인들을 힘으로 응징하거나, '개나 중국인 금지'라고 쓰인 공원 팻말을 호쾌히 부숴 버리는 영화 속 장면들이 이를 웅변적으로 말해 준다.(영화 〈정무문〉 관련 글 가운데서)

일본정부는 1938년 말 제2차 및 제3차 코노에 성명을 잇달아 발표했다. 동양사 연구자 임성모는 "두 차례의 성명에는 기본적으로 중일전쟁이라는 지구전의 조속한 종식과 동아시아 지역질서의 '평화적' 재편이라는 지향성이 드러나 있는데, 이를 집약한 슬로건이 곧 '동아(東亞) 신질서'였다"고 분석한다.(영화 〈스파이 조르게〉 관련 글 가운데서)

가마꾼들에 의해 출렁이는 붉은색 가마, 붉은색 옷을 입은 채 수수밭에 누운 정염의 여인 주얼, 시종 바람에 흔들리는 수수밭, 붉은 고량주와 그것으로 만든 화염병 등 영화의 화면은 사극적이고도 상징적이다. 영화 비평가 슈테판 크라머는 "붉은색은 힘의 상징이자 희망의 상징이며, 수수밭을 뒤흔드는 바람은 관습의 속박과 억압으로부터 해방되기를 바라는 희망을 상징한다"고 평한다.(영화 〈붉은 수수밭〉 관련 글 가운데서)

영화는 '역사를 우회하거나 탈(脫)역사적 혐의가 짙다'는 평가를 피해 갈 수는 없다. 중국문화 연구자 다이진화(戴錦華)는 "영화에 표현된 모든 것은 지나칠 정도로 분명하게 '중국'을 가리키고 있다. 그러나 그것은 중국의 역사로 확대되지도, 중국의 현실을 보여 주지도 못했다. 그 모든 것은 단지 동방적 경관, 동방의 거울상 속에 갇힌 얼룩진 거울 이미지에 지나지 않았다"고 지적한다.(영화 〈패왕별희〉 관련 글 가운데서)

## 독립운동가들의 신산한 삶과 희생 :
### 영화 〈밀정〉, 〈암살〉

김지운 감독의 〈밀정〉(2016)은 일제강점기 독립운동가들의 얘기를 다룬 영화다. 그 암울하고 희망이 없는 것처럼 보였던 시절, 독립에 대한 소망과 확신 하나로 온몸을 불살랐던 이들의 얘기다. 이 영화는 실제 사건과 인물인 1923년 황옥 경부 폭탄 사건을 모티브로 만들어졌다. 황옥은 한때 독립운동 진영에 속했으나 변절한 후 일제 고등 경찰로 일하면서 의열단을 도왔던 인물로 알려져 있다.

1920년대 조선인 일본 경찰 이정출 경부(송강호 분)는 상부로부터 항일 무장독립운동단체 의열단과 접촉해 단원들을 일망타진하라는 명령을 받는다. 그는 한때 독립운동에 참여했던 인물로 골동품상이자 사진관 운영자인 의열단원 김우진(공유 분)에게 접근하고, 두 사람은 호형호제하는 사이가 된다. 영화는 친일파 이정출과 열혈 독립운동가 김우진을 축으로 이들 사이에 벌어지는 암투와 회유작전을 그리고 있다. 서로의 목적을 뻔히 알면서도 각자의 목적을 달성하기 위해 친해지고 설득하고 이용하는 얽히고설킨 첩보전의 진수를 만끽할 수 있다.

나라를 잃은 비극적인 시대, 일제강점기에는 독립에 대한 열망과 확신을 붙들고 살아가는 이들과 이들의 반대편에 선 사람들 곧 독립에 대한 희망을 버리고 변절하거나 일본 신민이 된 사람들로 나뉘었다. 또 이들 사이의 경계선 위에서 위태롭게 줄을 타며 살아갔던 인

조선인 일제 경찰과
의열단 사이 첩보전
희망 없던 시기 독립 향한
불굴의 의지

물들도 있었다. 영화에서는 의열단 단원으로서 일제의 밀정 노릇을 한 조회령(신성록 분)이 그런 사람이다. 그는 "시골뜨기들이 폭탄 몇 번 던져서는 독립이 되지 않는다"는 생각을 가진 인물로, 의열단이 일제의 주요 시설을 파괴하기 위해 폭탄을 중국에서 경성으로 반입하려는 사실과 그 루트를 일본 경찰에 밀고한다.

일본 경찰이지만 심경의 변화를 일으켜 의열단원인 김우진을 돕는 이정출은 일본 경찰 안에 의열단이 심은 밀정이라고 할 수 있다. 그는 폭탄을 운반하는 경성행 열차 안에서 의열단 단원들을 살리기 위해 하시모토 경부(엄태구 분) 등 일본 경찰들을 죽이는 일도 불사한다. 나중에는 국내에서 체포된 김우진 등 의열단 단원들을 대신해 일본구락부에 폭탄을 터뜨리고, 조선인 매국노 갑부를 척살하는 등 항일 독립운동에 헌신한다.

일제강점기에는 분명한 자기 정체성 없이 자기변명의 회색지대에서 있던 인물들이 많았다. 하시모토 경부 역시 조선인이었지만 누구보다 철저하게 일본 신민이 된 인물이다. 처음에 의열단 단원으로 활동하다 붙잡혔던 주동성 역시 변절해 일본 경찰의 끄나풀이 된다. 그만큼 불확실하고 미래를 보장할 수 없던 시절이었다. 김우진을 좋아했던 의열단 여자 단원 연계순(한지민 분)이 붙잡혀 죽은 것은 김우진이 찍어 주었던 사진 한 장이 단서가 됐다. 개인적인 감정과 행복은 사치에 불과하던 시기였다.

"우린 실패해도 앞으로 나가야 한다. 실패가 쌓여 그 실패를 딛고서 앞으로 전진하고, 더 높은 곳으로 올라서야 한다"고 의열단 단장 정채산(이병헌 분)은 말한다. 한 치의 앞도 내다볼 수 없던 당시의 암울한 현실과 엄혹한 상황에 마주했던 독립운동가들을 지탱해 준 힘은 무엇이었을까. 그 누구도 꺾지 못한 독립에 대한 소망과 불굴의 투쟁 의지였을 것이다. 이들이 흘린 피와 눈물이 없었더라면 과연 오늘의 대한민국이 존재할 수 있었을까.

최동훈 감독의 영화 〈암살〉(2015)을 보고 있으면, 독립에 대한 희망의 빛이 한 줌도 비치지 않았을 것 같은 일제강점기의 그 긴 어둠의 터널 속에서 어떻게 저렇게 확고한 자기 신념을 가지고 항일 독립운동에 투신할 수 있었을까 하는 존경심이 절로 생겨난다.

영화의 배경인 1930년대는 조선 지식인들의 변절과 자기합리화가 다반사였던 시절이었다. 영화의 줄거리는 간단하다. 대한민국 임시정부가 일본 측에 노출되지 않은 세 명의 암살자를 조선에 보내 조선주둔군 사령관 카와구치 마모루와 친일파 거두 강인국(이경영 분)을 처단한다는 내용이다. 이 작전에 투입된 인물은 한국독립군 저격수 안옥윤(전지현 분), 신흥무관학교 출신 속사포(조진웅 분), 폭탄 전문가 황덕삼(최덕문 분) 등 3명이다.

이들을 불러 모으고 암살 지령을 내린 이는 바로 대한민국 임시정

일본군 사령관과
친일파 거두 제거 위해
임시정부가 보낸 암살자들의
처절한 투쟁

부 경무국 대장 염석진(이정재 분)이다. 그런데 염석진은 변절자로 일본 경찰에게 중요한 정보를 넘겨 작전을 방해한다. 그는 살인청부업자 하와이 피스톨(하정우 분)과 그의 조력자 영감(오달수 분)을 고용해 안옥윤 등 암살자 3명을 없애려고 한다. 이 과정에서 하와이 피스톨과 영감은 일본 군인들이 잔악무도하게 조선인 소녀를 죽이는 것을 목격한다. 그리고 안옥윤 일행이 독립군임을 알게 되면서 마음을 바꿔 이들을 돕는다. 이들은 한 차례 암살에 실패하는 등 온갖 우여곡절 끝에 작전 수행에 성공한다. 하지만 안옥윤을 제외한 속사포와 황덕삼, 하와이 피스톨과 영감 등 나머지 일행은 모두 희생당하고 만다.

안옥윤이 살아남은 것은 운명의 장난 때문이었다. 그녀는 사실 자신이 처단하고자 했던 친일파 거두 강인국의 쌍둥이 두 딸 중 동생으로 어릴 적 기구한 사연으로 가족과 헤어져 만주로 가게 됐던 것이다. 자신의 딸이 독립군이 되어 자신을 해치려 돌아왔다는 사실을 알게 된 강인국은 안옥윤을 죽이려다 그만 애지중지하던 딸 미츠코를 안옥윤으로 오인해 쏘아 죽이고 만다. 안옥윤은 똑같이 생긴 쌍둥이 언니 미츠코가 죽자 미츠코 행세를 하며 강인국의 집에 들어가 기회를 엿본다. 마침 미츠코는 카와구치 사령관의 아들과 결혼식이 예정돼 있었고, 안옥윤은 미츠코인 것처럼 속이고 드레스를 입은 채 식장에 들어가 카와구치 사령관을 척살하고, 하와이 피스톨은 매국노 강인국을 처단한다.

임무를 수행한 후 계속 미츠코 행세를 하며 임시정부에 몰래 독립자금을 보내며 살아온 안옥윤은 해방 후 마침내 염석진을 처단한다. 한때 대한민국 임시정부 경무대장이었던 염석진은 일제강점기 때 일본군 특무대 수사관을 거쳐 해방 후에는 대한민국 경찰로서 경력을 쌓으며 승승장구해 왔던 것이다. 그는 마지막 죽기 직전에 왜 동지를 팔았느냐고 묻는 안옥윤에게 "해방될 줄 몰랐다"고 강변한다. 그 시대 대부분의 친일 지식인이나 '또 다른 염석진'들이 그랬을 것이다. 보이지 않고 잡히지 않는 미래에 대한 좌절과 포기와 자기기만의 모습들이다.

출연자들의 인상 깊은 대사들이 그 시대를 전혀 다른 모습으로 살았던 인물들의 상이한 삶의 태도에 대해 말해 준다. 강인국은 목숨이 위태로워지자 친일매국 행위에 대해 안옥윤에게 변명한다. "민족을 위한 거였어. 무식한 조선놈들 먹여 살려야 했고"라고. 염석진은 강인국에게 암살 정보를 넘기고 돈을 요구하면서 자신의 변절 이유에 대해 말한다. "인생은 요령인데, 물지 못할 거면 짖지도 말아야지요"라고. 그런데 안옥윤의 태도는 다르다. 그녀는 담대하고 결연하게 말한다. "알려 줘야지. 우리는 끝까지 싸우고 있다고." 자신에게 주어진 운명이 있고, 흔들림 없이 그 운명 속으로 걸어가는 한 사람의 이미지를 떠올리며 영화를 기획하게 됐다는 최동훈 감독의 전언이 실감나는 대목이다.

〈밀정〉과 〈암살〉 두 영화 모두 일제강점기의 독립운동에 관한 얘기이고, 무대가 한국의 경성과 중국의 상해라는 점에서 공통점이 많다. 특히 역사적으로 실재했던 의열단의 활동 기록을 모티브로 하여 일제 건물 폭파와 암살 사건 등을 그려 낸 작품이라는 점에서 그렇다. 이들 영화는 암울했던 시대에 맞서 싸우며 오로지 독립에 대한 신념과 열망으로 자신에게 주어진 운명의 길을 묵묵히 걸어갔던 이들의 발자취를 느낄 수 있게 한다.

황옥 경부 폭탄 사건을 모델로 삼았던 〈밀정〉과 박재혁 의사의 부산경찰서장 암살 사건이 모티브가 된 것으로 알려진 〈암살〉은 모두 의열단 활동과 관련이 있다. 의열단은 1919년 김원봉 등이 만주에서 창설한 암살·파괴활동 단체로 동포들의 애국심에 호소하여 민중폭동을 일으키려 했다. 의열단은 1920년대 김원봉이 신채호를 만나 민족해방투쟁을 위한 이론체계를 갖춘 뒤 더욱 활발한 투쟁활동을 전개해 나갔다.[1] 1923년 김상옥의 종로경찰서 폭탄 투척과 1926년 나석주의 동양척식주식회사 및 조선식산은행 폭탄 투척 등이 알려져 있다. 김원봉의 의열단은 일본 제국주의자들이 가장 두려워했던 항일 무장투쟁단체였다.

조국 독립을 위해 산화한 독립운동가들의 신산한 삶과 희생을 생각하면, 국정 역사교과서 논란은 참으로 부끄러운 일이다. 2016년 말, 교육부는 국정 역사교과서의 전면 적용 시기를 1년 연기하고, 국정과 검정교과서를 혼용해 사용토록 결정했다. 이에 따라 국정 역사교과서의 전면 적용 시기가 2017년 3월에서 2018년 3월로 연기되고, 학교의 선택에 따라 국정과 검정교과서를 혼용해 사용할 수 있게 됐다. 다양한 시각이 존재할 수 있는 역사에 대한 교육을 정부가 지정한 단 하나의 교과서로 실시하려 한 발상 자체가 무리수였다. 반대 여론이 거세게 일어났을 만하다.

교육부가 국정 역사교과서 내용에 대해 공개적으로 의견을 수렴한 결과 건국절과 관련된 내용이 가장 많았다. 특히 1948년 8월 15일을 '대한민국 수립'일이라고 기술한 것을 '대한민국 정부 수립'일로 수정해야 한다는 의견이 대다수를 차지했다. 국정교과서대로 1948년 8월 15일을 대한민국 수립일로 기록하게 되면 일제강점기 때의 상해 임시정부와 독립운동의 역사를 인정하지 않는 꼴이 된다. 대한민국 임시정부는 유령 단체가 되어 버리고, 독립운동가들의 눈물겨운 투쟁은 부정되고 마는 것이다.

일제강점기의 상황에서 국민과 영토에 대한 실효적 지배를 할 수 없었던 임시정부를 국가로 인정하기 힘들다는 주장은 납득하기 어렵다. 규모는 작지만 정부의 체제를 갖추었고, 군대도 편성해 항일 독립운동을 전개했던 임시정부가 아닌가. 지나친 개념논리에 빠진 자가당착이다. 현행 역사교과서들의 이념 편향성을 바로잡겠다는 취지로 국정교과서를 추진했다는 설명도 설득력이 약하다. 현행 교과서들에 '좌편향'된 부분이 있으면 수정을 통해 균형을 잡아가면 될 일이지 임시정부의 법통까지 부정할 이유는 없다. 수만 리 타향 땅에서 독립과 광복을 갈망하며 투쟁하다 스러져 간 애국지사들과 독립운동가들의 활동이 이념 편향과 무슨 상관이 있는지 알 도리가 없다. 그들의 올곧은 정신과 피눈물 나는 노력을 부정하는 것은 우리 민족의 주체성과 주인의식을 저버리는 행위일 뿐이다. 새 대통령이 취임 직후 국정 역사교과서 폐지를 지시한 것은 옳은 일이다.

## 식민지 민족의 젊은이들 :
### 영화 〈동주〉

일제강점기의 광기와 부조리를 자기만의 신념과 방식으로 저항하고 온몸으로 부딪쳤던 두 청년의 순수한 열정과 아픔을 담은 영화 〈동주〉(2016). 이준익 감독은 윤동주와 송몽규, 실존했던 두 청년을 주인공으로 삼아 당시의 비극적 시대를 살았던 젊은이들의 꿈과 좌절, 결기와 부끄러움 등 청춘의 아련한 기억들을 다시 불러낸다.

윤동주에 비해 덜 알려진 송몽규는 윤동주의 고종사촌으로 그의 평생의 친구요, 동지였다. 두 사람은 1917년 같은 해 만주 지린 성 명동에서 태어나 용정에서 살다가 나란히 연희전문에 입학했고, 일본 유학도 함께 떠났다. 또 독립운동 혐의로 체포돼 치안유지법 위반혐의로 후쿠오카 형무소에서 징역형을 살다가 해방을 불과 몇 달 앞두고 사망한 것까지도 판박이다. 이처럼 평생을 함께한 두 사람이었지만 일제에 저항한 방식은 각기 달랐다.

윤동주(강하늘 분)가 세상을 마주한 방식은 시(詩)였다. 마음의 진실과 감성과 소망을 명징한 시어에 모두 담아냈다. 그는 모국의 언어와 이름마저 허락되지 않았던 어둠의 긴 터널을 시 하나에 기대어 견뎌 내고 희망의 빛을 건져 냈다. “시는 자기 생각을 펼치기에 부족하지 않다. 사람들 마음속 살아 있는 진실을 드러낼 때 문학은 온전하게 힘을 얻는 거고, 그 힘이 하나하나 모여서 세상을 바꾸는 것”이라고 영화 속에서 그는 절규한다. 그는 내처 이렇게 외친다. “애국주의,

"

식민지 디아스포라 청년의
고뇌를 시로 쓴 윤동주
현실 부조리에
온몸으로 저항했던
실천가 송몽규

민족주의, 공산주의, 그런 이념을 위해 모든 가치를 팔아 버리는 것이야말로 관습을 타파하는 것이 아니라 시대의 조류에 몸을 숨기려는 썩어빠진 관습 아닌가?"

시를 온몸으로 사랑한 동주의 심경이 절절히 느껴진다. 하지만 그는 생전에 시집 한 권 내지 못했던 시인, 시대적 상황에 의해 꿈을 펼칠 수 없었던 미완의 청춘이었다. '대동아공영'의 헛된 망상에 사로잡혔던 일본 제국주의는 그의 시어 하나하나를 문제 삼아 그에게 족쇄를 채웠다. 사실 동주의 시는 일본 제국주의가 식민지 조선에 드리운 억압과 수탈, 핍박의 역사적 현실에서 자유로울 수 없었다. 절망적인 순간들을 승화시켜 써낸 그의 작품 속에는 속박당하고 억압당한 식민지 지식인 청년의 고뇌와 자유를 향한 갈망이 그만의 시어로 간절히 아로새겨져 있는 것이다.

영화는 동주 인생의 중요한 변곡점마다 그의 대표작들을 배치해 동주 역을 맡은 강하늘의 목소리로 직접 들려준다. 동주의 마음을 설레게 했던 여대생 여진과 밤길을 걸을 때는 첫사랑의 꿈같은 심정을 노래한 「별 헤는 밤」, 일본 유학을 위해 어쩔 수 없이 창씨개명을 할 당시에는 양심의 고뇌를 담은 「참회록」, 자신의 시집 출판 일을 처리하기 위해 일본 경찰에 쫓기는 몽규를 혼자 떠나보내는 장면에서는 자의식의 혼란을 표현한 「자화상」이 낭독된다. 후쿠오카 형무소에서 피폐해 가는 자신의 모습을 담을 때는 유고시집 『하늘과 바람과 별과 시(詩)』(1948)에 수록된 유고시 「서시(序詩)」를 배치했다. 이 시는 자신의 비극적 운명에 대한 성찰과 신념을 투명한 시어로 이끌어 간다. "죽는 날까지 하늘을 우러러/한 점 부끄럼이 없기를/잎새에 이는 바람에도/나는 괴로워했다/별을 노래하는 마음으로/모든 죽어가는 것을 사랑해야지/그리고 나한테 주어진 길을/걸어가야겠다//오늘밤에도 별이 바람에 스치운다."(1941)

윤동주는 일제가 강압한 질곡의 삶과 인생에 대해, 그러한 세상에 대한 자신의 태도와 처신에 대해 끊임없이 고민하며 부끄러워하고 성찰한 시인이었다. 후쿠오카 형무소에서 일본 경찰이 내민 조서에 서명을 거절한 것도 그런 맥락에서다. 자신과 몽규가 조선인 일본 유학생들을 규합해 일본의 아시아 해방 전쟁을 방해하고 반일운동을 선동했다는 죄목에 대해 "이런 세상에 태어나 시를 쓰기를 바라고, 시인이 되기를 원했던 게 너무 부끄럽고, 앞장서지 못하고 그림자처럼 따라가기만 한 게 부끄러워서 서명 못 하겠다"며 자괴의 울분을 토해 낸다.

이에 비해 송몽규(박정민 분)는 확고한 신념에 의해 흔들림 없이 실천하고 앞장선 인물로 나온다. 19세에 이미 동아일보 신춘문예에 당선됐고, 연희전문 졸업 후에는 선망의 대상이던 교토 제국대학에 입학해 윤동주의 부러움을 샀던 재능 있는 젊은이였다. 하지만 그는 고향 어른들과 일본 유학생들 앞에서 거침없이 자신의 주장을 피력하고, 조선 독립운동에 투신하는 등 시대의 아픔을 온몸으로 부딪쳐 간 투사였다. 중국에서 독립운동에 투신해 체포된 후 요시찰 인물로 감시를 받았고, 일본 유학 시절에는 조선인 전쟁 동원령에 반발하는 유학생들을 규합해 반일 활동을 선동하는 등 불굴의 의지를 불태웠다.

몽규가 조선인 일본 유학생들 앞에서 행한 연설은 그의 순수한 열정과 신념을 잘 말해 준다. "조선을 깨우고 일본을 쫓아낼 유일한 방법은 혁명이다. 인류가 인류를 억압하지 못하고, 국가가 국가를 수탈하지 못하게 몸을 날리는 것이다." 그는 세상을 사랑하고 불의에 항거한 열혈 순수 청년이었다.

윤동주와 송몽규, 두 사람 모두 불합리한 시대의 질곡을 온 마음과 몸으로 겪어 낸 아름다운 청년들이었다. 식민지 민족의 젊은이로서 직면한 어둠의 현실을 타개해 나가기 위해 일본 유학의 길에 올라 일본 땅에서 쓸쓸히 죽어간 두 사람은 바로 망국의 디아스포라였다.

재일한인 학자 서경식은 디아스포라의 존재를 근대 특유의 역사적 소산으로 규정한다. 그의 정의에 따르면 디아스포라는 근대의 노예무역, 식민지배, 지역 분쟁 및 세계 전쟁 등 몇 가지 외적인 이유에 의해 대부분 폭력적으로 자기가 속해 있던 공동체로부터 이산을 강요당한 사람들 및 그들의 후손을 가리킨다.[2] 윤동주와 송몽규가 일본 유학을 떠난 이유가 "조선 땅에서 일본 이름으로 일본어를 사용해 공부할 바에야 차라리 일본 땅이 좋지 않겠느냐"(몽규)는 것이었다면, 두 사람은 일제의 폭력적인 식민지배에 의한 억압적인 상황에서 이산을 강요당한 디아스포라로 볼 수 있다.

디아스포라적인 주체로서의 윤동주의 삶과 문학은 특히 재일한인들에게는 특별한 의미를 지니는 것으로 평가된다. 만주에서 태어나고 자라 평양과 서울을 거쳐 일본 도쿄와 교토에서 살다가 후쿠오카에서 죽은 그의 생애는 나라를 잃고 북방으로 떠돌아야만 했던 우리 민족의 유민·이민적인 현실과 현해탄을 건너 민족의 장래를 걱정하며 학업에 매진했던 식민지 청년의 고뇌, 그리고 일본의 제국주의 정책에 철저하게 희생당한 재일조선인의 역사적 상처를 그대로 육화하고 있기 때문이라는 것이다.[3] 따라서 일본에서의 그의 죽음은 재일의 정체성과 디아스포라적인 주체성을 가슴 깊이 내면화한 재일조선인 청년의 죽음으로 이해할 필요가 있다는 주장이 대두하고 있다.[4]

## 중국 항일운동을 엿보다 :
### 영화 〈색, 계〉, 〈바람의 소리〉

이성 간의 사랑에도 여러 종류가 있을 것이다. 보통 달콤하고 씁쌀한 낭만적 사랑을 떠올리지만, 증오하면서도 상대에 빠져드는 중독 같은 사랑도 있다. 더구나 그 대상이 원수나 적일 경우 더욱 그 혼란과 갈등, 고뇌는 깊을 수밖에 없다. 익히 아는 바대로 로미오와 줄리엣의 사랑이 가문 간 쌓인 원한에 걸려 넘어진 경우라면, 전쟁의 극한적인 상황이 초래한 전쟁 같은 사랑도 있다.

1930~40년대 일제의 중국 침략기에 항일 운동에 뛰어든 중국 여인의 치명적이고 비극적인 사랑을 다룬 이안 감독의 〈색, 계〉(2007)가 그런 사랑을 그린 영화다. 저항극단 단원인 왕치아즈(탕웨이 분)는 경제적 어려움으로 밀수장사를 하는 '막 부인'으로 신분을 위장해 왕징웨이 친일 정권의 첩보장관인 이(량차오웨이 분)에게 접근한다. 그녀는 미인계로 그를 유혹해 암살의 기회를 잡으려고 잠입한 스파이다. 하지만 그녀는 그를 본 순간부터 자꾸 그에게 끌려드는 자신을 발견하고 당혹스럽다. 항상 경계를 풀지 않는 이 장관도 그녀의 매력에 조금씩 빠져든다.

홍콩과 상해를 배경으로 두 사람 사이에 전개되는 긴장감 넘치는 밀회와 파격적인 정사 장면은 치명적이고 아슬아슬한 사랑의 관계를 고조시키는 데 모자람이 없다. 이 장관이 왕치아즈를 다루는 방식은 폭력적이고 가학적이다. 저항군을 체포해 심문하고 죽이는 일을 하

"

암살 표적 친일파 사랑한
항일운동 중국 여인
전쟁 광기가 파생시킨
왜곡된 애정 파국 초래

고 있는 그는 어느 누구도 믿지 않고 언제나 주변을 경계하는 철저한 사람이다. 이런 압박감과 외로움으로 인해 이 장관은 거칠고 동물적이며 탐닉적인 육체적 본능을 통해 자신의 존재를 확인하려 든다. 전쟁의 광기가 파생시킨 강박적 사랑, 왜곡된 애정의 방식이라고 할 수 있다.

왕치아즈는 이를 잘 알면서도 자신의 몸이 자꾸 이 장관에게 예속돼 가고 있음을 느낀다. 그녀는 임무를 지시하는 우 영감과 조직의 리더 광위민에게 말한다. "이러다 사로잡히는 건 내가 되고 말 거예요. 점점 두려워져요. 마침내 그가 내 심장에 들어오는 순간, 당신들이 뛰어 들어와서 그의 머리를 쏴 버릴까 봐." 그녀는 이미 자신이 이 장관을 사랑하게 됐고, 그를 해치지 못하게 될 것임을 예감하고 있었던 것이다. 그녀는 상하이 일본 조계지의 한 요정에서 이 장관을 위해 노래를 부른다. "그대의 마음은 나의 마음, 고난 속에서도 꿋꿋한 사랑이 진정한 사랑, 우리는 영원히 함께하는 바늘과 실이라네."

마침내 이 장관을 해치우기로 한 날, 왕치아즈는 거사 장소에 가기 전에 이 장관과 함께 보석상에 들러 이 장관이 선물한 다이아 반지를 찾는다. 반지를 끼어 보게 하면서 이 장관은 말한다. "난 다이아엔 관심 없어. 그걸 낀 당신 손을 보고 싶었어." 그리고 누가 뺏어 갈까 봐 겁난다는 그녀에게 "내가 지켜 줄게"라고 말한다. 이때 그녀는 결심하고 "어서 도망가라"고 말해 그를 구한다.

그 이후 저항극단 단원 6명은 전원이 체포돼 채석장에서 처형된다. 왕치아즈도 스스로 판 무덤에서 벗어날 수는 없었다. 사랑과 바꾼 자신과 동료들의 죽음이다. 이 장관은 이 상황을 받아들이기 힘들어하면서도 아무도 모르게 이들을 처형할 것을 지시한다. 당혹감과 아쉬움과 미련이 뒤로 남을 뿐이다. 전쟁의 회오리에 날아가 버린 사랑, 전쟁의 불통과 억지에 막혀 버린 안타까운 사랑이다.

량차오웨이의 위험하고 도발적인 눈빛, 탕웨이가 맡은 캐릭터의 실제 모델인 실존 스파이 정핑루와 영화 속 탕웨이의 빼다 박은 모습이 화제를 모았던 이 영화는 베니스영화제 황금사자상과 촬영상을 받았다. 대만 금마장영화제에서도 감독상과 최우수장편영화상, 남우주연상, 신인상 등 7개 부문을 휩쓸었다. 무대가 됐던 상하이 거리의 실제에 가까운 재현과 두 주인공의 섬세하고 매혹적인 연기로 오래 기억에 남는 영화다.

첸쿠오푸 · 가오췬수 감독의 〈바람의 소리(風聲)〉(2013)는 일제강점기 중국 항일운동 정신의 정수를 잘 보여 주는 작품으로, 중일전쟁 기간의 중국을 배경으로 친일 정부를 수립한 왕징웨이 정권에 항거하는 공산당 비밀 조직원들의 생사를 넘나드는 활동을 흥미진진한 스릴러 드라마로 구성한 영화다.

1942년, 중국에서 일본이 꼭두각시로 내세운 정부의 요인들이 잇

공산당 비밀조직원 밝히려는
일본군 장교와
중국 항일운동가들의
스릴러 첩보심리 드라마

달아 암살당하는 사건이 발생한다. 일본군의 다케다 대령은 항일조직의 지도자와 '유령'이라고 불리는 친일정부 지역사령부 내 첩자를 잡기 위해 거짓 정보를 암호로 내보내고, 그 정보는 항일조직으로 새나가 친일파 암살 지령이 내려진다. 이 사실을 확인한 다케다 대령은 그 가짜 정보에 접근할 수 있었던 지역사령부 인사 5명을 외딴 별장으로 불러 감금한 뒤 조사에 들어간다.

그들은 암호해독부 부장 리닝위(리빙빙 분), 암호해독부 행정장교 구샤오멍(저우쉰 분), 반공산당 부대 대대장 우쯔궈(장한위 분), 군기처 처장 진썽훠(잉다 분), 사령관 부관 바이샤오넨(수유평 분) 등이다. 사실 이들 가운데 구샤오멍과 우쯔궈 등 2명이 공산당 비밀조직원이었다. 영화는 '그 정보는 가짜이고 함정이니 암살을 취소하라'는 신호를 별장 밖으로 내보내려는 두 사람과 누가 '유령'인지를 밝혀내려는 다케다 대령 측 사이에 벌어지는 고도의 두뇌싸움과 심리전을 긴장감 넘치게 엮어 낸다.

영화는 '유령'의 실체를 추적해 가는 흥미진진함과 사건 전개의 치밀함 등 첩보영화의 진수를 선사하는 한편, 백척간두에 선 중국의 운명을 구하려는 애국지사들의 절절한 민족주의 정신과 기개를 잘 보여 준다. 필적 감정, 알몸 수색 등의 협박과 고문 끝에 바이샤오녠이 목숨을 잃고, 진썽훠는 두려움을 이기지 못해 자살한다.

다케다 대령의 수사망이 점점 좁혀들자 구샤오멍은 특단의 기발한 작전을 구사해 거짓 정보에 대한 사실을 외부로 알리는 데 성공한다. 우쯔귀가 첩자인 것처럼 밀고해 고문을 받게 한 뒤 발설하기 전에 자신이 진짜 첩자로 잡혀 들어간다. 그 사이 혐의가 풀린 우쯔귀가 병원으로 후송돼 항일 조직원들에게 진실을 알리게 했던 것이다. 우쯔귀가 병원 침상에서 부른 경극 구절은 항일 조직원들이 사용하는 암호였다. 구샤오멍은 만일의 경우를 대비해 또 하나의 신호를 남긴다. 자신의 속옷에 실로 기운 부호이다. 자신이 죽은 뒤 사체가 별장 밖으로 나가면 자연스럽게 거짓 정보 사실을 알릴 수 있게 한 것이다. 그녀는 고문을 받던 중 다케다 대령의 귀를 물어뜯는 행동으로 군인들을 자극해 총에 맞아 죽는다.

무엇이 구샤오멍으로 하여금 한 점 망설임도 없이 죽음을 불사하게 한 것일까. 이처럼 철저하고 확고한 신념의 실체는 무엇일까. 그녀가 상관인 암호해독부 부장 리닝위의 치바오에 실로 기워 남긴 모스 부호에 그 단서가 있다. "나를 사랑하는 사람들이 나의 죽음의 원인을 모를까 봐 두려워요. 저는 진정으로 믿습니다. 제 마음을 알아주실 것이라고. 민족의 생사존망이 걸렸으니 이렇게 할 수밖에는 없네요. 밝은 미래를 위해, 나의 육체는 썩어 가지만 영혼은 영원히 같이 있을 거예요. 적들은 모를 거예요. '유령'은 개인이 아닙니다. 일종의 정신이지요. 일종의 믿음입니다." 민족의 밝은 미래에 대한 믿음이 그녀의 신념을 지탱하게 만든 원천임을 알 수 있다. 영원히 끊이지 않는 불멸의 민족정신이야말로 한 민족이 공유한 최대의 힘이요, 최고의 무기라는 사실을 다시금 확인케 한다.

일본은 1937년 루거우차오 사건을 빌미로 중일전쟁을 일으켜 전 중국을 침략해 들어간다. 이에 대해 중국은 국민당과 공산당이 제2차 국공합작으로 항일 민족통일전선을 형성해 일본의 침략에 맞선다. 하지만 이 시기 국민당 장제스의 정적이던 왕징웨이 일파는 친일로 돌아서게 되는데, 왕징웨이는 1940년 난징(南京)에서 일본과 합작으로 친일 정권을 수립해 주석의 자리에 오른다. 〈색, 계〉와 〈바람의 소리〉, 두 편의 영화 모두 동족을 배신한 왕징웨이 정권의 친일행각을 응징하려는 항일 비밀 조직원들의 활약상을 그렸다.

## 19세기 서구 제국주의 국가들과 격동의 중국 : 영화 〈황비홍〉

쉬커(徐克) 감독의 〈황비홍〉(1991)은 국내에서 큰 인기를 모았던 홍콩 무협영화 〈황비홍〉 시리즈의 제1탄이다. 서양 열강의 제국주의 침략에 맞서 중국과 중국 민중을 지키려는 황페이홍(黃飛鴻)이 불굴의 기개와 무술로 불의의 세력을 제압하는 에피소드가 기본 골격을 이룬다. 이 영화는 리롄제(李連杰)의 쿵푸 실력과 사자춤 등 여러 가지 볼거리가 많아 재미있고 박진감 넘치지만 단순한 오락영화는 아니다. 오히려 무협영화의 틀 속에 동아시아 근대사의 많은 이야기를 담아내고 있다. 19세기 격동의 중국과 동아시아를 바라보는 다양한 관점을 제공해 준다는 점에서도 흥미로운 영화다.

영화는 서구 제국주의 국가들이 중국을 본격적으로 침범하기 시작한 19세기 중엽 이후의 중국 광저우(廣州)를 배경으로 전개된다. 아편전쟁(1840~1842) 직후 영국은 중국과 난징(南京)조약을 체결하게 되는데, 이 조약에 의해 광저우 등 중국의 5개 항이 개항하게 된다. 광저우는 당시 열강의 중국 침략을 위한 교두보와도 같은 곳이었다. 불평등조약인 난징조약 비준에 따라 홍콩이 영국에 할양됐다가 1997년 중국에 반환된 역사도 바로 이 무렵 시작됐다.

중국 청(淸) 왕조는 아편전쟁 이후 영국은 물론 미국과 프랑스 등 열강의 군사적 위협과 경제적 침략에 시달리는 가운데 전국적으로 양무(洋務)운동이 활발하게 전개됐다. 양무운동은 19세기 후반 청나

> 서양 열강 침략 맞서
> 중국 지키려 한 인물
> 다양성 · 포용성 · 합리성 중시한
> '중국상' 표상

라에서 일어난 근대화 운동으로, 서양 문물을 수용해 부국강병을 이루자는 움직임이었다. 구체적으로는 서양의 무기와 군대 장비로 청군을 무장하고, 군수공업과 방적공업 등 민간 기업을 양성해 경제적 부강을 이룩하려 했다. 중국의 전통적 가치체계는 유지하되 서양 문물을 도입해 중국을 부강케 하자는 중체서용론(中體西用論)을 바탕으로 한 사회운동이었다. 하지만 이 운동은 중국의 정치와 제도 등은 그대로 둔 채 서양의 기술문명만을 수용하려 했기 때문에 큰 성과를 거두지 못했다. 더구나 중국이 청불전쟁(1884~1885), 청일전쟁(1894~1895)에서 패배함으로써 양무운동도 실패했다.

영화가 드러내는 가장 큰 악의 세력은 총포와 전함을 앞세워 무고한 민중을 해치고 인신매매까지 서슴지 않는 탐욕스러운 서양 제국주의 침략자들이다. 중국인들 중에서도 여러 종류의 사악하거나 어리석은 인간군상을 등장시켜 가치관 혼돈의 당시 사회상을 다각도로 조명한다. 미국 금광에 돈 벌러 가게 해 준다고 속여 동족을 노예로 팔아먹는 악당 패거리, 출세에 눈이 멀어 미국인 인신매매 악당들에게 빌붙는 무인 옌전둥(嚴振東) 등이 그들이다. 이들은 서양 물질주의의 노예가 된 군상들이다. 아무런 비판의식이나 민족정신도 없이 서양 세력의 편만 들어 동족을 핍박하는 광둥(廣東) 성 제독 등 정부 관리들도 부정적 인간상으로 출연한다.

이에 맞서는 정의의 인물들 중에서 황페이훙의 제자 린스룽(林世榮)은 극단적인 민족주의자로 등장한다. 다혈질인 그는 서양인들과 악당들의 횡포에 쉽게 흥분하고 폭력을 행사하는 비타협적인 인물이다. 그는 옥시덴탈리즘(서양을 자본주의 기계문명에 빠진 비인간적이고 사악한 세력으로 보는 경향)의 시각을 가진 전형적인 인물이다. 그리고 출세를 위해 한때 옌전둥의 제자가 되지만 양심의 가책을 받고 동족의 편으로 돌아오는 량콴(梁寬)도 주목할 만한 인물이다. 황페이훙을 보호하려다 대신 총에 맞아 목숨을 잃는 서양인 선교사에 대한 평가는 박애주의와 문화제국주의적 시선 사이에서 양가적인 측면으로 갈린다.

주인공인 황페이훙의 캐릭터야말로 감독이 근대 동아시아의 모순과 갈등을 해결할 수 있는 희망으로 내세운 인물상이다. 그는 광둥 성 사람들에게 친숙한 실존인물이었던 협객 황페이훙(1847~1924)을 모델로 삼아 탄생했다. 협객 황페이훙은 소림 계통 남권의 일종인 홍가권(洪家拳)의 체계를 정리한 일대종사이자 명의로 알려져 있다. 흑기군(黑旗軍) 장군 류융푸(劉永福)와 함께 항일운동을 펼쳐 중국인들의 존경과 사랑을 받은 인물이다.

영화 속 황페이훙은 스스로 힘을 키워 중국을 외세로부터 지켜내야 한다고 생각하는 민족주의자이다. 필요에 따라서는 무력으로 침략자들을 물리치기도 한다. 그렇지만 그는 결코 극단적인 서양 혐오증에 빠져 있거나 폭력에만 의존하는 무모한 인물은 아니다. 영화 속에서 그는 제자들의 충동적이고 폭력적인 행동을 제어하는 모습을 보여 준다. 또 위기에 처한 중국과 중국인을 구하고 발전시키기 위해서는 서양문물을 받아들일 수 있다고 여기며 양무운동을 언급하는 등 포용성 있는 모습을 보여 준다. 외국에서 돌아온 이모 스싼이(十三姨 · 황페이훙의 할아버지와 의형제를 맺은 사람의 딸로 황페이훙을 좋아하는 여성)가 소개하는 서양 물품에 관심을 가지는 대목 등에서도 그러한 사실을 확인할 수 있다.

황페이훙은 대화와 설득의 합리적 방법을 통해 문제를 해결하려고 한다. 포용성과 합리성이야말로 바로 쉬커가 〈황비홍〉을 통해 재창조해 낸 '대중국'상이라는 연구가 주목된다. 이 연구는 또 쉬커 감독이 홍콩인이면서 베트남 출신 화교라는 아이덴티티로 인해 정체성 찾기 차원에서 '중국성'에 매달리기도 했지만, 한편으로는 중국의 문제를 사유하면서 주변국가 또는 주변인의 입장에 대해서도 고민하게 됐다고 풀이한다.[5] 영화 도입부에서 프랑스와 싸우기 위해 베트남으로 떠나는 흑기군 장군 류융푸와 황페이훙의 대화 장면에서 그런 고민을 읽을 수 있다는 것이다. 류융푸는 황페이훙에게 '불평등조약'이라고 쓰인 부채를 건네주면서 "홍콩은 영국에게, 마카오는 포르투갈에게 내줬고, 러시아는 흑룡강을 점령했다. 우리 땅도 못 지키면서 남의 땅에 가서 프랑스와 싸우라니…"라며 개탄한다. 또 베트남인들이 어떻게 생각하겠느냐며 '내 나라 내 겨레'라고 적힌 편액을 떼도록 지시한다. 이는 당시 서양 국가들의 침략에 시달리던 동아시아 종주국 중국이 처한 모순적 상황을 적나라하게 드러내는 장면이다. 서양 제국주의 세력의 침략을 받고 있는 처지인 중국이 주변 약소국과의 관계에서는 지배권을 주장하는 모순적이고 이중적인 모습이 아닐 수 없다.

감독은 19세기 열강 침략기의 중국을 배경으로 한 이 영화를 통해 어떤 정치적 노선, 또는 어떤 사회 개혁적 방향이 중국을 진정으로 발전시킬 수 있는 길인지를 묻고 있는 것처럼 보인다. 그리고 그 방법론적인 고민을 스크린 속에 녹여내어 잘 형상화하고 있다. 황페이홍이 서양의 악에 대해서는 단호하면서도 양무운동을 강조한다든지, 양복을 입은 채 활짝 웃는 모습으로 사진을 찍는 장면 등은 '서양의 것'을 잘 활용해 '중국적인 것'을 지켜내야 한다는 감독의 의도를 보여 주는 장치들이다.

위기에 처한 중국을 구하려는 많은 '황페이홍'들의 노력에도 불구하고 중국은 청불전쟁과 청일전쟁 등에서 잇따라 패배함으로써 류큐(琉球, 현재의 오키나와)와 베트남, 대만, 조선 등에 대한 종주권을 잃으며 점차 동아시아의 맹주 자리에서 밀려나게 되고, 반(半)식민지 상태의 길로 접어들게 된다.

근대 국가들은 민족과 국가주의의 기치 아래 적대적이고 배타적인 원리 속에서 경쟁해 왔다. 하지만 이제는 전 세계의 인류와 물자가 자유롭게 교류하고 섞이는 혼종의 다문화 사회가 도래했다. 이웃한 국가들이 싸우지 않고 협력하는 '윈-윈'의 지역 네트워크, 국가와 국가가 경계를 넘어 이리저리 교차하며 교섭하는 다원적인 패러다임의 외교가 요구되는 시대라고 할 수 있다. 이 영화는 국가 체제가 각각 다르고 이해관계가 얽힌 국가들이 공존·공생할 수 있는 방법론을 모색하고 있는 것처럼 보인다. 영화 〈황비홍〉이 보여 주는 영상 담론은 그래서 여전히 요긴하고 유효하다.

## 제국주의의 침략에 저항하는 강력한 민족적 정서 : 영화 〈정무문〉

1970년대 세계 액션 영화계를 석권한 주인공은 단연 홍콩스타 리샤오룽(李小龍, 1940~1973)일 것이다. 〈당산대형〉, 〈정무문〉, 〈맹룡과강〉, 〈용쟁호투〉 등 그가 출연한 영화들은 리얼 액션과 실전 무술을 선보이며 전 세계 남성들을 열광시켰다. 근육으로 다져진 단단한 몸에서 뿜어져 나오는 카리스마와 힘은 그 자체로서 아름다움의 경지를 이뤘다. 액션이 단순한 싸움이나 격투가 아닌 예술의 경지에 도달할 수 있음을 증명해 보인 셈이다.

리샤오룽은 대역을 쓰지 않는 탁월한 무술실력을 바탕으로 영화 속 최강자의 이미지를 확고히 굳혀 나갔다. 강력한 힘에의 의지를 보여 주며 그의 독보적인 캐릭터를 완성시켜 나갔다고 할 수 있다. 그의 영화를 본 청소년들은 너도나도 그가 내는 이상한 소리(괴조음)와 손으로 코를 문지르는 특유의 몸짓을 따라하곤 했다. 그의 트레이드마크로 유명한 괴조음은 할리우드 영화 〈킹콩〉의 괴수 소리에서 착안해 만들었다고 한다. 그의 대표작으로 손꼽히는 〈정무문〉에서 처음 사용된 쌍절곤 역시 그의 트레이드마크 중 하나다.

한 시대를 풍미했던 그의 액션 연기는 지금까지도 전 세계 영화인들의 사랑을 받고 있다. 많은 국내외 감독과 스타들이 그를 우상으로 여기며 칭송하고 있다. 산문집 『이소룡 세대에 바친다』를 내기도 한 유하 감독의 영화 〈말죽거리 잔혹사〉는 오롯이 리샤오룽에 대한

"
중국 영웅 죽인
일본인에 복수
남성적 힘 바탕
민족주의 구현

오마주로 볼 수 있다. 쿠엔틴 타란티노 감독이 영화 〈킬빌〉에서 여주인공 역의 우마 서먼에게 리샤오룽이 유작 〈사망유희〉에서 입었던 노란색 트레이닝복을 입힌 것도 리샤오룽에 대한 강렬한 오마주인 것은 두말할 필요가 없다.

리샤오룽 영화의 매력은 보는 이로 하여금 카타르시스를 느끼게 해 준다는 점이다. 그가 출연한 영화는 비록 이분법적 선악 구도와 영웅주의의 한계에도 불구하고 특이한 몸동작과 실제 무술 실력을 바탕으로 한 화끈한 액션 등이 전 세계 영화 관객들을 열광케 했다. 특히 동양인들에게는 그가 보여 준 백전백승의 호쾌한 승리는 남다른 의미로 다가온다. 정의감에 불타는 자그만 체구의 동양인이 서양의 무인들을 차례로 물리치는 모습에서 피식민의 아픈 역사적 기억을 간직한 동양의 관객들은 대리 만족을 얻을 수 있었던 것이다. 그 대표적 작품이 강렬한 민족의식과 반일감정을 바탕으로 만들어진 로웨이(羅維) 감독의 〈정무문〉(1972)이다.

이 영화는 중국의 전설적 무술 영웅 훠위안자(霍元甲, 1868~1910)

가 의문사한 사건을 모티브로 제작됐다. 그의 얘기는 후일 리롄제(李連杰) 주연의 〈무인 곽원갑〉(2006)이라는 영화로도 만들어졌다. 훠위안자는 중국의 무예인이면서 민족운동가로, 상하이에 무술학교인 정무체육회를 세워 후학을 양성하고, 집안 대대로 전해 내려온 가전 무술인 '미종예'를 발전시킨 인물이다. 무인 황페이홍(黃飛鴻)과 함께 중국의 민족 영웅으로 추앙받고 있다. 그는 중국이 서양과 일본의 침략 아래 반(半)식민지 상태에 빠졌을 때, 열강의 무인들과 격투를 벌여 승리함으로써 중국인들의 자존심을 살리고 기개를 높였다.

〈정무문〉의 영어 제목은 〈Fist of Fury(분노의 주먹)〉이다. 리샤오룽이 훠위안자의 애제자 천전(陳眞 · 실제 인물은 아님) 역을 맡아 의문의 죽음을 맞은 스승의 사인을 밝히고, 스승을 죽인 일본 무인들과 그들이 고용한 러시아 무술 고수에게 복수한다는 내용을 담고 있다. 리샤오룽이 상하이 조계의 외국 경찰이 겨누는 총구 위로 날아오르며 발차기를 하는 마지막 정지 화면은 영화사의 명장면으로 손꼽힌다. 이 영화는 리롄제와 전쯔단(甄子丹) 등이 천전 역을 맡아 여러 번 리메이크됐다. 영화 속 1대 다수의 결투 장면은 전쯔단 주연의 리메이크 작품 〈정무문: 100대 1의 전설〉이라는 영화로 더욱 유명해졌다.

영화 〈정무문〉은 서양 제국주의의 침략에 저항하는 강력한 민족적 정서를 바탕으로 하고 있다. 중국을 '동아병부(東亞病夫, 동아시아의 병든 민족)'라고 조롱하는 일본인들을 응징하거나, '개나 중국인 금지'라고 쓰인 공원 팻말을 호쾌히 부숴 버리는 영화 속 장면들이 이를 웅변적으로 말해 준다.

서양 열강의 침략에 시달렸던 중국의 이 같은 상황을 감안하면 "국제적이고 상호적인 경쟁에서 이기기 위한 무기로서 리샤오룽의 몸의 전시는 중국, 아시아, 제3세계에서 패배자들의 승리로서 찬양되어 왔다"는 분석[6]은 충분히 공감을 일으킨다. 이 연구에서는 또 리샤오룽의 남성성은 문(文)이 아닌 무(武)적인 것이며, 그의 영화에서 회복되는 테마 중의 하나는 힘을 사용하지 않는 '문'의 전통에 대한 역행이라고 진단한다.[7] 영화 속에서 천전이 '복수를 위해서는 무술을 사용하지 말라'는 도장의 규율을 깨뜨리고 사부의 복수를 위해 무자비한 폭력을 행사하는 것을 그런 사례로 들 수 있다.

동양의 관객들은 그들이 중국인이든 한국인이든, 제국주의 일본과 서양의 악인들을 당당하게 힘으로 물리치는 리샤오룽의 무술 액션을 감상하면서 외세에 침탈당했던 동아시아 민중의 억눌렸던 민족감정을 풀어내는 카타르시스의 쾌감을 느끼게 되는 것이다. 그것이 리샤오룽의 몸과 무(武)가 민족주의적이고 반제국주의적인 저항과 역전의 이미지로 읽히는 이유다.

영화의 배경인 상하이는 아편전쟁에서 승리한 영국이 1842년 난징조약을 맺어 중국 청나라로 하여금 개항케 한 다섯 항구 중의 하나이다. 상하이에는 외국인 통치 특별구역인 조계가 설정돼 약 100년간 지속됐다. 상하이 조계 내 서구 열강과 일본의 조차지에서는 독립적인 행정권과 치외법권이 인정됐다. 그런 이유로 태평천국운동, 신해혁명, 군벌 간 내전 등을 거치면서 중국의 정세가 불안해지면 많은 이들이 이곳으로 몰려들었다. 이들 중에는 처벌을 피하려는 범죄자들도 있었지만, 결사 조직이나 반정부 세력도 있었다. 또 상하이는 반외세 독립운동가들의 활동 무대가 되기도 했다. 대한민국 임시정부도 1919년 상하이에서 출범해 활동을 벌여 나갔다. 1937년 중일전쟁 발발과 함께 제2차 상하이 사변이 일어나면서 조계는 실질적으로 일본군의 통제하에 들어갔다.

청나라는 아편전쟁에 이어 애로호 사건이 발단이 된 제2차 아편전쟁(1857~1860)에서도 패하면서 열강들에게 각종 이권을 내주며 반(半)식민지화의 길을 걷게 된다. 애로호 사건으로 영국과 프랑스는 군대를 보내 1858년에는 톈진(天津)을, 1860년에는 베이징(北京)을 점령했다. 이 과정에서 베이징에 입성한 서양 군대가 청조 황실의 정원인 원명원(圓明園) 등을 약탈하고 파괴하는 사건이 발생했다.

이런 상황에서 청조는 1860년 영국 및 프랑스 양국과 베이징조약을 체결해 외국공사의 베이징 주재, 기독교 포교의 공인, 아편무역의 합법화, 선교사의 토지매매와 임차권 인정, 해관 세무에 대한 외국인 참여 등 그때까지 도저히 용인할 수 없다고 거부해 온 열강의 요구들을 수용하기에 이른다.[8] 베이징조약을 계기로 청조 내에 대외 화친파가 득세하게 된다. 이들은 태평천국운동을 진압하는 과정에서 서양세력의 원조를 받는 한편, 서양 무기와 군사기술 등 서양 문물을 통해 중국의 부국강병을 이루려는 양무(洋務)운동을 전개해 나간다.

1860년에 맺어진 또 하나의 베이징조약은 청나라와 러시아 사이에 맺어진 조약이다. 이 조약은 중국과 영국 · 프랑스 간 강화를 중재한 대가로 중국이 러시아에게 연해주를 할양한다는 내용을 담고 있다. 러시아는 이후 연해주에 군항인 블라디보스토크 항을 건설해 함대를 상주시키고 시베리아 철도 건설에 나서는 등 적극적인 극동 전략을 펼치게 된다. 러시아의 이 같은 동진정책이 대륙 진출 정책을 펼치던 일본 군국주의 세력과 부딪치게 되는 사건이 바로 러일전쟁(1904)이다.

## 태평양전쟁 직전의 동아시아 :
### 영화 〈스파이 조르게〉

일본은 청일전쟁(1894)의 승리로 중국으로부터 대만을 할양받고 한반도에 대한 권리를 차지했다. 또 러일전쟁(1904)에도 이겨 러시아 제국이 가지고 있던 랴오둥 반도의 다롄(大連) 및 뤼순(旅順) 지역의 조차지를 계승했다. 이를 계기로 일본은 랴오둥 반도 남쪽에 관동주(關東州)를 두고 관동도독부와 관동주 방위군인 관동군을 설치했다. 이로써 만주 침략의 발판을 마련한 일본은 1931년 만주사변을 일으켰고, 1932년에 청나라 마지막 황제 푸이를 황제로 내세워 만주국(1932~1945)을 세웠다. 일본 제국주의는 이러한 과정을 거쳐 1930년대 이후 본격적인 대륙 침략전쟁을 수행해 나가게 된다.

일본 제국주의의 침략이 가속화될수록 중국 민중의 민족주의에 대한 자각과 반(反)식민주의적 저항은 커져 갔다. 또 국제 공산주의 운동과 연계한 중국 공산주의의 발흥과 반(反)제국주의 운동이 불길처럼 번져 갔다.

1937년 7월 시작된 중일전쟁은 제2차 국공합작으로 중국 항일민족통일전선이 형성되면서 지구전으로 돌입할 조짐을 보였다. 이러한 시점에서 일본 코노에 내각은 1938년 말 제2차 및 제3차 코노에 성명을 잇달아 발표했다. 두 차례의 성명에는 기본적으로 중일전쟁이라는 지구전의 조속한 종식과 동아시아 지역질서의 '평화적' 재편이라는 지향성이 드러나 있으며, 이를 집약한 슬로건이 '동아(東亞)

신질서'였다는 분석이 나와 있다. 이 연구에 따르면 제2차 코노에 성명, 이른바 동아신질서 성명은 중국에 대해 동아신질서 건설의 임무를 분담해 줄 것을 요망함으로써 종래의 강경방침을 극적으로 전환시켰다.[9] 이 성명에서 신질서 건설의 방안으로 일본-만주국-중국 3국의 상호제휴를 근간으로 한 동아시아 국제정의 확립, 공동 방공(防共) 달성, 신문화 창조, 경제 결합의 추구 등이 제시된 것이 그러한 지향을 말해 준다는 것이다.

일본 정부의 이 같은 정책 전환의 저변에는 중국 등 식민지 민중의 대외적인 거센 저항과 함께 오랜 전쟁 수행으로 인한 일본 내 경제사정 악화가 자리 잡고 있었다. 일본 제국주의가 본격적으로 대중국 전쟁을 수행하던 시기인 1930년대 일본 민중의 생활은 극한의 경제적 궁핍을 겪고 있었다. 중산층마저도 몰락해 거리로 내몰리는 형편이었다. 이는 결국 일본 군국주의 야욕이 빚은 사회경제적 결과였다. 이와 맞물려 일본 제국주의의 군사적 침략과 경제적 수탈로 신음하던 동아시아 국가 민중의 고통은 더욱 극심했다. 이런 사정으로 말미암아 중국 등 아시아 국가들의 민족주의적 성향이 강화된 것은 물론, 이들 국가와 일본 내에 공산주의 운동이 확산되고 있었다.

이처럼 태평양전쟁을 앞두고 긴박하게 돌아가던 동아시아 정세와 당시 지식인들의 동아신질서 구상의 한 단면을 잘 보여 주는 영화가 시노다 마사히로 감독의 〈스파이 조르게〉(2003)이다. 이 영화는 독일인 아버지와 소련인 어머니 사이에서 태어난 리하르트 조르게 박사(1895~1944)가 일본과 중국 상하이 등을 거점으로 소련의 스파이활동을 했던 실화를 바탕으로 제작됐다. 조르게는 독일 신문인 프랑크푸르터 차이퉁의 특파원으로 일본에 파견돼 재일본 독일 대사관 등을 누비며 빼낸 고급 정보를 소련에 넘겼다. 특히 히틀러의 소련 침

“ 지역 평화질서 추구
'동아협동체론' 주창 오자키
태평양전쟁 앞두고
일본서 활약한
스파이 조르게

공 일자와 병력을 비롯해 일본이 독일과 함께 소련을 협공하는 대신 에너지 자원 확보를 위해 동남아시아로 진출해 미국과 전쟁을 일으킬 것이라는 최고의 국가 기밀을 빼내 소련에 전달한 것으로 알려졌다. 조르게는 태평양전쟁 발발 직전인 1941년 체포돼 1944년 사형을 당했다.

조르게의 이와 같은 활약에는 아사히신문 기자출신 엘리트 오자키 호쓰미(1901~1944)의 도움이 숨어 있었다. 그는 공산주의자로서 조르게의 일본 활동을 도왔으며, 1941년 가을 조르게와 함께 간첩혐의로 체포돼 1944년 11월 7일 소비에트 혁명 기념일에 처형당했다. 특파원으로 상하이에 머물 때 중국공산당의 혁명운동에 협력했으며, 미국 여성 언론인 아그네스 스메들리를 통해 조르게를 소개받아 코민테른의 첩보활동에 관여하게 된다. 일본에 돌아와서는 코노에 내각과 남만주철도(주) 조사부 중국정책 책임자로 일하며 비밀정보를 빼돌려 조르게에게 전달했다.

그의 이런 행동은 전쟁으로만 치닫고 있던 일본과 독일 파시즘에 대한 회의, 평화적으로 동아시아의 질서를 재편해야 한다는 그의 신념에 따른 것이었다. 그는 소련을 종주국으로 한 국제 공산주의 운동에 가담한 일본의 엘리트 좌파 지식인이었다. 당시의 동아시아는 서양 제국주의의 침략에 맞서 각국에서 민족주의 및 국제 공산주의 운동이 전파되고 있었다. 오자키는 어린 시절의 대만 생활과 중국 상하이 근무를 통해 식민지와 민족 문제에 관심을 갖게 된 것으로 알려져 있다.

영화에서 오자키는 "열강에 식민지화되어 있는 아시아의 굴욕을 해방시키는 것이 나의 꿈"이라거나 "평화적이고 발전적인 방향으로 우리는 새로운 체제를 건설해야 할 것"이라고 말한다. 오자키가 공산주의자였음을 감안하면, 그의 이와 같은 대사들은 당시 일본이 추진하던 서양식 근대화와 제국주의적인 국가 경영 방식과는 다른 이념을 추구하고 있음을 말해 준다. 오자키는 동아시아 신질서 중에서도 사회주의적 사상에 바탕을 둔 '동아협동체론'을 지향하고 있었다. 공산주의 종주국인 소련, 공산당이 헤게모니를 장악한 중국, 그리고 자본주의에서 이탈한 일본 등 세 민족의 긴밀한 제휴 · 원조와 결합을 중핵으로 동아시아 제 민족의 민족공동체 확립을 지향한 '동아신질서 사회'가 바로 그것이었다.[10]

1930년대 말, 평화적이고 발전적인 방향의 동아신질서를 모색했던 오자키의 바람과는 달리 일본은 1940년대 들어 '대동아공영권'으로 국가 기획을 진행하면서 오히려 전쟁의 확대와 지역질서의 폭력적 재편을 가져오게 된다. 이러한 상황으로 말미암아 오자키의 동아협동체론은 결과적으로 지식인들의 이상론 또는 경쟁 관계의 유럽열강을 따돌리면서 아시아 침략과 식민지화를 합리화하기 위한 사상적 위장에 불과하다는 비판을 받기도 했다.

영화는 태평양전쟁 발발을 앞두고 동아시아를 무대로 한 국제 정세가 태평양 연안 강대국들  사이에 매우 복잡하게 얽히며 전개돼 갔음을 실감 나게 보여 준다. 오자키는 일본의 동남아 침략에 대해 한 일본 정치인에게 이렇게 토로한다. "일본이 미국과 전쟁을 하게 될 텐데, 그렇게 되면 일본은 소련이나 중국공산당과 교섭해야 할 것이다." 당시의 국제 정세가 개별 국가들끼리의 사안이 아니라 이해관계가 얽힌 여러 국가들 간의 복합적 역학관계 속에서 펼쳐지고 있음을 예리하게 지적하는 말이다.

당시 동아시아의 정치적 판세는 미국과 소련, 중국과 일본이 주도해 나갔다고 해도 과언이 아니다. 소련, 중국 등 공산주의 체제 및 성향의 국가들과 신흥 자본주의 강대국인 미국과 일본이 서로 얽혀 대립하고 경쟁하는 미묘한 역학관계 속에서 동아시아 국가들의 운명이 결정되어 가고 있었던 것이다.

오자키가 추구했던 신질서는 동아시아 개별 국가들의 이익을 동아시아 전체의 발전 틀 속에서 실현하려는 지역주의 차원의 접근방식이라는 점에서 지금도 주목된다. 북한 핵 실험과 일본 안보법안 통과, 한국 내 사드 배치 진행 등으로 인해 동아시아발(發) 정치 · 군사적 긴장과 위기감이 점차 고조되어 가고 있다. 한반도 남북은 물론 중국, 일본, 미국 등 태평양 연안 강대국들 사이의 갈등도 1930~40년대 못지않게 팽배해 있다. 그런 점에서 현재 동아시아의 정치적 풍경은 조르게가 활동했던 시대와 크게 달라 보이지 않는다. 또 그런 이유로 동아시아 지역 평화질서의 방법적 모색은 여전히 필요한 현재적 과제라고 할 수 있다.

## 봉건 중국의 억압과 서양 제국주의 침략 :
### 영화 〈붉은 수수밭〉

장이머우(張藝謀) 감독의 〈붉은 수수밭〉(1987)은 2012년 노벨문학상을 수상한 중국 작가 모옌(莫言)의 소설 『붉은 수수밭 가족』을 각색한 영화이다. 중국의 전통적 풍습과 화면의 원색적 강렬함, 관능적 에로티시즘 등이 시선을 사로잡아 1988년 베를린영화제에서 황금곰상을 차지했다. 화면에는 삶의 활력과 인간 본성의 회복을 추구하는 원시적 생명력이 넘쳐 난다.

"감독은 소설 서사의 상상력에 충만한 원시적 생명력을 붉은 수수밭, 고량주 등의 영상에 담아 생명의 원색인 붉은색을 중심 톤으로 하여 색채 서사의 진면목을 보여 주었다. 영화에서 우리 할머니 주변에서 일어나는 '가마 흔들기', '붉은 수수밭의 야합(野合)', '주신제(酒神祭)' 같은 시퀀스는 생명의식의 제전처럼 스크린을 압도하면서 문자 서사의 상상 공간을 시각적인 영상 미학 공간으로 승화시킨다"는 분석[11]은 이 영화의 특징과 장점을 적확하게 표현하고 있다.

가마꾼들에 의해 출렁이는 붉은색 가마, 붉은색 옷을 입은 채 수수밭에 누운 정염의 여인 주얼(궁리 분), 시종 바람에 흔들리는 수수밭, 붉은 고량주와 그것으로 만든 화염병 등 영화의 화면은 자극적이고도 상징적이다. 붉은색은 힘의 상징이자 희망의 상징이며, 수수밭을 뒤흔드는 바람은 관습의 속박과 억압으로부터의 해방을 표현하고 있다는 영화비평가 슈테판 크라머의 주장[12]은 당시 중국 민중의

> 관습 · 억압에 저항하는
> 원시적 생명력
> 반(反)봉건 · 반(反)제국주의
> 저항정신

희구와 갈망을 잘 파악한 해설이다.

영화는 1920~30년대 중국 산둥(山東) 성의 한 농촌 마을을 배경으로, 동아시아 근대의 시대적 모순 상황이었던 가부장제 봉건주의와 식민 제국주의에 대한 저항, 곧 '반(反)봉건 · 반(反)제국주의'라는 2개의 서사구조로 전개된다.

가마꾼이었던 '내 할아버지' 위잔아오(지앙 웬 분)가 보여 준 행동들, 즉 '내 할머니' 주얼의 합법적 소유자인 양조장 주인 살해와 주얼과의 수수밭 야합, 산적 투산파오와의 대결, 양조 술통에 오줌 갈기기와 같은 행위들은 기존의 봉건적 권위에 대한 도전과 항거를 비유하고 상징한다. 이와 관련해 홍콩 출신의 영화비평가 레이 초우는 장이머우 감독의 영화에 대해 "자기의 완고한 방식에 자손들을 얽어매는 쇠약한 노인으로서의 중국이라는 모더니즘 읽기에서도, 또는 약동하는 에너지라는 마르크스주의적인 남성중심주의적 읽기에서도, 혹은 아직 분절되지 않은 섹슈얼리티와 주체성에 주목하는 페미니즘적 읽기에서도 금지 · 억압 · 해방이라는 비유가 장이머우 영화에 대

한 해석 전반에 늘 흐르고 있다"고 평한다.[13]

한편, 양조장 일꾼들이 동족을 살해한 일본군의 트럭을 불태우며 장렬히 산화하는 영화 후반부는 일본 제국주의 침략에 대한 맹렬한 저항의식을 잘 보여 준다. 양조장 일꾼이었다가 위잔아오의 등장으로 양조장을 떠났던 뤄한은 공산당원이 되어 돌아온다. 그는 항일운동을 하다 잡혀 와 일본군에게 처형당하는데, 그 시기는 일본이 1937년 중일전쟁을 수행하며 중국 침략을 본격화하던 때다. 당시 중국 민중의 분노와 항일정신은 영화 속에서 붉은색 고량주를 올리는 주신제와 일본군 트럭 방화 장면으로 표출된다.

뤄한이 처형당한 뒤, 주얼은 주신제를 집전하면서 "사내라면 이 술을 마시고 날 밝을 때 일본 놈들 차를 폭파해서 뤄한 오라버니의 복수를 해라"라고 지시한다. '주신곡'을 부르며 이 지령을 받드는 사람은 다름 아닌 양조장의 새로운 실권자인 '내 할아버지' 위잔아오다. 중국의 대중문화 비평가 다이진화(戴錦華)는 두려워하는 기색 없이 욕을 퍼붓다 죽어가는 뤄한의 최후장면에 대해 "민족 영웅의 충성스러움과 용맹함, 강건한 의기, 민족혼의 고양을 새로운 가치질서로서 서사적 콘텍스트 속에 표현했다"며 "뤄한은 공산당원으로 명명되는데 이로 인해 그는 원사회의 낡은 질서를 옹호하는 사람에서 새로운 질서를 소유한 사람으로 바뀌게 된다"고 평한다.[14] 따라서 주신제를 통해 '내 할아버지'가 뤄한의 복수를 맹세한 것은 사회 변혁을 갈망하는 새로운 질서에 복종한다는 의미로 읽힌다. 주신제가 끝난 후 이어지는 복수의 맹세와 일본 군인들과 벌이는 육박전 장면 등은 그런 변혁 의지의 실천이다.

매복한 양조장 사람들에게 음식을 가져다주던 주얼은 일본군의 총에 맞아 피를 흘리며 쓰러지고 고량주도 쏟아져 내린다. 남자들은 빗발치는 총탄을 뚫고 일본 트럭으로 돌격하여 불붙은 고량주 항아리를 던져 트럭을 폭파한다. 하지만 때마침 개기일식이 일어나고 천지가 어두워진다. 그리고 일본군과의 싸움에서 살아남은 '나의 아버지'는 시력이 나빠져 세상이 붉은색으로만 보였다는 내레이션이 나온다. 이 장면을 놓고 슈테판 크라머는 "중국의 해방을 상징하며, 제국주의 세력의 종말로 이해할 수 있다. 그러나 공산당의 집권과 통치는 진정한 해방과는 거리가 멀다"고 해석한다.[15] 영화의 이 장면은 다가올 중국공산당 통치와 1966년부터 10년간 지속된 문화대혁명기의 압제와 광기를 예견하는 비유로도 읽힌다. 문화대혁명 시기의 마오쩌둥에 대한 개인우상화와 계급성을 강조한 정치적 급진주의 정책을 경험한 장이머우 감독이 던진 의미심장한 사회비판적 메시지로 볼 수 있다.

이 마지막 전투 장면을 '내 할아버지' 위잔아오가 아들 세대의 사회적 성인식을 치른 사건으로 보는 시각도 있다. 즉 위잔아오가 수수밭에서 주얼을 뺏은 사건이 남성적 욕망을 성취한 개인적 성인식이라면, 마지막 전투 장면에서 주얼이 역사의 제단에 바쳐짐으로써 '내 할아버지'로 하여금 이데올로기적 의미의 사회적 성인식을 완성케 했다는 것이다.[16] 이 장면은 또 동양문화와 서양 물질문명 간의 극심한 충돌로 환원돼 해석되기도 한다. 요란한 전투 신은 동귀어진식의 피 튀기는 육박전 장면이라기보다 민족문화와 이족문명 간의 대결 장면으로 볼 수 있다는 것이다.[17] 덩샤오핑 집권 후의 개혁개방 정책에 따른 중국사회의 문화적 혼란기에 이 영화가 제작됐다는 사실은 그런 주장을 설득력 있게 뒷받침한다.

〈붉은 수수밭〉이 제작된 1987년은 중국이 문화대혁명 시기를 거친 뒤 1978년 덩샤오핑에게로 권력이 넘어가 국가적으로 개혁과 개방이 추진되던 시기였다. 사회경제적으로 자본주의화에 따른 치열한 생존경쟁과 서양문명에 대한 부적응으로 사회 혼란이 야기되던 때였다. 정치적으로는 집권층의 권력 유지를 위한 권위주의적 가치체계가 여전히 지속되었고, 반대세력 구속 등 정치적 탄압과 예술창작에 대한 제약도 상존했다. 이런 상황에서 문화예술인과 지식인, 학생들은 민주주의 발전과 인간성 회복을 통한 개성 존중, 창작 자유 등을 간절히 열망했다. 그러한 시대적 요구가 응집되고 결집된 것이 바로 1989년 '톈안문 사건'이라고 할 수 있다. 그런 시기에 장이머우 등 영화인들은 인간 본질을 말살해 온 유교주의 전통의 가부장제적 관습과 정치적 자유를 억압하는 경직된 사회주의 체제의 도그마를 비판하는 방법으로서 영화 속에 중국 고유의 문화전통과 풍습의 활력을 되살려 냈다. 그 활기찬 생명력으로 인간다움을 회복하고 서구문명의 무분별한 수용으로부터 해방되기를 희망했던 것이다.[18]

이 영화는 서양인들이 보고 싶어 하는 것을 보여 주기 위해 중국인 스스로 서양의 이국취미 또는 오리엔탈리즘을 내재화함으로써 국제영화제에서 동양과 중국을 상품화했다는 비판을 받기도 한다. 그렇지만 화면을 가득 채우는 동양의 원시적 열정과 생명력 넘치는 에너지를 통해 봉건 중국의 억압과 서양 제국주의 침략에 대항하는 강렬한 의지를 분명하게 보여 줬다는 점에서 개성 넘치는 작품임에 분명하다.

## 20세기 중국 현대사의 비망록 :
### 영화 〈패왕별희〉

1993년 칸영화제에서 황금종려상을 수상한 천카이거(陳凱歌) 감독의 〈패왕별희〉는 경극 배우들의 기구한 인생과 예술에 관한 이야기이면서, 동시에 20세기 중국의 역사를 압축해 놓은 것 같은 영화다. 개인 서사에 가려 격동의 중국 현대사는 영화 전면에 등장하지 못하지만, 역사의 수레바퀴가 주인공들의 삶에 남긴 흔적들은 깊고 치명적이다.

영화의 줄거리는 경극 '패왕별희'의 초패왕 항우 역을 맡은 배우 돤샤오러우(장펑이 분)와 패왕의 애첩 우희 역을 맡은 배우 청데이(장궈룽 분), 그리고 돤샤오러우의 현실 속 아내 역을 맡은 쥐셴(궁리 분) 등 3인의 얽히고설킨 인생사로 이뤄진다. 데이는 극 중 배역과 자신을 동일시하여 생리적으로는 남자이면서도 마치 여자처럼, 초패왕을 사랑한 우희처럼 샤오러우를 해바라기하며 살아간다. 샤오러우는 그런 데이와 기녀 출신의 아내 쥐셴 사이에서 방황한다.

이들이 만들어 내는 애증관계의 갈등은 매우 드라마틱하다. 또 우희의 분신이 된 데이의 성적 정체성과 관련한 동성애적 요소, 전통 경극의 화려한 분장과 볼거리 등은 서양 관객의 시선을 사로잡기에 충분하다. 하지만 그런 요소들 때문에 이 영화는 서양의 오리엔탈리즘을 내재화한 셀프 오리엔탈리즘 전략을 사용하고 있다는 비판을 받기도 한다.

> 역사의 수레바퀴에 짓눌린
> 경극 배우들의 삶
> 문화대혁명 시기
> 중국의 전통과 개인성 상실

오리엔탈리즘은 에드워드 사이드가 이론을 정립한 서양의 지식 체계이다. 유럽(서양)의 제국주의와 식민주의가 동양을 지배하고 식민화하는 데 필요한 동양 이미지를 구축해 온 지식 담론체계라고 할 수 있다. 이를테면 유럽은 이성적이고 진보적이며 문명이 발달한 데 비해 동양은 신비롭고 정체돼 있으며 야만적이라는 '타자' 의식과 그러한 심상지리를 통해 서양의 동양지배를 합리화해 온 것이다. 말하자면 서양이 만들어 낸 권력화한 지식의 규율체계가 바로 오리엔탈리즘인 것이다.[19] 오리엔탈리즘을 동양 국가 혹은 동양인 스스로 내재화하고 자기화하는 현상이 일어나기도 한다. 이른바 셀프 오리엔탈리즘이다.

영화 〈패왕별희〉는 오리엔탈리즘과 셀프 오리엔탈리즘 비판의 관점에서 볼 때 '역사를 우회하거나 탈(脫)역사적 혐의가 짙다'는 평가를 피해 갈 수는 없다. "영화에 표현된 모든 것은 지나칠 정도로 분명하게 '중국'을 가리키고 있다. 그러나 그것은 중국의 역사로 확대되지도, 중국의 현실을 보여 주지도 못했다. 그 모든 것은 단지 동방적 경관, 동방의 거울성 속에 갇힌 얼룩진 거울 이미지에 지나지 않았다"는 지적[20]이 나오는 것은 그런 이유다.

하지만 영화를 보고 있으면 주인공들의 삶 속에 역사적 사건들의 조각들이 깊게 박혀 그들의 인생을 결정짓고 있는 풍경을 목격하게 된다. 그런 점에서 이 영화 속의 인물들 역시 역사의 소용돌이가 만들어 내는 영향력에서 결코 자유로울 수 없다. 데이의 성적 정체성의 변화도 사회성을 띤다고 볼 수 있다. 데이의 생물학적 성은 남성이지만, 우희라는 역할의 필요성 때문에 심리적으로 그의 젠더는 여성으로 바뀌었고, 그 변화는 자신에 의해서가 아니라 사회에 의해서 만들어진 것으로 해석된다.[21] 장 내시나 위안 대인 등 주위 사람들이 데이를 대하는 태도가 그런 환상을 만들어 냈다는 것이다.

영화는 파란만장한 중국 현대사의 굴곡진 풍경을 잘 보여 준다. 영화 전개의 중심축을 이루는 경극 '패왕별희'는 현실 속 정치권력의 변화와 함께 극의 성격이 달라진다는 점에서 역사의 축소판과도 같다. 정치세력이 바뀜에 따라 경극의 위상과 내용은 변화하게 되는 것이다. 중국은 1911년 청 왕조가 멸망한 뒤 1920년대 군벌시대를 거쳐 1937년 중일전쟁 발발, 1945년 태평양전쟁 종결, 1966~1976년 문화대혁명 등의 역사적 변혁을 겪는다. 일본이 본격적으로 중국을 침략하던 시기의 사회풍경을 보자. 학생들은 항일시위를 하며 "나라가 망해 가는데 경극은 무슨 경극이냐"며 성토한다. 중국 전통예술의 권위가 근대사의 요동 속에서 해체되어 가는 장면이다. 일본군이 북경에 진주해 왔을 때, 데이는 샤오러우를 구하기 위해서 일본군 앞에서 어쩔 수 없이 노래하고 공연한다. 1945년 국민당이 북경을 수복했을 때, 경극은 공연 도중 무례한 국민당 군인들에 의해 우롱당하는 수모를 당한다.

중국은 일본군이 물러간 후 국민당과 공산당 사이의 국공내전을 거쳐 1949년 공산당이 정권을 잡는다. 권력을 잡은 마오쩌둥은 1966년부터 10년에 걸쳐 문화대혁명을 일으킨다. 문화대혁명은 정치투쟁과 의식혁명을 강조한 사회주의 대중화 운동으로, 농촌지역으로 청년들을 내려보내(하방) 중국 공산당의 이념을 실천케 하는 한편 마오쩌둥의 급진적 사회주의에 반대하는 정치적 반대파들을 숙청하는 등 중국 전체를 극단적 이념투쟁의 분위기로 몰아갔다. 이 기간 동안 경극 등 대부분의 전통 문화도 질적으로 큰 변화를 겪게 된다.

1949년 중국공산당이 북경에 입성했을 때, 경극 배우들은 "해방구의 하늘은 높고 푸르네. 해방구의 인민은 그지없이 행복하네"라고 노래한다. 경극 예술을 사랑했던 위안 대인은 예능계를 타락시킨 원흉으로 지목돼 처단된다. 경극은 또 "왜 옛날부터 영웅과 미녀가 있어야 경극이고 노동인민을 얘기하면 경극이 아니냐?"는 비판을 받게 되고, 전통의 고수를 주장하던 데이는 경극의 현대화와 대중화를 주장하는 제자들에게 밀려나 무대를 떠난다.

실제 초패왕이 역사의 장에서 시운에 따라 힘을 잃어 갔듯이, 중국 전통의 예술인 경극 '패왕별희'도 역사의 소용돌이 속에서 몰락해 가는 모습을 보여 주고 있는 영화 속 장면들은 매우 중첩적이고 상징적인 의미를 갖는다. 경극으로 대표되는 중국 전통 문화의 권위와 가치 체계가 무너져 역사의 뒤안길로 사라져 가는 과정을 보여 주는 비유적 풍경인 셈이다.

영화 주인공들의 삶도 결코 역사의 그늘에서 벗어나지 못한다. 변화무쌍한 궤적을 보여 주는 중국 현대사의 사건들은 '패왕별희'를 연기하는 주인공들의 인생에도 깊숙이 침투해 그들의 삶을 직접적이고 구체적으로 간섭한다. 문화대혁명 시기에 이르면 인민정신을 개조한다는 명목 아래 경극 배우들은 군중 속으로 끌려 나가 곤욕을 치른다. 이전에 일본군과 국민당 군대 앞에서 공연했다는 정치적인 이유로, 또 정신의 부패를 불러왔다는 이유로 전통 경극 배우로서의 존재를 스스로 부정하는 자아비판을 해야 하는 치욕을 겪는 것이다.

샤오러우도 변화하는 역사의 세찬 물결에 휩쓸려 결국 현실과 타협하고 만다. 성난 군중 앞에 끌려 나간 그는 살아남기 위해 평생의 동료였던 데이와 아내 쥐셴을 배신하는 말들을 쏟아내고 만다. 자신을 구하기 위해 일본군 앞에서 공연했던 데이를 비난하기에 이른다. 또 아내인 쥐셴에 대해서는 기생이었던 그녀를 더 이상 사랑하지 않으며 헤어지겠다는 다짐까지 한다. 이로 인해 이들 사이의 우정과 사랑은 깨어지고 만다. 샤오러우의 배신에 분노한 데이는 감정을 이기지 못해 울분을 토하고, 남편으로부터 절망과 배신감을 느낀 쥐셴은 자살이라는 막다른 길을 선택한다. 인간의 양심과 품위가 역사의 수레바퀴에 짓이겨지는 경험들이다.

데이는 문화대혁명이 끝난 뒤 샤오러우와 단둘이서 경극 연습을 하던 도중 평생을 지켜 왔던 자신의 정체성인 여성성을 버린다. 평생을 "나는 본래 계집아이로서"라고 말하며 공연해 왔던 그는 마침내 "나는 본래 사내아이로서"라고 말하며 샤오러우의 보검을 빼내 스스로 목숨을 끊는다. 자신의 정체성을 부정하는 순간, 삶의 의미를 상실했던 것이다. 이때 사라진 데이의 정체성은 중국 전통문화의 상실을 의미하는 알레고리로도 읽힌다.

이 영화는 역사적 경험이 예술과 개인 삶에 미치는 심대한 영향에 대해 잘 보여 준다. 제국주의 일본군의 양민 학살, 국민당군의 무질서한 혼란과 경극(예술)에 대한 멸시, 문화대혁명 시기 중국 공산당의 집단 광기를 거치면서 주인공들의 정체성과 개성은 서서히 파괴되고 해체되어 간다. 영화는 중국 근현대의 격랑 속에서 '국가' 또는 '대중'이라는 집단이데올로기가 지배하는 사회 구조의 특성을 통찰케 한다. '전통'과 '개인'이 말살되고 전체의 이익과 목적에 복속되는 새로운 정치적 풍경을 만나게 되는 것이다. 개인의 취향과 개성, 고집이 더 이상 설 자리를 잃어 가는 전체주의적이고 획일화된 몰개성의 현대 사회 도래를 예견한 듯하다. 영화 〈패왕별희〉는 20세기 중국 현대사의 비망록이라고 할 만하다.

3부

# 우리 곁의 다문화 사회

## 경계를 넘어 새로운 가능성이 열린 세상을 향해 :
**영화 〈설국열차〉**

세계화 시대의 지구촌에는 여러 인종과 민족, 다양한 이념과 종교를 가진 사람들이 한데 모여 살아가고 있다. 이들은 같은 세상을 살아가지만 계층과 빈부의 격차에 따라 생활수준과 삶의 방식, 향유 문화는 사뭇 다르다. 세상을 움직이는 거대한 시스템 속에서 수행하는 기능과 역할도 권력 있는 자와 없는 자 사이에 현격한 차이가 나는 게 엄연한 현실이다. 국가와 국가 사이의 관계도 마찬가지여서 종속의 관계가 형성되기도 한다.

이른바 강대국들이 주도하는 세계체제 시스템 속에서 온 지구촌의 정치와 경제가 톱니바퀴처럼 맞물려 돌아가고 있다. 이 체제를 유지하려면 각 계층별 또는 국가별 기능 분담이 필요하고, 거기에는 희생과 착취가 따른다. 하지만 이런 구조 속에서는 필연적으로 정치경제적 · 종교적 갈등이 초래한 폭력과 전쟁이 발생하기 마련이고, 많은 사람들은 불안과 공포 속에서 살아가게 된다.

생존과 자유와 평등을 향한 끝없는 투쟁의 연속이 인류의 역사라고 해도 과언이 아닐 텐데, 물질과 자리가 한정된 세상에서 인류는 다툼을 피하기 어렵다. 모두가 평화롭게 공존하는 신세계는 단지 유토피아에 불과한 것인가. 한반도를 둘러싼 위기의 남북 관계와 관련 강대국들이 연출하는 일촉즉발의 외교 정세가 이런저런 생각을 많게 하는 요즘이다.

"
질서 유지 위해 불평등 · 폭력
정당화하는 '인류 열차'
경계 넘어 열차 밖
새 세상으로
첫발 내디딘 신인류

봉준호 감독의 〈설국열차〉(2013)는 여러 해석이 가능한 영화지만 필자는 '인류가 평화롭게 공생하는 새로운 세상'에 대한 희구와 열망을 담은 영화로 봤다.

지구 온난화 위기 해결을 위해 대기권 상층에 살포한 인공냉각제로 인해 기상이변이 생겨 지구는 빙하기를 맞는다. 생존한 인류를 태우고 열차 한 대가 달린다. 열차는 멈추지 않고 끝없이 궤도 위를 달린다. 달려야 얼어 죽지 않고 살 수가 있다. 열차 밖은 인류가 생존할 수 없는 환경으로 인식돼 있다. 열차 안이 세상이고, 열차 안에 탑승한 사람들이 인류인 셈이다.

다양한 인종과 민족의 다국적 · 다문화 사람들이 공존하는 열차 안은 빈부, 특권, 불평등이 상존하는 곳이다. 맨 뒤쪽의 꼬리 칸에는 춥고 배고픈 사람들이 뒤엉켜 살아가고 있다. 이에 비해 앞쪽 칸에는 선택된 사람들이 술과 마약까지 즐기며 호화로운 생활을 영위하고 있다. 열차 안은 평등하지 않은 세상이다.

열차는 사실상 맨 앞쪽의 엔진 칸을 장악한 윌포드(에드 해리스 분)와 그 추종자들에 의해 움직이고 있다. 엔진 칸 사람들에 의해 꼬리 칸 사람들에 대한 엄격한 통제와 관리가 이뤄지고 있다. 꼬리 칸 사람들은 부족한 음식과 불편한 잠자리에 대한 불만과 차별에 항거해 주기적으로 폭동을 일으키고 그때마다 많은 사람이 죽어 나간다.

꼬리 칸의 젊은 지도자 커티스(크리스 에반스 분)와 꼬리 칸 사람들은 마침내 폭동을 일으키고, 감옥 칸에 있던 열차 보안 설계자 남궁민수(송강호 분)와 그녀의 딸 요나(고아성 분)를 환각물질인 크로놀로 회유해 엔진 칸까지 진출한다. 하지만 거기서 윌포드를 만난 커티스는 의외의 사실을 알게 되고 혼란에 빠진다. 꼬리 칸의 정신적 지도자 길리엄(존 허트 역)이 윌포드와 쪽지를 주고받으며 내통하고 있었던 것이다. 의외로 그들이 서로 도운 이유는 열차 안의 질서 유지였다.

윌포드는 커티스에게 말한다. "폐쇄된 공간에서 공기, 물, 음식, 특히 인구수는 균형이 맞아야 해. 굶어 죽지 않기 위해선 서로를 죽여주는 것이 필요해. 폭동이 끝나면 생존자들은 꼬리 칸으로 돌아가 좀 넓어진 공간에서 살 수 있는 거야." 적당히 균형을 이룬 불안과 공포, 혼란은 열차 안 세상의 삶을 지속하기 위해 반드시 필요하다는 것이다. 윌포드는 커티스에게 늙은 자기를 대신해 지도자 자리를 맡아 이 같은 역할을 해 달라고 요청한다.

질서 있는 세상에 대한 논리는 열차를 관리하는 총리 메이슨(틸다 스윈튼 분)이 꼬리 칸 사람들에게 행하는 연설에서도 잘 드러난다. "열차 안에서 모두가 각자 정해진 자리를 지켜야 질서를 유지할 수 있고, 질서 덕에 얼어 죽지 않고 살 수 있는 거야. 성스러운 엔진이 정해 놓은 대로 자기 주제를 알고 자기 자리를 지켜야 한다." 한정된 공간에서 살아가기 위해서는 불평등과 차별은 어쩔 수 없는 현실이며, 그렇기 때문에 한 사람의 절대자가 만들어 놓은 질서 체계에 따라야 한다는 논리이다.

커티스는 열차 안의 갇힌 세상에서는 이들의 주장이 설득력 있다는 생각으로 잠시 혼란스럽다. 하지만 납치됐던 꼬리 칸의 꼬마 티미가 고장 난 엔진 부속품으로 일하는 모습을 보고 충격을 받는다. 커티스는 엔진 속에서 착취당하던 티미를 구해 나오고, 이때 열차 밖의 새로운 세상이 열리는 대 반전의 사건이 발생한다.

남궁민수와 요나는 폭탄 성분이 강한 크로놀로 열차 출입구를 폭파하고, 그 충격으로 눈사태가 발생해 열차가 전복된다. 사실 남궁민수는 눈과 얼음이 점점 녹아내리는 바깥세상의 변화를 감지하고 열차 밖으로 나가기 위해 크로놀을 모으고 있었던 것이다.

열차 전복에서 살아남은 요나와 티미는 마침내 열차 밖으로 첫 발을 내디딘다. 열차 안의 세상이 아닌 새로운 세상으로의 진출이다. 그런데 바깥세상에는 곰이 살고 있었다. 또 다른 세상에 생명체가 존재하고, 인간도 새로운 세상에서 살아갈 수 있다는 사실을 확인한 것이다. 열차 안의 폐쇄된 공간의 경계를 넘어 새로운 가능성이 열린 세상의 희망을 찾아 차세대의 소년과 소녀가 탈출한 것으로 영화는 끝을 맺는다.

이 영화는 기존의 방식과 체제 아래서는 결코 현재 우리가 겪고 있는 문제들의 해결책을 찾을 수 없다는 것을, 경계를 넘어 새로운 패러다임의 생존방식을 찾아야 글로벌한 세상의 다문화 사회를 헤쳐 나갈 수 있다는 사실을 말해 주는 듯하다.

## 사회의 편견과 맞서는 모든 이들에게 :
### 영화 〈마이 리틀 히어로〉

누구든 자신을 옥죄는 멍에나 족쇄를 갖고 있기 마련이다. 그것이 가난일 수도 있고, 장애일 수도 있다. 혼종과 교류가 일상인 다문화 사회를 살아가고 있지만, 주류 사회의 사람들과 다른 색깔의 피부색은 아직도 핸디캡이 되기도 한다. 특히 자신의 의지와는 상관없이 태어난 다문화가정의 자녀들에게 혼혈이라는 이유로 쏟아지는 편견의 눈길과 사회적 차별은 견디기 힘든 시련으로 다가온다.

하지만 악조건들이 인간의 희망과 의지를 꺾을 수는 없다. 아무리 험난한 환경과 여건 속에서도 좌절하지 않고 용기를 내어 도전의 점프를 할 수 있는 존재가 인간이다. 난관을 헤치고 꿈을 향해 날아오르는 인간의 모습은 아름답고 감동적이다. 어른이라고 해서 다 잘 알고 있고, 모든 걸 잘할 수 있는 것은 아니다. 현실의 많은 것들에 발목을 붙잡히는 경우가 많다. 오히려 순수한 마음의 아이들이야말로 인생에서 가장 소중한 것이 무엇인지 영롱한 빛을 비춘다. 이때 아이는 어른의 영웅이 되기도 한다.

어른들의 귀감이 된 어린 영웅의 얘기를 다룬 김성훈 감독의 〈마이 리틀 히어로〉(2013)는 그런 감동의 드라마로 우리를 초청한다. 필리핀인 어머니와 한국인 아버지에게서 태어난 김영광(지대한 분)은 자신과 어머니의 곁을 떠나 버린 아빠를 찾기 위해 한 방송국에서 주

"

뮤지컬 오디션 출연한
다문화가정 소년 김영광
허세 감독 유일한 감동시켜
'어른의 영웅' 되다

최하는 뮤지컬 오디션 프로그램에 출연한다. 이 오디션은 한국대표 뮤지컬 '조선의 왕, 정조'의 감독과 아역배우를 뽑는 경연이다.

천상의 목소리와 노래 실력을 갖춘 영광은 수천 명이 겨루는 오디션 예선에서 5명 안에 들어 본선에 진출한다. 영광은 허세와 속물근성으로 가득 찬 유일한 감독(김래원 분)과 한 조를 이뤄 혹독한 연습 끝에 결승까지 오르지만 차별과 편견의 높은 장벽에 부딪친다. 오디션을 진행하는 기획사 측은 피부색이 다른 혼혈아 영광이 한국의 대표 뮤지컬의 주인공이 되는 것을 꺼려 이를 막기 위한 협박과 회유에 나선다.

영광과 영광의 어머니가 필리핀 재귀화를 추진하고 있는 것을 빌미로 경연 포기를 종용하고 그 대가로 돈을 내민다. 유일한 감독에게도 다른 작품 연출을 미끼로 영광 대신 3위를 차지한 아이를 데리고 결승에 나갈 것을 제안한다. 이런 가운데 영광의 아버지도 영광의 어머니를 찾아와 필리핀으로 돌아가라고 압박한다. 유일한은 현실에 굴복하고 타협해 영광의 꿈을 보호해 주지 못한다. 결국 영광은 희망을 포기한 채 필리핀으로 떠난다.

사실 유일한은 자랑처럼 떠벌리고 다니던 맨해튼 음대를 나오지도 않았고, 이 곡 저 곡을 짜깁기해 만든 대형 뮤지컬 '영웅의 길'을 실패한 뒤 아동 뮤지컬 감독을 하며 재기를 꿈꾸던 중이었다. '조선의 왕, 정조' 주연 배우와 감독을 뽑는 오디션에 나선 것도 우승을 차지해 브로드웨이에 진출하겠다는 일념 때문이었고, 처음에 영광을 탐탁지 않게 여긴 것도 영광의 피부색이 자신의 야망을 가로막지나 않을까 하는 우려 때문이었다.

유일한은 오디션 기간 중 기자들에게 "피부색은 다르지만 한국에서 태어났고, 한국에서 자랐고, 실제로 한국 사람이고, 그런데도 '조선의 왕'을 못할 이유가 없다", "편견과 싸우는 아이의 마음, 슬픔을 무대에서라도 자유롭게 날게 해 주자. 이 아이를 통해 비슷한 처지에 있는 다문화가정의 아이들에게 작은 꿈이라도 실어 주고 싶다"라고 마음에도 없는 말을 해 왔다. 하지만 그 말들에 일말의 진실이 담겨 있었던 걸까. 그는 고민 끝에 필리핀에 가서 영광을 다시 데려온다. 이 결심에는 자신을 옆에서 지켜 온 매니저 희석(이성민 분)과 아동 뮤지컬 배우 정일(이광수 분), 그리고 순수한 열정을 지닌 방송국 조연출 성희(조안 분)의 진심 어린 충고와 비판의 힘도 크게 작용했다.

기획사 측은 또 한 번 학력 변조 건으로 유일한을 협박해 보지만 유일한은 이미 자신의 성공과 출세에 대한 미련을 버린 상태다. 학력을 속인 자신은 뮤지컬 오디션에 감독으로 나가지 못하겠지만 영광만은 꼭 결승전에 진출해야 한다며 자신의 오디션 경쟁자였던 민준상 감독에게 영광을 데리고 결승전에 나가 줄 것을 무릎 꿇고 부탁한다.

결국 영광은 민준상 감독과 함께 결승전에 나가 유일한이 작곡한

'영광의 노래'로 우승을 차지하고, 맨해든의 뉴욕시디센터에서 '조선의 왕, 정조' 공연을 성황리에 공연한다. 유일한 감독은 그 모습을 기쁘고 감동적인 마음으로 지켜보면서 또다시 자신의 새로운 꿈을 찾아 뉴욕의 거리로 발걸음을 옮긴다.

한국에서 한국인으로 살아가기를 희망하며 자신의 꿈을 키워 가는 영광, 자신의 전부를 걸고 뮤지컬에서 노래하고 춤추며 행복해하는 영광. 그런 영광을 바라보면서 유일한이 허세와 무모한 욕심을 버리고 자신의 것, 자신만의 진정한 꿈을 찾아 나서는 마지막 장면은 다문화 사회에 대한 논의의 차원을 넘어 인간의 참된 정체성은 무엇이며, 어디서 비롯되는가 하는 존재론적 물음 앞으로 우리를 불러 세운다.

## 국내 외국인 노동자들의 삶 :
### 영화 〈방가? 방가!〉

'한국 사회 최고 약자'는 누구일까? 국가인권위원회가 조사한 바에 따르면 여성 외국인 노동자 가운데 고용주에게 폭언과 폭행을 당한 경우가 각각 75%와 15%, 성추행과 성폭력을 당한 여성이 30%에 이르는 것으로 나타났다. 태국, 캄보디아, 몽골 등지에서 온 여성 외국인 노동자들은 식물원, 모텔, 농촌, 마시지 업소 등에서 일하던 중 업주들로부터 성추행이나 성폭행을 당했고 심지어 강제로 성매매까지 강요당한 경우도 있었다는 언론 보도가 있었다.[1] 이 과정에서 고용주는 여권과 외국인등록증, 휴대폰 등을 빼앗고 이들의 불법체류를 빌미 삼아 위협을 가했다는 것이다.

우리 사회에서 외국인 노동자, 곧 이주노동자는 이제 일상에서 흔히 마주치는 우리의 이웃이다. 식당은 물론 건설 현장, 농축산업과 공장 등 산업현장은 이들이 없이는 제대로 돌아가지 않는다고 해도 과언이 아니다. 외국인 노동자는 1992년 한-중 공식 수교 이후 중국 조선족의 이주 노동을 시작으로 급속도로 늘어났다. 정부는 1990년대와 2000년대에 산업기술연수생제도, 고용허가제, 방문취업제 등을 실시해 외국인 노동력 조절정책을 시행했다.

현재 국내 체류 외국인은 외국인 노동자를 포함하여 170만 명을 넘어섰다. 국회 입법조사처가 발간한 '지방자치단체 외국인주민 현황과 시사점' 자료에 따르면 2015년 기준 한국에서 살고 있는 외국인 주민은 총 174만 1919명으로 조사됐다. 전체 인구에서 차지하는 비중은 3.4%로 국내 거주 인구 100명 가운데 3명 정도가 외국인인 셈이다. 중국 조선족이 69만 4256명(39.9%)으로 가장 많았고, 그다음이 중국인 25만 9166명(14.9%), 베트남인 19만 9950명(11.5%)의 순이었다. 필리핀인도 7만 610명(4.1%)이나 됐다.[2] 이 통계에 따르면 이들은 일자리 수요가 높은 경기도 안산 · 수원 · 시흥시, 서울시 영등포구와 구로구 등 수도권에 대부분 몰려 살고 있다. 하지만 결혼이민과 혼인귀화자의 경우 비수도권에 46.7%가 거주하고 있는 것으로 조사됐다. 한편 한국 내 거주하는 무슬림도 총 16만 명이 넘는 것으로 추산된다.

이처럼 많은 외국인이 한국에 들어와 살고 있지만 아직까지 국내 외국인 노동자들의 삶은 신산하고 팍팍한 것으로 알려져 있다. 고용주들이 외국인 노동자들에게 폭언과 폭력을 행사하는가 하면, 불법체류 사실을 빌미로 밀린 임금을 주지 않고 내쫓았다는 소식도 들린다. 인권 단체들은 이주노동자들의 사업장 이동이 사용자에게 달려 있는 정부의 고용허가제 때문에 외국인 노동자의 불법 체류가 양산된다고 주장한다. 정부 당국의 미등록 체류자 단속 및 추방이 반 인권적으로 이뤄지고 있다는 비판도 거세다. 정부의 무리한 단속으로 도주하다 사고를 당해 사망한 이주노동자들이 다수에 이르는 것으로 알려져 있다. 법무부 출입국관리소에 따르면 국내 불법체류자 수는 2015년 6월 말 기준으로 21만 2596명인 것으로 집계된다.[3]

육상효 감독의 〈방가? 방가!〉(2010)는 취업 낙방에 이골이 난 방태식(김인권 분)이 백수 탈출을 위해 부탄인 '방가'로 위장 취업해 벌이는 좌충우돌 이야기다. 그의 활약상을 통해 외국인 이주노동자들

> 일터에서 차별대우 받는
> 외국인 노동자들
> 부탄 노동자 '방가'로 변신한
> 한국인 방태식

이 겪고 있는 사연들과 실상이 잘 드러난다.

방가는 친구인 용철(김정태 분)이 운영하는 노래연습장에 빌붙어 기식하는 처량한 신세로, 의자를 만드는 공장에 부탄 노동자로 신분을 속여 들어간다. 여기서 그는 베트남, 방글라데시, 우즈베키스탄, 네팔, 인도네시아 등에서 돈을 벌기 위해 한국에 온 이주노동자들을 만나 우정을 쌓아 간다. 그들은 외국인 노래자랑 대회에 나가기 위해 연습 중이다. 노래하는 모습을 비디오로 찍어 본국의 식구들에게 보내려는 목적에서다. 방가도 이 노래 연습에 끼려 한다. 친구인 용철의 노래연습장에 이들을 데려가 매상을 올려 주려는 이유 때문이다.

처음에 따돌림을 당하던 방가는 베트남 출신 여성 노동자 장미를 단속반원의 손에서 구해 추방되지 않게 해 준다. 그런데 알고 보니 이 상황은 방가와 용철이 그들의 호감을 얻기 위해 짜낸 각본이었다. 어쨌든 이 일을 계기로 방가는 다른 외국인 노동자들로부터 호의를 얻게 되고, 장미와는 러브 라인을 만들어 간다. 이런 우여곡절 끝에 방가는 이들을 용철의 가게로 데려가고, 용칠은 이들에게 트로트 '찬찬찬'을 참가곡으로 추천해 열심히 가르친다.

외국인 노동자들은 야근하는 중에도 노래 연습을 하며 열의를 불태우고, 불법체류로 붙잡힌 외국인 노동자 석방 시위를 벌인 뒤에도 용철의 가게로 몰려가 노래 연습을 한다. 용철은 사실은 외국인 노동자들을 이용해 권리금을 많이 받고 노래연습장을 팔아넘기려는 속셈이다. 그러나 좋은 조건으로 연습장을 넘기려 할 때 방가가 어머니 수술비 마련을 위해 연습장을 담보로 제2금융권에서 돈을 빌린 것을 알게 되고 추궁한다.

마침 이때 외국인 노동자들은 방가가 가짜란 사실을 알고 찾아와 주민등록증과 여권을 만들어 달라고 요구한다. 한국에서 자유롭게 일하고, 본국에서 가족을 데려오기 위해서다. "그런 거 잘못 만들면 감방에 간다"는 방가의 말에도 방글라데시인 알리는 "가족이랑 떨어져서 오도 가도 못하는 한국이 감방이다"라고 항변한다. 결국 용철은 방가의 만류에도 불구하고 이들에게서 돈을 받고 가짜 주민증과 여권을 만들어 주기로 한다. 외국인 노동자들은 그 비용을 마련하기 위해 그동안 체불된 임금을 요구하고, 농성 시위 끝에 가구공장 사장으로부터 이를 받아 낸다. 사실상 공장을 책임지고 있던 최 반장은 지금까지 종업원들의 임금을 사적으로 유용해 왔고, 그동안 종업원들이 불법체류로 추방될 경우 밀린 임금을 주지 않은 채 내쫓았던 사실이 노동조사관의 추궁 끝에 들통이 난다.

마침내 용철과 방가는 이들이 마련한 돈을 갖고 귀향길에 오른다. 하지만 방가는 용철의 신고로 외국인 노동자들이 잡혀갔다는 사실을 알고는 출입국관리사무소로 찾아가 그들과 함께 외국인 노래자랑대회에 나간다. 방가의 진심 어린 설득과 함께 유치장 안에서 '찬찬찬'을 아카펠라로 열창하는 외국인 노동자들의 실력과 열정에 출입국관리사무소 소장이 노래자랑대회 참가를 허락해 준 것이다.

영화 속 스토리에는 외국인 노동자들의 여러 가지 사연이 녹아들어 있다. 우선 식구들과의 이별에 따른 외로움과 향수 등 디아스포라로서의 가족에 대한 그리움이 국제전화 통화 장면 등을 통해 절절히 표출된다. 노래대회 참가 모습을 비디오테이프에 담아 가족들에게 보내고 싶어 하는 바람도 그런 마음에서다. 이와 함께 단속과 추방에 대한 두려움에도 불구하고 한국에서 살아가려는 의지가 생생하게 느껴진다. 방가가 얼떨결에 외국인노동자모임 대표로 추대되어 잡혀간 동료의 석방 시위를 벌인다든가, 안산시 외국인자치센터에 초청받아 강연하는 방가의 한국말 욕설 강의에 외국인 노동자들이 큰 관심을 갖는 것 등은 한국생활에 적응하며 살아남으려는 그들의 노력을 엿볼 수 있게 하는 대목이다. 범법행위인 줄 알았을 텐데도 주민증과 여권을 만들어 달라고 무리한 요구를 하는 설정 역시 코리언드림을 향한 강한 의지라고 할 수 있다.

외국인 노동자들에 대한 차별과 착취 등 부당한 대우도 적나라하게 드러난다. 야근이나 불평등한 임금 지급에 대한 불만이 대표적인 사례다. "야근과 휴일 근무는 왜 한국 사람은 안 하고 우리만 합니까?" "왜 똑같이 일하는데 한국사람 반밖에 안 줍니까? 그 돈마저 가져가서 왜 안 줍니까?" "한국에서 일하고, 한국에 살고, 한국에서 밥먹고, 나도 한국 사람이에요." 이런 외침들은 그들이 받고 있는 부당한 대우의 실상을 대변한다.

그들의 이름이 본명이 아닌 장미, 마이클, 알리, 찰리 등으로 불리는 것도 비인격적 대우의 한 단면으로 볼 수 있다. 임금체불 사건이나 가짜 주민증 사건에서도 알 수 있듯 이들의 곤궁하고 급박한 처지를 이용한 사기 범죄도 종종 발생한다. 외국인 노동자들의 돈을 사기 쳐 달아나는 용철에게 "동냥은 못 줘도 쪽박은 깨지 말랬다"고 말하는 방가의 항의가 와 닿는다. 영화는 또 베트남 출신 여성 노동자 장미가 공장 관리자로부터 신체적 접촉을 당하는 장면을 보여줌으로써 여성 외국인 노동자들이 실제 성적 피해를 입고 있음을 고발한다.

외국인 노동자들과 한국 사람들과의 알력으로 인한 폭력시비가 발생하고 있는 사실도 영화 속에서 간접적으로 언급된다. 장미에겐 단풍이란 이름의 아들이 있다. 그런데 단풍의 아버지는 한국 사람들과 싸운 뒤 베트남으로 도망갔다는 사실이 장미의 고백으로 드러난다. 장미는 방가에게 자신의 본명을 말하고 집에서 식사 대접을 할 만큼 호감을 느끼지만 한국 남자와 결혼해야 한다고 말한다. 아들인 단풍이가 한국 국적을 갖게 해야 하기 때문이다. 방가에게도 한국에 살고 싶으면 한국 여자와 결혼하라고 조언한다. 이 장면은 한국에서 외국인의 신분으로 살아가는 것의 어려움을 하소연한 대목이라고 하겠다.

이런 애환에도 불구하고 영화는 모두가 화합해 살아가는 미래지향적인 열린 사회에 대한 비전을 제시한다. 외국인 노동자들은 '아시아 브라더스'라는 이름의 그룹으로 노래대회에 출연한다. 아시아의 모든 노동자들이 형제라는 뜻의 그룹명이다. 실제 이들은 공장에서 형제처럼 지내며 불의와 차별에 항거하고, 만민 공동의 노동자 의식을 키워 나간다. 민족과 국민의 경계를 넘어 노동자로서의 권리와 지위 향상을 위한 공동의 목표를 향해 힘을 합쳐 나가는 것이다. 알리이고 장미이고 마이클이고 찰리이지만 그들은 또한 재한 거주민으로서, 노동자로서 다원적인 정체성을 가진 사람들이다. 그들이 아카펠라로 화음을 넣어 부르는 노래 '찬찬찬'의 후렴구 '주루룩 주루룩'을 각 나라별로 '샬랄라', '샤르르', '뷰드', '라우', '나메' 등으로 부르는 장면은 제각기 발음은 다르지만 같은 뜻과 마음으로 연결돼 우리 모두 세계시민으로 살아가고 있다는 메시지를 전달한다.

영화에서 외국인 이주노동자들이 합창대회에 참가하는 장면이 나오지만, 실제 우리 주변에서 외국인 이주노동자로 구성된 밴드가 결성된 경우도 있다. 스리랑카 출신 노동자 11명은 2016년 9월 음악 밴드 '네비게이션'을 결성했다. 이들은 경남 김해의 연습공간에서 미처 이루지 못한 음악의 꿈을 이뤄 나가고 있다. 이들은 경남 고성과 대구에서 달려와 연습에 참가하기도 하는데, 이들은 김해 분청도자기 축제 개막식 축하공연에 출연했다.

부산 사상공단과 경남 김해의 공장지대에도 많은 이주노동자들이 살고 있다. 부산에서 발행되는 지역잡지 『안녕 광안리』는 2014년 마지막 호의 주제를 '낙동강 디아스포라'로 잡아 이야기를 전했다. 개항과 한국전쟁, 산업화 시대를 거치면서 급속히 팽창한 부산은 주민 대다수가 고향을 떠나 이곳으로 이주한 '떠돌이'들의 도시라는 점에 착안해 부산에서 가장 많은 해외 이주민들이 살고 있는 사상지역에 주목한 것이다. 부산시에 따르면 2016년 말 현재 부산에 거주하는 외국인의 수는 4만 8358명으로 부산시 전체 인구의 1.4%에 이르며, 이 가운데 중국인(한국계 중국인 포함)이 1만 6045명으로 최다를 기록했다. 이 밖에 베트남, 미국 등 다양한 국가 출신의 취업 이주노동자들과 유학 · 결혼이민자들이 부산에서 살아가고 있다.

이제 다문화는 우리 곁의 일상적 풍경이 됐다. 인종과 국적이 다른 사람들이 우리 이웃으로서 민족과 국가의 경계를 넘어 어울려 살아가고 있다. 종교와 민족과 문화의 다름과 차이를 인정하지 않고 타자에 대한 증오와 혐오를 내재화하는 일은 위험천만이다. 정체성 신념에서 비롯된 혐오와 갈등은 폭력을 잉태하기 때문이다. 다문화 사회 세계시민으로서의 실존적 시야를 넓혀 가야 한다. 함께 사는 세상을 향한 진취적이고 전향적인 태도가 요구되는 때이다.

## 결혼이주여성과 다문화가정 :
### 영화 〈완득이〉, 〈파이란〉

국제결혼을 통해 한국으로 이주한 결혼이주여성들은 한국 생활에 정착하지 못하고 어려움을 겪는 경우가 많다. 여성가족부 주관으로 각 지방자치단체에 이주여성 긴급지원센터가 운영되고 있다. 1990년대 이후 꾸준히 농촌 남성들과 동남아 여성들 사이에 국제결혼이 늘어나면서 다문화가정은 한국 사회의 일반적 형태로 떠올랐다. 결혼이민자 중 대부분을 차지하는 결혼이주여성들은 이주 초기에는 자국 문화와 한국 문화의 차이, 언어 소통의 어려움, 생활습관 및 사고방식의 차이를 극복하지 못해 갈등을 겪는다. 한국 문화나 예절을 익히는 과정의 어려움은 물론 한국 특유의 가부장적인 문화와 가족 내 며느리의 역할, 시어머니와 남편의 관계에 대한 몰이해 등도 갈등을 초래하는 요인이다. 무엇보다 '못사는 나라에서 돈에 팔려 왔다'는 편견과 차별로 인해 극심한 스트레스를 받기도 한다.

한국에 온 결혼이주여성들은 실제로 경제적 어려움으로 인해 불만족을 경험하고 있는 것으로 조사되고 있다. 의료 · 주거 등 생계비 부담은 물론 우리 사회 특유의 높은 사교육비를 감당하기 힘들어 빈곤을 경험하고 있다는 것이다. 이는 대부분의 다문화가정이 농촌에 있거나 도시 빈곤층에 속한 경우가 많아 사회경제적으로 취약하기 때문이다.

다문화가정의 가족 구성원 상호 간에도 사회적 편견과 배타적인 분위기, 경제적 어려움 등으로 부부간, 부모와 자녀 사이의 관계에 어려움을 호소하고 있는 실정이다. 남편이나 시댁 식구들이 외국에서 시집온 여성을 진정한 사랑과 이해로 대하는 것이 아니라 가정생활 유지의 방편쯤으로 치부하는 행태도 갈등을 유발하고 있다. 이와 같은 이유들로 부부가 헤어지거나 결혼이주여성들이 가정을 버리고 도주했다는 소식이 간혹 들려온다.

다문화가정 관련 영화 두 편을 소개한다. 이한 감독의 〈완득이〉(2011)와 송해성 감독의 〈파이란〉(2001). 이 두 편의 영화는 결말이 각각 해피엔딩과 비극으로 끝나지만, 결혼이주와 관련된 여러 문제들을 잘 보여 주는 드라마라는 점에서 공감을 불러일으킨다.

먼저 이한 감독의 〈완득이〉를 보자. 고등학생 완득(유아인 분)은 카바레에서 춤추는 꼽추 아버지, '머리가 약간 모자란' 민구 삼촌과 함께 3명이서 살아간다. 민구 삼촌은 남이지만 식구처럼 지내는 사이로, 카바레에서 해직된 아버지와 함께 시골 장터를 떠돌며 장사를 한다. 완득은 사사건건 자신에게 관심을 보이며 간섭하는 학교 담임 선생 동주(김윤석 분)로부터 필리핀인 어머니의 존재와 그녀가 성남 시장 식당에서 일하고 있다는 사실을 알게 된다. 어머니는 17년째 아버지와 떨어져 살고 있지만 아직 이혼은 하지 않은 상태다.

동주 선생은 자신이 다니는 동네 교회의 외국인 노동자 사랑방을 통해 완득 어머니의 소식을 알게 돼 완득과 연결시켜 준 것이다. 완득의 어머니는 완득을 찾아와 만난 뒤 내왕을 하게 되고 아버지와의 관계도 회복돼 다시 가정을 꾸리게 된다는 것이 영화의 줄거리다.

하지만 이 과정에서 다문화가정의 많은 문제점들이 노출된다. 완득의 아버지와 어머니가 헤어진 이유는 한마디로 이해 부족과 편견

결혼이주여성,
편견과 차별에 시달려
다문화가정은
우리 곁의 정다운 이웃

때문이다. 아버지는 어머니와 왜 헤어졌느냐는 완득의 물음에 "카바레에서 춤추는 걸 이해하지 못했다"고 대답한다. 또 결혼이주여성에 대한 주변의 편견에 대해서도 말한다. "업소 사람들이 그녀를 무슨 팔려 온 하녀 취급하는 게 싫었다"는 것이 헤어진 이유의 하나다. "그 사람 나라가 가난해서 그렇지 거기서 배울 만큼 배운 사람"이라고 덧붙이는 아버지의 첨언에 안타까움과 애정이 묻어난다.

문화의 차이와 사회적 편견 등으로 해체된 다문화가정 구성원들의 가슴에는 이별의 아픔과 상처가 고스란히 남는다. 젖을 떼자마자 집을 나간 완득의 어머니가 17년 만에 완득을 다시 만나 처음 한 말은 "잘 커줘서 고마워요"라는 말이고, 처음 건넨 편지 내용은 "미안해요. 잊지 않고 살았어요. 많이 보고 싶었어요. 나는 나쁜 사람이에요. 정말 미안해요"라는 회한이다. 어머니가 아들에게 높임말을 쓰면서 미안하고, 고맙고, 자신은 나쁜 사람이라고 자책하는 말과 글을 남길 수밖에 없는 이런 상황들이 다문화가정의 한 단면으로 자리 잡고 있는 것이다.

아무런 장래 꿈도 없이 지내던 완득은 이즈음 동네 교회에서 기거하는 인도사람 하산의 소개로 킥복싱을 배우게 되는데, 어느 날 하산 부부가 불법체류자로 붙잡혀 추방되는 사건이 발생한다. 동주 선생도 경찰에 붙들려 가는데, 사실은 동주 선생이 이 교회를 사서 사랑방을 운영하며 불법체류 외국인 노동자들을 먹여 주고 재워 줬기 때문이다. 이 사건으로 외국인 노동자들의 불법체류 사실을 악용해 잇속을 차리는 악덕 고용주 사례가 불거지고, 부상당한 외국인 노동자에 대한 부당한 대우가 성토되기도 한다. 바로 동주 선생의 아버지가 그런 사람으로 등장한다. 그는 판금하다 손가락이 잘린 베트남 여성을 치료해 주지도 않고 보상금도 주지 않은 채 돌려보낸 비정한 고용주로 아들인 동주 선생과 대립각을 세운다.

이런 현실에도 불구하고 완득의 가정에 희망의 빛이 스며든다. 그 빛은 교회 다문화센터로부터 흘러나온다. 동주 선생은 다문화교실을 열어 인종이나 민족, 정상인이나 장애인을 막론하고 한 동네 사람들이 다함께 어울려 살아가는 세상을 기획한다. 댄서 출신인 완득의 아버지는 댄스 수업 이론을, 민구 삼촌은 댄스 실습을 담당키로 했다. 필리핀인 여성인 완득의 어머니는 외국인들에게 요리강습을 하게 됐고, 무협소설 작가인 옆집 호정 누나는 한글 교육을 맡았다. 사사건건 이웃과 반목하던 호정 누나의 오빠는 화가의 실력을 살려 다문화센터 벽화 그리기에 여념이 없다. 완득의 여자 친구인 '공부 1등' 윤하도 다문화센터 일을 돕는다. 모두가 자신의 개성과 재능을 살려 더불어 살아가는 이상적인 풍경이다.

떠돌이 장사꾼 등 사회의 아웃사이더, 장애인, 주변부 소외 계층, 학교 교사와 공부 1등 학생, 외국인 노동자, 결혼이주여성 등 모든 이웃이 함께 어울려 살아가는 혼종과 교섭의 장으로서 영화 속 다문화센터는 상징적 의미를 갖는다. 다양한 인종과 민족, 국적, 사회계층의 경계를 넘어 함께 살아가는 글로벌한 세계의 축소판을 보는 것 같다.

하지만 〈완득이〉의 해피엔딩과는 달리, 실제로 다문화가정의 아이들은 학교나 사회에서 편견과 냉대에 시달리는 경우가 많다고 한다. 이들로부터 꿈과 희망을 빼앗는 것은 우리 사회의 건전한 발전을 위해서도 좋지 않은 일이다. 다문화가정의 청소년들이 우정과 화합보다 갈등과 증오의 씨앗을 마음에 키운다면 우리 사회의 미래는 어두울 수밖에 없다. 이제 이들은 함께 우리 사회를 가꾸어 나갈 이웃이고 동료이다.

특히 다문화가정의 구성원들 중에서도 외국에서 부모를 따라 한국에 온 중도입국 자녀들의 문제는 더욱 심각한 실정이다. 중도입국 자녀는 한국인과 재혼한 결혼이민자가 외국에서 태어나고 성장한 자녀를 데려오거나 외국인 근로자가 한국에 오면서 데리고 온 미성년 자녀를 말한다. 이들은 외국 국적 청소년으로 법이나 국가 정책의 보호를 받지 못한 채 소외된 생활을 하고 있는 것으로 나타나고 있다. 국무총리실 산하 여성정책연구원에 따르면 국내에 1만 2000여 명의 중도입국 자녀가 있는 것으로 추산되며, 이 가운데 57% 정도가 학교에 다니지 않는다는 것이다. 학교에 다니지 않는 이유로는 학교생활 문화가 달라서, 학교공부가 어려워서, 돈을 벌어야 해서 등의 순으로 조사됐다. 한국말이 서툴고 반 친구들과 잘 어울리지 못하다 보니 학교 공부와 생활이 사실상 불가능한 것이다. 이들을 그대로 방치할 경우 사회에 대한 불만과 부적응으로 인해 사회문제를 일으킬 수도 있다. 중도입국 자녀들에 대한 지원을 강화하고, 대안학교에서 한글과 한국 문화를 가르친 뒤 학교에 보내는 시스템을 만들어

야 한다는 전문가들의 조언은 정책입안자들이 귀담아 들어야 할 내용이다.[4]

송해성 감독의 〈파이란〉은 희망을 찾아 한국에 온 중국 여인 파이란(장 바이즈 분)과 삼류 건달 강재(최민식 분)의 슬프고 안타깝고 아름다운 사랑 이야기다. 위장결혼과 좌절된 코리언 드림이란 소재는 일반적이지만 보는 이의 감성을 터치하는 요소들이 많고, 국내 거주 외국인에 대한 인식을 새롭게 하는 영화다.

인천에서 삼류 건달로 전전하는 강재는 친구 용식이 거느린 조직에서 오락실을 들락거리거나 나이트클럽 삐끼를 하는 등 별 볼일 없는 삶을 살고 있지만, 배 한 척을 구입해 고향으로 돌아가는 꿈을 꾸며 살아간다. 그러던 중 사건이 발생한다. 용식이 사람을 죽이게 되고, 용식은 강재에게 배 살 돈을 마련해 줄 테니 대신 잡혀 들어가 달라고 부탁한다. 고민 중인 강재에게 경찰이 찾아와 아내의 사망 사실을 전해 준다. 돈을 받고 위장결혼을 해 준 중국 여인 파이란이 죽었다는 것이다. 강재는 강원도 어느 바닷가 마을로 파이란의 장사를 지내기 위해 후배 건달 경수(공형진 분)와 함께 여행을 떠난다.

죽은 아내 파이란의 한국 여정을 따라가는 로드 무비 형식으로 전개되는 이 여행에서 파이란의 무너진 희망과 진정 어린 로맨스의 사연이 밝혀진다. 아무 희망도 없이 막 살아가던 강재는 그녀의 국적을 초월한 따뜻한 사랑의 온기를 느끼게 되고, 그녀의 마음이 담긴 마지막 편지를 읽고는 결국 바닷가에서 펑펑 울어 버린다.

파이란이 강재에게 쓴 편지는 두 통이다. 한 통은 파이란이 우편으로 보낸 편지로 "결혼해 주셔서 고맙습니다. 강재 씨가 결혼해 주셨기 때문에 한국에서 계속 일을 할 수 있습니다. 여기 사람들은 모

“

한국서 일하기 위해
위장결혼도 불사
‘희망의 땅’에 펼쳐진
비극의 로맨스

두 친절합니다. 바다도 산도 아름답고 우아합니다. 계속 여기서 일하고 싶습니다. 감사합니다”라는 내용이다.

파이란은 어머니가 돌아가신 후 사고무친이 되자 한국에 나와 있는 이모를 찾아 인천으로 왔지만 이모는 캐나다로 이민 간 후였다. 그녀는 무작정 들어간 인력소개소의 중국인 취업 창구를 통해 불법체류를 피하기 위한 위장결혼을 하게 되고, 그 비용에 들어간 빚을 갚기 위해 노래주점 종업원 취업을 알선받는다. 하지만 면접 중 병으로 피를 토하는 바람에 강원도의 바닷가 마을 세탁소로 가게 된 것이다. 그녀는 빚을 갚기 위해 빨래 등 허드렛일을 하는 시골 생활을 시작하지만 한국에서 일할 수 있게 된 것을 감사하고 있음이 편지에 잘 나타나 있다. 강재와의 결혼도 위장결혼임에도 진짜 결혼인 것처럼 의미를 부여하고 있음을 알 수 있다.

두 번째 편지는 병이 악화돼 병상에서 쓴 유서에 가깝다. 이 편지는 파이란이 죽은 후 강재가 파이란이 살았던 집을 찾았을 때 세탁소 여주인이 전해 준 것이다. “강재 씨에게. 이 편지를 보셨다면 저를 보러 오셨군요. 감사합니다. 하지만 저는 죽습니다. 너무나 잠시였지만 강재 씨의 친절 고맙습니다. 강재 씨 좋아하게 됐습니다. 혼자라는 게 너무나 힘들게 됐습니다. 당신은 항상 웃고 있습니다. 강재 씨가 가장 친절합니다. 나와 결혼해 주셨으니까요. 내가 죽으면 만나러 와 주실래요. 당신의 아내로 죽는다는 것 괜찮습니다. 당신에게 줄 수 있는 거 아무것도 없어서 죄송합니다. 세상 그 누구보다 사랑하는 강재 씨. 안녕." 그녀는 소중하게 간직하고 있던 강재의 증명사진을 보며 그에 대한 사랑을 키워 왔던 것이다.

사실 그녀는 다시 병이 도지자 자신을 관리해 온 그 지역의 직업소개소 소장에게 병 치료를 위해 5개월만 채무 변제를 유보해 달라고 요구하지만 거절당한다. 또 강재를 만나기 위해 인천으로 찾아가지만 마침 그때 강재는 경찰에 붙들려 가는 바람에 잠시 스치기만 했을 뿐, 제대로 만나지도 못한다. 그것이 사실상 두 사람의 처음이자 마지막 만남이 된다. 강재는 뒤늦게 그 사실을 깨닫는다.

강재는 유골을 안고 인천으로 돌아가지만 친구인 용식에게 대신 잡혀 들어가지 않겠다고 말한다. 파이란이 남겨 준 순수한 사랑의 세례를 받은 탓인지 도시에서의 헛된 욕망을 버리고 고향으로 내려가기로 결심한 것이다. 하지만 그의 새 출발은 좌절되고 만다. 고향으로 내려갈 짐을 챙겨 놓은 채, 파이란이 생전에 바닷가에서 자신에게 보여 주기 위해 찍은 비디오 영상을 시청하고 있던 강재는 용식이 보낸 조직원에 의해 살해당한다. 그리고 그의 마지막 순간을 지킨 건 다름 아닌 파이란의 유골이었다.

마치 한 편의 시처럼, 동화처럼 스며드는 파이란과 강재의 슬픈 사랑 이야기는 위장결혼으로 한국에 들어온 외국인 여성 디아스포라의 신산한 여정을, 그 희망과 좌절의 궤적을 어떤 웅변적인 외침보다 더 가슴 먹먹하게 잘 그려내고 있다. 두 사람이 손을 맞잡고 "사랑에 국경이 어디 있고, 만남에 무슨 조건과 경계가 있느냐"고 웃으며 말하고 있는 듯하다.

## 낯선 존재가 되어 버린 그들, 탈북자 :
### 영화 〈무산일기〉

타인에 대한 혐오와 증오는 어디에서 비롯되는 것일까. 나와 같지 않은 다른 사람을 인정하기 싫고 두려워하는 감정, 나의 생각만 옳다는 신념에서 온갖 언행의 폭력이 잉태된다. 전 교육부 관리의 "민중은 개돼지"라는 특권적 발언이 그래서 나왔고, 강남역 '묻지 마 살인'의 심리도 여성 차별과 혐오에서 비롯된 측면이 있다.

같은 민족이지만 이념과 체제의 분단선에 가로막혀 살아온 수십 년의 세월은 대한민국 국민과 북한 주민 사이를 심리적으로도 갈라놓았다. 마치 이질적이고 흉악한 적을 마주하고 있는 것 같은 적의와 두려움을 느끼기도 한다. 하지만 남과 북의 땅에는 아직도 만나지 못한 이산가족들이 눈물의 상봉을 기다리고 있다. 최근에는 많은 북한 이탈주민들이 중국과 제3국을 거쳐 대한민국으로 망명해 오고 있다. 이제는 '같은 민족, 다른 국민'의 정체성 혼란을 극복해 가는 새로운 삶의 방식이 요구된다.

2016년 4월 중국 저장 성 닝보에 있는 북한식당 종업원 10여 명이 집단 탈출, 한국으로 입국해 세간의 관심을 모았다. 이들은 북한 핵실험에 대한 국제사회의 제재로 경영난을 겪게 되고 북한 송금이 어려워지자 문책을 피하기 위해 탈출을 감행한 것으로 알려졌다. 여러 경로를 통해 한국으로 입국하는 북한 주민의 수는 2002년 이후 본격적으로 증가했다. 2015년 현재 한국에 입국한 탈북자 수는 총 2만 8

천여 명이며, 이 가운데 한국에 살고 있는 탈북자는 2만 6천여 명에 이른다고 한다.

그렇다면 탈북자들은 같은 민족이 사는 한국 땅에서 행복하게 살고 있을까. 실정은 아닌 것 같다. 탈북자 지원재단인 남북하나재단이 실시한 실태조사에 따르면 응답자 4명 중 1명은 북한 출신이라는 이유로 한국에서 차별이나 무시를 당한 경험이 있다고 답했다. 이들은 탈북자 전체를 잠재적 간첩 또는 범죄자로 보는 한국 사회의 편견과 멸시, 차별에 시달리고 있는 것이다.

박정범 감독의 〈무산일기〉(2011)는 탈북자들이 탈북자라는 꼬리표 때문에 한국 사회에서 제대로 된 일자리를 얻지 못한 채 생존경쟁을 위해 몸부림쳐야 하는 냉혹한 현실을 영상화한 작품이다. 탈북자들은 정착 지원금을 받지만 임대아파트 보증금 등을 내고 나면 생활을 유지하기도 힘든 형편이다. 영화 속에서 탈북자들은 시급 4천~5천 원을 받고 배달 등 허드렛일을 하며 살아가는 것으로 나온다. 친구 경철의 임대아파트에 얹혀사는 승철은 포스터를 붙이고 노래방 아르바이트를 하며 근근이 삶을 지탱한다. 전단지를 돌리는 다른 패거리에게 구역을 침범했다는 이유로 일방적 폭행을 당하기도 한다. 승철에게 낙이 있다면 일요일마다 교회에 가서 성가대원 숙영을 바라보는 일이다.

영화는 탈북 브로커가 낀 탈북시스템의 실상을 엿보게 한다. 탈북자들은 북한에 남아 있는 가족을 데려오기 위해 경철을 통해 중국 내 탈북 브로커인 경철의 삼촌에게 돈을 부치지만, 경철의 삼촌이 중국 공안에 체포되는 바람에 피 같은 돈을 떼이게 된다. 이는 북한 주민을 중국으로 빼내 한국으로 데려오는 브로커가 암약하는 탈북 중

“

국내 유입 탈북자
생존경쟁 위해 몸부림
범죄 노출 등 정착 힘겨워
정체성 혼란

개시장이 있다는 사실을 말해 준다.

승철의 담당 형사는 승철에게 취업할 만한 공장을 소개해 주기도 하고, 그를 교회 기도모임에 데려가기도 한다. 사회적응 교육시설인 하나원을 나온 탈북자들에 대한 국가차원의 관리체계가 가동되고 있는 것이다. 실제 북한이탈주민은 일정 기간 동안 주소, 직업 등 신상변동 사항을 당국에 신고하게 돼 있는 것으로 알려져 있다.

탈북자들은 반북정치활동에 동원되기도 한다. 경철이 안보 강연으로 생활비를 번다든지, 탈북자들이 북한에 삐라를 뿌리는 뉴스 등 영화 속 장면들이 그러한 사실을 보여 준다. 경철은 아메리칸드림을 꿈꾼다. 한국 사회에 정착하지 못한 채 미국으로 가고 싶어 하는 경철에게 미국 성인잡지와 양주는 아메리칸드림의 표상이다. 실제 탈북자들 가운데 한국에서 희망을 찾지 못하고 이민을 가거나 위장 망명을 위해 난민 신청을 한 이들이 적지 않다고 한다. 북한으로 되돌아간 경우도 있는 것으로 전해진다.

승철은 정직하게 살아가려고 하지만 결국 살아남기 위해 전단지를 돌리는 다른 패거리의 폭력에 항거해 반격에 나선다. 경철이 미국에 가기 위해 모아 두었던 돈을 가로채기까지 한다. 그는 거리에서 주운 진돗개와 풍산개의 혼종 백구를 애지중지한다. 남북 어느 쪽에도 적응하지 못하는 자신의 처지와 비슷해서 그랬을 것이다. 이 백구는 잡종이라는 이유로 애견센터에서 매매가 되지 않는 신세다. 백구가 차에 치여 죽는 마지막 장면은 정체성 혼란을 겪고 있는 탈북자들의 앞길이 순탄치 않을 것임을 암시한다. 감독은 영화 내내 들려오는 찬송가와 기도 소리를 통해 신으로부터의 구원을 바라는 듯도 하다.

탈북자들의 범죄율은 높은 게 사실이다. 살인, 폭력, 강간 등 강력범죄율이 한국인의 평균 범죄율보다 높고 재범률도 매우 높은 것으로 나타나고 있다. 부부싸움 도중 자신의 아이를 목 졸라 살해했다거나 동업자를 흉기로 잔인하게 살해한 탈북자가 중형을 받았다는 소식이 전해지기도 한다. 대량의 필로폰을 국내로 몰래 들여와 유통시킨 탈북자들이 마약사범으로 구속되기도 했다. 이처럼 탈북자들이 범죄에 자주 노출되는 이면에는 경제적 이유가 잠재돼 있다. 탈북자들이 계속 늘어나는 바람에 이들이 받는 정착지원금은 임대주택 보증금을 빼고 나면 한국에서의 새 삶을 시작하기에 턱없이 부족하다고 한다. 이 때문에 대부분의 탈북자들은 정상적인 경제생활을 영위할 수 없게 되고, 생계유지를 위해 범죄의 유혹에 쉽게 빠져드는 경향을 보인다는 것이다.

탈북자의 대부분은 비정규직으로 일하고 있으며, 빈곤층으로 전락해 일용직이나 각종 날품팔이로 생계를 이어가는 이들도 많은 실정이다. 일부 탈북자들은 안보 강연 또는 종교단체 간증에 나서거나 방송에 출연해 북한체제를 비판하는 일을 하는 경우도 있다. 내북전단을 살포하는 등 반북 정치활동에 직접 참여하기도 한다. 이 같은 행위들은 탈북자들의 신념에 의한 정치적 행동일 수도 있겠지만, 대개는 생계형 활동으로 볼 수 있다.

탈북 여성들 중에는 유흥업소를 전전하거나 성매매에 빠지는 경우도 있다. 무용수 출신 탈북 여성이 안마시술소 등 유흥업소를 떠돌다 투신자살한 사건이 언론에 보도되기도 했다. 여성가족부가 2014년 탈북 여성 140명을 대상으로 실시한 한 조사에 따르면 유흥업소 종사 비율이 11.4%로 나타났으며, 성매매 권유를 받은 비율은 무려 30%나 됐다. 2015년에는 마약을 투여한 뒤 성매매를 알선한 탈북자와 성매매를 한 탈북 여성 4명이 입건되는 사건도 발생했다. 고용불안으로 경제적 어려움에 처한 탈북 여성들이 다양한 범죄에 노출되고 있는 것이다.

생활의 곤궁 등 극단적인 상황으로 내몰린 탈북자들은 극도의 불안과 우울증에 시달리고 있으며, 심지어 자살을 생각하거나 시도한 경우도 드물지 않다고 한다. 인권 박해와 경제적 어려움을 피해서 한국으로 온 북한이탈주민들이 한국에서도 희망을 찾지 못하고 낙오자로 전락하는 냉혹한 현실이 안타까울 따름이다. 이방인 취급을 받는 동족에 대한 우리 사회의 태도와 대책을 되돌아볼 때다. 탈북자는 우리에게 과연 누구인가. 불과 몇십 년 전까지만 해도 한겨레로 살아왔던 그들이 이제는 디아스포라의 비애를 간직한 채 살아가야 하는 낯선 존재가 돼 버린 현실이다.

## 조선족에 대한 오해와 편견 :
### 영화 〈황해〉

한 사람의 정체성을 단 하나의 소속으로 환원시키는 일이 과연 가능할까. 대한민국의 가게에서 종업원으로 일하는 조선족 여성 A 씨를 보자. 그녀는 국적은 중국이지만 우리와 피를 나눈 동포이며 현재는 대한민국 땅에서 터를 잡아 살아가는 이주민이다. 동시에 계약직 노동자이고, 여성이며, 누구의 아내와 어머니이기도 할 것이다. 또 신앙인일 수도 있으며, 자유와 행복을 갈망하는 한 인간이기도 하다. 그녀의 정체성은 복합적일 수밖에 없다.

『사람 잡는 정체성』의 저자 아민 말루프는 중동 출신이면서 기독교인이며, 모국어는 아랍어이지만 프랑스어로 글을 쓰는 다원적 정체성을 가진 사람이다. 그는 한 사람의 정체성을 단 하나의 소속으로 환원시키는 것은 사람들에게 편파적이고 파당적이며 불관용적이고 남을 지배하려는 태도를 심어 놓는 과격한 개념, 즉 '살인적인' 정체성이라고 파악한다. 그런 정체성을 가진 사람들은 상대방의 호소와 고통과 희생에 대해 그들의 입장에 서서 생각해 보려 하지 않고 오직 '우리 편'이라는 관점만 중요하게 생각한다는 것이다.[5]

간혹 언론을 통해 한국에 들어와 체류하고 있는 조선족이 저지른 범죄 기사를 접할 때가 있다. 하지만 조선족은 폭력적이고 위험하다는 편견이 일반적인 이미지로 굳어지는 건 우려스러운 일이다. 오히려 우리가 그들에게 곁을 내주지 않고 있는 것은 아닌지 성찰해 봐야 한다. 대부분의 조선족 이주민들은 건실 현장이나 공장, 식당 등에서 열심히 일하며 살아가는 우리 곁의 이웃이다. 한국 국적을 취득해 이 땅에 터를 잡는 이들도 있다. 현재 한국에는 70만 명이 넘는 조선족(한국 국적 취득자 포함)이 살고 있다.

나홍진 감독의 〈황해〉(2010)에 나오는 주인공 구남(하정우 분)은 옌볜 조선족자치주에서 택시 운전사로 살아가고 있다. 한국에 돈 벌러 간 아내를 대신해 구남의 어머니가 구남의 딸을 키우고, 자신은 택시 운전을 하며 어렵게 생계를 이어가는 신세다.

구남은 아내의 비자를 받기 위해 얻은 빚더미에 올라앉아 사채업자들에게 시달리고 있다. 일확천금을 노리고 마작을 해 보기도 하지만 오히려 돈을 잃기만 한다. 그러던 중 살인청부업자 면가(김윤석 분)로부터 한국에 가서 사람을 죽이고 오면 빚을 갚아 주겠다는 제의를 받는다. 그는 빚도 갚고 연락이 끊어진 아내를 찾아보기 위해 밀항선을 타고 황해를 지나 한국으로 건너온다. 하지만 복잡한 사연의 살인사건에 연루돼 누명을 쓴 채 경찰과 폭력배들로부터 쫓기는 신세가 된다. 천신만고 끝에 상처를 입은 채 어선을 타고 중국으로 돌아가려 하지만 항해 도중 배 위에서 쓸쓸히 죽어 간다. 그의 곁에는 딸의 사진 한 장만 덩그러니 남는다.

이 과정에서 벌어지는 사건들은 한국 땅에서 조선족이 살아가는 실상을 웅변적으로 보여 준다. 영화는 밀항과 불법체류, 식당에서 일하는 조선족 여성 등 조선족 이주민들의 고단한 삶의 모습을 가감 없이 그려내고 있다. 한국으로 넘어오는 과정에서 구남이 브로커에게 사기를 당하는 에피소드도 들어 있다. 조선족 여성이 한국인 남성에 의해 살해당하는 살인 사건도 발생한다. 조선족을 대하는 멸시

"
한국행 조선족의 '로드 무비'
국내체류 급증
포용대책 필요

의 눈길과 비인격적인 차별과 천대의 언행은 다반사다. 이권 다툼을 위해 조선족 폭력배들이 단체로 한국에 건너와 한국 폭력배들과 생사를 건 집단 패싸움을 벌이는 광경은 낯설고 비현실적이다. 하지만 이 같은 장면들은 조선족이 아직까지도 한국 사회에서는 이질적이고 낯선 이방인으로, 폭력적 존재로 각인돼 있다는 사실을 말해 준다.

조선족은 대체로 자신을 중국인이라고 생각하지만, 경제적 어려움과 중국 내 교육과 취업의 한계 때문에 너도나도 한국행을 택하고 있다. 조선족 남성들은 대부분 건설현장의 일용직 노동자로, 여성들은 식당 종업원이나 가사도우미 등 서비스직 노동자로 일하고 있다. 이들이 한국에 정착하는 과정에서 폭력 등 각종 범죄에 노출되거나 치정살인에 연루되는 장면 등이 영화 속 곳곳에 등장하는 것은 실제 현실을 반영했다고 볼 수 있다.

조선족은 우리 민족이지만, 국적 개념으로 엄밀히 말하면 중국인이다. 중국 내 55개 소수민족 가운데 하나이다. 이들 조선족은 조선

후기 만주 간도(間島) 지역에 살던 토착민들의 후손, 구한말과 일제강점기에 일제의 수탈로 인한 곤궁한 생활을 피해 한반도를 떠나 만주지역으로 이주해 갔거나 독립운동을 위해 고국을 등졌던 이들의 후예들이다. 이들은 대부분 지린(吉林) 성, 랴오닝(遼寧) 성, 헤이룽장(黑龍江) 성 등 중국 동북 3성에 거주하고 있다.

1992년 한국과 중국이 공식 수교한 이후 한국으로의 이주가 크게 늘어났다. 중국 동북 3성의 조선족은 한때 200만 명에 달했지만 산업화에 따른 이주 현상으로 주민들이 중국의 대도시와 한국 등 외국으로 떠나 버리고 지금은 대략 40~60만 명 정도밖에 남아 있지 않은 것으로 추정되고 있다. 중국에서 조선족이 가장 많이 거주하는 지린 성 옌볜조선족자치주조차도 농촌 마을들이 해체 위기를 맞고 있는 실정이라고 한다. 옌볜은 지린 성의 동남부에 위치해 있으며, 일제강점기 때 독립운동과 민족교육의 근거지였던 곳이다. 중국 정부의 소수민족 정책에 따라 1955년 조선족자치주가 됐다.

1945년 8월 광복 당시 200만 명이 넘었던 동북 3성의 조선족은 광복 직후 절반 정도가 고향으로 돌아가면서 한때 중국의 조선족 인구가 크게 줄어든 적이 있다. 그 이후 다시 인구가 증가했으나 1990년대 이후 경제적 이유의 노동력 이동으로 또다시 인구가 급감하게 된 것이다. 많은 조선족이 한국으로 몰려들어 우리 사회에 적응하는 과정에서 폭력 등 사회문제가 발생하고 있다. 하지만 이들 대부분은 한국 땅에서 성실히 살아가는 우리 곁의 이웃이다.

한국에 돈 벌러 들어온 조선족 가정들이 위기에 직면하기도 한다. 중국의 개혁개방 정책 추진 이후 중국 내 대도시와 한국, 미국, 일본, 러시아 등으로 이주해 가는 조선족이 늘면서 조선족 사회는 인구의 노령화는 물론 가족이 오랫동안 떨어져 지내는 탓에 가정 파탄 등의 부작용이 발생하고 있는 것이다.

1988년 서울올림픽 이후 고향 방문과 1992년 한·중 수교 이후 대규모 노동이주, 유학 등의 목적으로 조선족의 한국 체류가 급증했다. 2007년부터 우리 정부는 중국 동포와 구소련 지역의 동포가 한국에 연고자가 없어도 자유 왕래하며 취업할 수 있도록 방문취업제를 시행하고 있다. 이로써 조선족을 비롯한 재외 동포에게는 고용허가제와 달리 방문취업제를 통해 한국 왕래의 자유가 부여됐고, 이들이 취업할 수 있는 분야도 확대됐다.

한국 거주 외국인 174만 명 가운데 조선족은 70만 명 정도로 제일 많다. 수적으로도 비중이 높을 뿐만 아니라 같은 뿌리를 가진 우리 민족이라는 점에서 보다 폭넓은 수용 대책 마련이 절실하다. 취업 여건 등 생활 전반에 걸친 세밀한 포용 정책과 국적 취득 요건 등 관련 제도 전반에 대한 재검토가 이뤄져야 하겠다. 성숙한 다문화 사회로 이행해 가는 과정에서 조선족에 대한 관심과 배려는 피해 갈 수 없는 과제이다.

## 농민공과 보트피플 :
### 영화 〈첨밀밀〉, 〈영웅본색 3〉

지중해는 근년 들어 '난민의 무덤'으로 불린다. 전쟁의 참화를 피해 리비아 해안에서 보트를 타고 지중해를 건너던 난민들이 바다에 많이 빠져 죽고 있기 때문이다. 유럽에서 반(反)난민 정서가 확산되고 밀입국 제재가 강화되면서 터키와 그리스 루트를 통한 유럽 밀입국이 어려워지자 지중해의 해로를 통해 탈출을 감행하다가 이 같은 참변을 당하고 있는 것이다. 1975년 베트남 공산화로 양산된 보트피플의 기억이 겹쳐지는 처참한 광경이다. 1990년대에는 발칸 반도 사태와 르완다 분쟁으로 수백만 명의 난민이 발생했다. 가난과 독재와 전쟁이 낳은 이산(離散)의 행렬, 디아스포라(Diaspora)이다.

디아스포라는 원래 그리스의 정원 가꾸기와 관련이 있는 용어로, 종자를 뿌리거나 분산하는 것을 의미한다. 유대인들의 예루살렘 추방과 바빌론 망명 등 역사적 경험을 거치면서 디아스포라라는 용어는 상실, 추방, 고난 등과 연관성을 갖게 된다. 이후 아프리카에서 아메리카 대륙으로 노예로 끌려간 '블랙 디아스포라' 등 고전적 형태의 디아스포라는 강제 이동과 국외 추방, 불가능한 귀환에서 비롯되는 상실감 등을 특징으로 삼게 된다.[6]

재일한인 학자 서경식은 디아스포라를 '근대의 노예무역, 식민지배, 지역 분쟁 및 세계전쟁, 시장경제 글로벌리즘 등 외적인 이유에 의해 대부분 폭력적으로 자기가 속해 있던 공동체로부터 이산을 강요당한 사람들 및 그들의 후손'이라고 정의한다.[7] 서경식의 이 정의에 따르면 재일조선인 · 한국인, 즉 재일한인은 일제 식민지배의 역사적 결과로 구 종주국인 일본에 거주하게 된 조선인과 그 자손이다.[8] 같은 맥락에서 보트피플은 인도차이나 반도에서 발생한 베트남전쟁의 결과로 고국을 떠날 수밖에 없었던 디아스포라 난민에 해당된다.

중국에서도 이 같은 의미의 디아스포라가 발생했다. 중국은 덩샤오핑의 개혁개방 정책 이후 시장경제를 용인하며 탈이데올로기적인 경제노선을 걷는다. 특히 1991년 구소련 해체와 탈냉전의 분위기 속에서 전 세계적인 신자유주의 경제체제의 물결을 타고 중국에서 많은 사람들이 홍콩과 뉴욕 등 세계적인 자본주의 도시로 흘러 들어가게 된다. 이들 역시 시장경제 글로벌리즘의 거대한 구조가 양산한 디아스포라 이주민인 것이다.

첸커신(陳可辛) 감독의 〈첨밀밀(甛蜜蜜)〉(1996)은 대만 출신의 여가수 덩리쥔(鄧麗君)이 부른 히트곡 '첨밀밀'을 제목으로 가져온 영화다. 첨밀밀은 달콤함이란 뜻이다. 그런데 영화 〈첨밀밀〉의 러브 스토리는 그렇게 달콤하지만은 않은 삶의 우여곡절을 담고 있다.

남자주인공 리샤오쥔(리밍 분)과 여자주인공 리차오(장만위 분)는 돈벌이의 부푼 꿈을 안고 각각 중국에서 홍콩으로 건너온다. 우연히 만난 두 사람은 서로를 의지하며 이국땅에서 꿈과 사랑을 키워 가지만, 타향살이의 현실은 만만치 않다. 리차오는 맥도널드 점원과 영어학원 청소원을 하며 힘들게 모은 돈으로 덩리쥔 카세트테이프 판매와 주식 투자, 경마를 해 보지만 모두 실패하고 안마시술소까지 흘러 들어간다. 안정된 삶을 갈망하던 그녀는 결국 거기서 만난 암흑가의 보스 바오거를 선택해 경제적 부를 누리지만, 그의 도피생활을 따

> 홍콩으로 돈 벌러 온
> 중국 남녀의 운명적 사랑
> 고독하고 버거운
> 디아스포라 삶 속 새 풍속도

라 미국의 뉴욕까지 가게 된다. 하지만 바오거는 어이없게도 동네 깡패들에게 살해당하고, 그녀는 비자 만료로 강제 출국되는 과정에서 탈출, 관광가이드를 하면서 다시 홀로서기에 나선다.

리샤오쥔은 고향의 애인을 홍콩으로 데려와 결혼한다. 하지만 리차오를 잊을 수 없어 그녀를 다시 만나게 되고, 그녀에 대한 사랑을 아내에게 고백한다. 그는 리차오가 바오거를 따라 타지로 떠나 버리고, 의지하던 고모마저 병으로 죽자 아내와 헤어져 뉴욕으로 건너가 요리사로 일한다. "인연이라면 어떻게든 만날 것"이란 영화 속 대사처럼, 두 사람은 덩리쥔의 사망 사실을 알리는 보도가 흘러나오는 뉴욕의 한 전파상 앞에서 극적으로 조우한다.

영화는 홍콩과 뉴욕으로 이어지는 디아스포라의 고단한 여정을 따라가며 두 사람의 운명적 사랑의 발자취를 조명한다. 그 외에 윤락사업을 하는 리샤오쥔의 고모가 젊은 시절 잠깐 만난 적이 있는 미국 영화배우 윌리엄 홀덴을 평생 그리워하거나, 서양인 영어 강사 제레미가 몸을 팔다 에이즈에 걸린 태국 출신 창녀 제란을 위해 태국에 있는 그녀의 집까지 동행하는 모습 등 국경을 초월한 순수하고 순애보적인 사랑의 풍경도 보여 준다. 그런 면에서 이 영화는 '개똥밭' 같은 현실에서 피워 올린 향기롭고 달콤한 한 송이 어른동화 같기도 하다. 하지만 이들의 사랑에는 공짜가 없다. 많은 대가를 치른다. 고향을 떠난 디아스포라의 고독하고 버거운 삶 속에서 새로운 사건과 인연을 만나고, 자신의 인생이 애초 의도했던 방향과는 다르게 흘러가는 경험을 하게 되는 것이다.

고진감래의 영화 결말과는 달리 대도시로 이주한 중국 인민들의 실제 삶은 그렇게 낭만적이거나 녹록하지만은 않다. 일자리를 찾아 농촌에서 도시로 이주해 온 중국 노동자, 즉 '농민공(農民工)'의 불륜 동거가 사회문제가 된 지는 이미 오래다. 영화에서처럼 타향살이의 외로움을 달래기 위해, 또는 경제적 이유로 유부남과 유부녀 등이 서로 결합하는 임시부부가 성행하고 있는 것이다. 중국의 가파른 경제 성장과 산업화 진행에 따른 새로운 풍속도라고 할 수 있다.

쉬커(徐克) 감독의 〈영웅본색 3〉(1989)은 부제가 '석양의 노래(夕陽之歌)'로, 1975년 베트남 공산화 때의 사이공을 배경으로 펼쳐지는 화교 디아스포라의 고단한 삶을 멜로와 액션 화면 속에 잘 그려내고 있다.

마크(저우룬파 분)와 아민(량자후이 분)은 고향인 중국을 떠나 각각 홍콩과 베트남에서 이방인의 삶을 살아가고 있는 화교다. 마크의 아버지는 중국 본토에 남아 있지만 문화대혁명기의 혼란 때문에 찾아볼 수도 없는 형편이다. 마크는 베트남에 정착한 사촌 아민과 삼촌을 공산화 직전의 사이공에서 탈출시키기 위해 입국하던 중 공항에서 우연히 암흑가의 여성 주영걸(메이옌팡 분)을 만나 사랑에 빠진

“공산화 직전의 베트남
사이공 배경 액션 멜로
화교 디아스포라의
불안한 삶과
초월적 가족애

다. 주영걸의 옛 애인이자 보스인 하장청(도키토 사부로 분)은 1945년 일본군이 인도차이나에서 퇴각한 후 중국 이름으로 개명한 일본인이다.

마크는 사이공에서 한약재상 ‘인애당(仁愛堂)’을 운영하는 삼촌과 사촌 아민을 홍콩으로 탈출시키려 한다. 삼촌은 1949년 중국 공산화 이후 사이공으로 흘러 들어와 20여 년간 타향살이를 해 왔다. 하지만 삼촌은 자신을 홍콩으로 데려가려는 마크와 아들 아민에게 “돌아가면 뭘 하겠니. 1997년에 홍콩이 중국에 반환되면 다시 와야 할 텐데”라고 푸념한다. 이주 디아스포라인 그에게 사이공이든 홍콩이든 타향이긴 매한가지다.

이런 점에서 이 영화는 표면적으로는 공산화되기 직전의 사이공을 배경으로 한 액션 멜로드라마지만, 실제로는 홍콩반환을 문제 삼은 영화로 평가받고 있다. 특히 시위학생들이 잔인하게 진압당하는 장면은 영화가 제작된 1989년의 봄 베이징 톈안먼 광장의 기억을 떠올리게 하는 동시에, 1997년 중국으로 반환된 뒤에 겪을지도 모를

홍콩의 암울한 미래를 보여 준다는 것이다.[9]

마크는 주영걸의 도움을 받아 아민 부자와 함께 어렵게 홍콩으로 탈출한다. 하지만 삼촌은 마크를 없애려는 하장청의 비열한 공작에 희생당해 목숨을 잃는다. 마크와 아민은 원수를 갚기 위해 다시 베트남으로 들어가 탐욕스러운 정부군 및 하장청의 범죄 조직과 사투를 벌인다. 마크와 아민은 천신만고 끝에 결국 뜻을 이루지만, 이들을 도와주던 주영걸은 총격전 중에 치명적인 부상을 당하고 철수하는 헬기 안에서 마크에게 안겨 숨을 거둔다.

영화 장면 중에 흘러나오는 TV 방송은 베트남 난민들의 홍콩행 소식을 들려준다. 이른바 '보트피플'의 양산을 예고하는 장면이다. 이처럼 이산(離散)의 운명을 걸머진 디아스포라의 삶은 뿌리 없는 부초처럼 정처 없고 고달프다.

디아스포라의 상실감과 무력감은 영화 대사 속에서도 그대로 드러난다. 마크는 "우리 운명은 다른 사람이 쥐고 있다. 꿈은 도박이다. 이루지 못하면 실망이 크고 가슴이 아프기 때문에 꿈을 좇지 않는다"며 패배주의적인 태도를 보인다. 하장청은 "인간에겐 선택권이 없다"고 단언하며, 악인의 길을 걷는 자신의 삶을 정당화한다. 강압적 폭력과 집요한 소유욕은 그만의 생존 방식이다. 반면 마크와 주영걸은 생존을 위한 몸부림 속에서도 서로를 위해 희생하는 모습을 보인다. 사랑의 힘으로 자기 삶의 주체적 선택권을 회복하는 경험을 하게 되는 것이다.

이 영화에서 또 한 사람 주목할 만한 인물은 아민의 아버지가 데려다 키운 초팔이다. 그는 베트남전쟁 중에 부모와 헤어진 베트남인으로, 자신을 돌봐 준 아민 부자와 마크를 친부모형제처럼 의지한다. 나중에 군인이 된 초팔은 마크 일행이 복수를 위해 베트남으로 돌아왔다가 위기에 처하자 몸을 아끼지 않고 진심으로 이들을 도와준다. 민족 간 경계와 이념을 초월한, 가족보다 더 가족 같은 친밀한 관계 맺기는 신산한 디아스포라의 삶에 빛을 비춰 주는 희망의 메시지라고 할 수 있다. 이주노동자와 다문화가정이 우리 곁의 일상이 되어버린 요즘, 초팔과 마크 등이 보여 주는 초월적 가족애와 우정은 시사하고 있는 바가 크다.

보트피플은 베트남 공산화 전후로 보트나 어선을 이용해 베트남을 탈출한 난민들을 말한다. 베트남은 인도차이나 반도의 동부, 바다에 면한 지역에 위치한 지정학적 특성 때문에 역사적으로 외세의 침략과 지배에 시달려 왔다. 19세기에 프랑스의 식민지가 되어 프랑스령 인도차이나에 편입됐다가 제2차 세계대전 종전 이후에는 1954년부터 남베트남과 북베트남으로 갈라져 20여 년간 긴 통일전쟁을 치른다. 마침내 1975년 4월 30일, 북베트남 군과 남베트남민족해방전선(NLF)이 남베트남의 수도 사이공을 함락시킨다. 이로써 베트남공화국은 소멸하고 남베트남 임시혁명정부가 들어선다. 이후 북베트남의 공산정부는 NLF와 남베트남 임시혁명정부 등을 북베트남이 주도하는 베트남사회주의공화국에 흡수 통합해 통일된 정부를 수립하고 지금에 이른다.

베트남 통일전쟁 중 1960년대 중반에 남베트남의 공산화를 우려한 미국이 참전했고, 우리나라도 '월남에서 돌아온 김 상사'란 노래와 영화로도 잘 알려진 월남 파병의 떠들썩했던 기억을 갖고 있다. 하지만 구소련과 중국의 지원을 받은 북베트남의 승리로 전쟁은 끝이 났고, 사이공 함락 직전 월남 군인이나 정권의 협력자와 그 가족들이 통일된 베트남을 버리고 미국 등으로 탈출해 갔다. 동아시아 냉전체제의 극명한 실상을 잘 보여 주는 정치적 풍경이다.

베트남 통일 이후에도 많은 난민들이 정치·경제적인 이유로 베트남을 떠났고, 베트남-캄보디아 전쟁, 베트남-중국 전쟁의 영향 등으로 난민의 수는 계속 늘어났다. 보트피플은 상륙국에서 강제 송환되거나 아예 상륙을 거부당하는 고초를 겪기도 했다. 한국에도 부산에 베트남난민보호소가 있었으나 1993년 폐쇄됐다. 하지만 베트남이 자본주의시장 경제를 도입하면서 국내사정이 좋아지자 외국에 정착한 보트피플이 다시 베트남으로 돌아오는 경우도 있다고 하니 괄목상대할 변화라고 하겠다.

## 홍콩반환으로 인한 홍콩인들의 방황과 불안 :
### 영화 〈중경삼림〉, 〈아비정전〉

세계적인 관광 도시 홍콩은 중국 대륙의 남동부에 위치해 있는 중국의 특별행정구다. 과거에는 중국 광둥 성 신안 현(지금의 선전)에 속했는데, 아편전쟁과 난징조약(1842) 이후 영국에 할양돼 식민지가 되었다가 통치권이 1997년 중국으로 반환됐다. 중국은 홍콩을 사회주의 경제체제로 흡수하지 않고 '1국 2제' 방침에 따라 자본주의 체제와 자치권 등 자유를 최대한 보장해 줬고, 홍콩은 지금도 종전의 생활방식을 유지하며 세계적인 물류 · 금융도시의 명성을 이어가고 있다. 하지만 중국 반환을 앞둔 당시에는 홍콩 주민들의 불안과 방황은 심각했고, 그런 분위기는 영화에도 깊게 반영돼 나타났다.

밀란 쿤데라의 소설 『참을 수 없는 존재의 가벼움』을 읽는 것 같은 느낌을 받은 영화가 왕자웨이(王家衛) 감독의 〈중경삼림(重慶森林)〉(1994)이다. 역사의 수레바퀴 앞에서 벌어지는 네 남녀의 우연한 만남과 사랑, 그 운명에 관한 이야기란 점에서다.

사복경찰인 경찰223(진청우 분)은 만우절에 농담을 하며 갈라선 옛 애인과 헤어진 지 한 달이 되는 날이 자신의 생일이다. 그는 그날이 유통기한인 파인애플 통조림을 30일 동안 사 모은다. 파인애플 통조림은 옛 애인이 좋아했던 음식이다. 그는 그날까지 옛 애인에게서 연락이 없으면 그녀를 잊기로 마음먹는다. 그날이 다 돼도 그녀

"

우연한 사건 · 존재와 만남 계기
실연 경찰들
새로운 사랑 시작

에게서 연락이 없자 경찰223은 사 모은 통조림을 모두 먹어 버리고 술집에 간다. 그는 거기에서 처음 들어오는 여자를 사랑하기로 마음먹는다. 그때 배신자들을 처단하느라 피곤에 지친 노랑머리 마약 밀매 중개업자(린칭샤 분)가 들어오고, 두 사람 사이에 새로운 사랑이 시작된다.

경찰223이 옛 애인과 헤어지고 새 사랑을 만나는 방식은 우연적이고, 모든 것이 대체 가능하다는 낙관적 분위기가 짙다. 농담을 하면서 애인과 가볍게 헤어지고, 유통기한이 다한 통조림을 먹어 버린 다음에 미련 없이 새로운 사랑을 시작하고, 술집에 처음 들어오는 여자를 사랑하기로 마음먹는 등의 행위는 중국에 반환되는 홍콩의 상황을 비유한 듯하다. 노랑머리 여자는 자신이 레인 코트를 입은 채 선글라스를 쓰고 다니는 것에 대해 "어느 때 비가 올지 언제 화창한 날이 될지 모르기 때문"이라고 말한다. 감독은 변화무쌍한 삶의 여정과 한 상황에만 매달리고 미련을 두는 것의 어리석음에 대해 말을 하면서 중국에 반환될 홍콩의 미래를 낙관적으로 보고 싶어 하는 것 같다.

이 영화의 또 하나의 에피소드는 1960년대를 풍미했던 미국의 4인조 그룹 마마스 앤 파파스의 팝송 '캘리포니아 드리밍'으로 더 잘 부각된다. 길거리 패스트푸드점의 점원 페이(왕징원 분)는 순찰경찰인 경찰663(량차오웨이 분)을 짝사랑한다. 경찰663은 페이가 근무하는 패스트푸드점에서 언제나 똑같은 음식을 사 먹는다. 어느 날 경찰663의 애인이 이별의 편지와 함께 그의 아파트 열쇠를 페이의 가게에 맡기고 가 버린다. 페이는 그가 부재중일 때 열쇠로 그의 집으로 숨어 들어가 그를 떠난 옛 애인의 흔적을 하나씩 지워 나간다. 그는 그런 사실도 모른 채 스튜어디스인 옛 애인과의 추억에서 빠져나오지 못하고 여전히 집 안의 인형, 금붕어, 비누, 젖은 옷에 대고 혼잣말을 해 댄다. 그러던 중 마침내 페이의 존재를 의식하게 되고 그녀를 만나려 하지만 그녀는 미국 캘리포니아로 떠나 버린다. 그는 그녀를 기다리고, 1년 뒤에 스튜어디스가 되어 나타난 그녀와 새로운 만남을 시작한다.

과거의 사랑에서 헤어나지 못하던 경찰663은, 존재의 변화를 일으키는 인식은 타자와의 관계 맺기를 통해서만 가능하다는 하이데거의 주장처럼, 페이의 가택 침입과 그녀와의 관계 맺기를 통해 새로운 사랑을 시작하는 변화를 겪게 되는 것이다. 경찰663과 페이가 만난 곳이 많은 사람들이 가볍게 들르는 패스트푸드점이란 사실도 상징적이다.

이 영화는 홍콩이 중국에 반환되는 역사적 사건을 앞둔 홍콩인들의 방황과 불안한 심경을 네 남녀의 연애담론에 잘 반영하고 있다. 소설 『참을 수 없는 존재의 가벼움』은 1968년 체코 민주화운동인 '프라하의 봄'이 소련의 침공으로 끝난 시기에 일어난 네 남녀의 얽히고설킨 얘기다. 이 작품 역시 시간 속에 살아가는 인간이란 존재의 무게와 사랑의 의미에 관해 묻고 있다는 점에서 '중경삼림'을 헤매고 있기는 마찬가지다.

왕자웨이 감독의 〈아비정전(阿飛正傳)〉(1990)은 자살로 생을 마감한 홍콩의 스타 장궈룽(張國榮)의 유작이다. 영화의 배경은 1960년대의 홍콩이지만, 90년대의 세기말적 우울과 불안, 젊은이들의 고독과 방황이 고스란히 묻어난다.

이 영화는 홍콩의 중국 본토 반환을 앞둔 시대적 상황과 세태를 민감하게 반영한 것으로 평가받는다. 중국으로의 반환을 앞두고 홍콩인들은 영국과 중국, 서양과 동양, 자본주의와 사회주의 체제의 경계인으로서 심리적인 정체성의 혼란을 겪었을 것이 분명하다.

영화 속에서 생모에게 버림받고 양모와도 헤어져 방황하는 아비(장궈룽 분)는 홍콩의 처지를 대변하는 인물일 수도 있다. 그러나 이 영화를 굳이 정치적으로 해석할 필요는 없다. 세상 그 어디에도 정착하지 못하는 아비. 그는 여러 여성들을 유혹하지만 누구에게도 진정한 사랑을 주지 못한 채 떠돈다. 축구경기장 매표소 직원인 수리진(장만위 분)을 만나 동거에 들어가고 수리진은 결혼까지 생각하지만 아비는 관심 밖이다. 아비는 또 다른 여인 루루(류자링 분)와 사귀지만 잠시뿐이다. 심지어 자신을 사랑하는 여성들과 자신을 키워 준 어머니에 대한 가학 증세까지 보인다. 태어나자마자 자신을 버린 생모, 즉 상실한 대상에 대한 집착과 욕망 때문이다. 채워지지 않는 욕망과 상실감이 그를 정서적으로 다른 누구와도 친밀한 관계를 맺지 못하게 하는 심리적 정지 상태, 즉 심리적 디아스포라의 상태로 몰아붙였다는 분석[10]이 설득력을 얻는다. 이러한 관점은 어머니의 부재를 다

“
홍콩반환 앞둔
정체성 혼란 반영
출구 없는 현실 속
방황하는 청춘

른 것으로 대체하기를 거부하는 아비의 심리적 디아스포라 상태가 아비의 지독한 여성혐오증을 낳게 했을 뿐 아니라 그를 둘러싼 세계 전체를 부정하게 만들었다는 주장으로 이어진다.

아비는 마침내 홍콩을 떠나 생모가 살고 있는 필리핀으로 찾아가지만 그녀로부터 만남조차 거부당한다. 정원을 돌아 나가며 아비는 창으로 자신을 쳐다보고 있는 생모의 눈길을 느끼지만 끝내 몸을 돌려 자신의 얼굴을 보여 주지 않는다. 나름의 복수를 실행한 셈이다.

아비는 자포자기의 상태에서 타락한 생활을 하던 중 거리에서 홍콩 경찰관 출신의 선원(류더화 분)을 만난다. 우연한 만남이지만 필연의 그물망 안이다. 그 선원은 홍콩 경찰로 근무할 때 아비의 집에 짐을 찾으러 간 수리진을 만나 도움을 줬던 인물이다. 그는 아비가 미국으로 가기 위한 위조 여권을 얻기 위해 폭력배들과 싸우는 것을 도와주게 되고 함께 기차를 타고 달아난다. 하지만 아비는 달리는 기차 안에서 폭력배에게 치명적 총상을 입고 죽어 간다. “다리가 없어 죽을 때까지 날아다니던 새는 그 어느 곳에도 가지 못했다. 처음부터 죽어 있었기 때문이다"라는 영화 속 대사는 탈출구가 없어 보이는 불합리한 사회현실에 절망하고 있는 오늘날 젊은이들의 가슴 아픈 고백으로 들린다.

우리 사회에도 의욕을 상실한 '아비'들이 넘쳐난다. '입시 · 취업 지옥'에, '금수저 · 흙수저 계급론'에 좌절한 청년들을 버린 사회적 생모는 다름 아닌 국가다. 그들은 연애, 결혼, 출산, 내 집 마련 등 많은 것을 포기하고 살아간다. 이른바 '캥거루족'이 되기도 한다. 꿈과 희망도 사치스러울 정도다. 아비가 생모에 대한 심리적 디아스포라 상태에서 여성혐오증에 시달렸듯이, 대한민국의 청년들은 심각한 국가혐오증을 앓고 있는지도 모른다. 대한민국 사회가 낳은 '청년 난민'들이라고 할 수 있다.

정신적 트라우마에 갇혀 살아가는 많은 현대인들 중에는 자신을 괴롭히는 것의 실체가 무엇인지 모르는 경우가 많다고 한다. 그것이 무엇이든 직시하고 부딪치는 아픔의 과정을 거쳐야 치유와 회복, 용서와 화해가 가능해진다고 정신과학자들은 말한다. 아비처럼 과거의 심리적 올무에 걸려 있어서는 현재의 세상과 소통할 수 없다.

무덥고 습한 홍콩의 아파트 안에서, 아비가 흐느적거리며 추던 맘보춤 장면은 아무런 희망과 계획도 없이 살아가는 그의 심리적 상태를 잘 말해 준다. 지금, 한국의 현실을 살고 있는 우리 청년들은 어떤지? 발을 땅에 붙인 채 살아가고 있는지, 아니면 아비처럼 착륙 없는 비행을 계속하고 있는 건 아닌지…. 대량 실업과 극심한 취업난이 초래한 불안과 초조함 속에서 'N포 세대'로 전락해 가고 있는 청년들에게 국가란 과연 무슨 의미인지 성찰해 볼 일이다.

4부

# 폭력·사랑 코드로 읽는 재일한인의 세계시민주의

## 재일한인의 정체성

현재 일본에서 한국 국적 또는 '조선적'을 가진 채 살아가고 있는 한인(韓人)은 재일한국인, 재일조선인, 재일한국 · 조선인, 재일교포, 재일동포, 재일(자이니치), 재일한인(자이니치코리언) 등으로 다양하게 불린다. 한인이 재일외국인의 대부분을 차지했을 때는 재일이라는 용어는 곧 재일한인을 뜻했다. 하지만 현재 일본에는 한인 외의 외국인 수가 더 많아진 상태여서 재일한인이라고 불러야 더 정확하다. 따라서 국적이 한국적이든, 조선적이든 일본인으로 귀화하지 않은 채 일본에서 살아가고 있는 한민족 전체를 재일한인이라는 용어로 통칭할 수 있을 것이다.

재일한인은 일본의 한반도 식민지배와 태평양전쟁 등 역사적 굴곡 속에서 탄생한 디아스포라이다. 그들은 구 종주국인 일본 땅에서 살아가고 있고, 또 살아가야 할 사람들이다. 그런 만큼 재일한인의 정체성은 복합적이고 다양한 양상을 띤다. 재일한인 학자 김양기는 같은 민족이 남북으로 나뉘어 두 국가를 만들고 다른 국가적 정체성의 형성과 확립을 목표로 하고 있는 현실이, 또 자신이 살아가고 있는 일본의 문화가 조국의 그것보다 더 크게 자신을 좌우하고 있는 현실이 혼란스럽다는 고백을 한 바 있다.[1]

재일한인은 1세대를 거쳐 후대로 내려오면서 민족이나 국가적인 차원의 집단적이고 고정적인 정체성의 경계를 넘어 실생활 속에서 경험하는 개별적 차원의 다원적 정체성을 획득해 가는 경향을 보이고 있다. 그런 의미에서 정체성은 고정된 관념을 지닌다는 본질주의적인 관점을 지양하고 사회현실의 과정 속에서 형성되고 변화한다는 구성주의의 관점에서 재일한인의 정체성을 다각도로 살펴볼 필요가 있다. 그 과정에서 재일한인이 일본 내 다문화 사회에서 개척해 나가고 있는 미래지향적 가치를 전망해 볼 수 있기 때문이다.

재일한인은 디아스포라로서 정체성 혼란을 겪을 수밖에 없다. 이들은 자신이 살아가고 있는 일본의 국민으로도 편입되지 못하고, 그렇다고 한반도 남북한 그 어느 쪽에도 소속되지 못한다. 민족과 국가라는 집단적 정체성의 경계선상에 서 있는 존재라고 할 수 있다. 이들은 끊임없이 자신이 서 있는 공간의 경계를 넘어 여러 집단들과 교섭하는 가운데 기존의 경계들을 해체해 가고 있다.

〈피와 뼈〉(2004), 〈박치기!〉(2004), 〈박치기! LOVE & PEACE〉(2007), 〈GO〉(2001), 〈달은 어디에 떠 있는가〉(1993) 등 5편의 재일한인 영화는 일본 사회에서 이질적 타자 취급을 받으며 살아가고 있는 재일한인의 정체성 변화 양상을 영상언어로 잘 재현해 내고 있다. 재일한인의 정체성 형성과 변화 과정을 살펴봄으로써 상상된 민족공동체의 정체성과 국가이데올로기의 경계를 넘어 다문화 사회의 세계시민으로 살아가고 있는 재일한인의 존재론적 의미를 도출해 볼 수 있을 것이다.

이들 영화 속에 폭력과 사랑이 각각 어떤 방식으로 재현되고 있는지는 매우 중요하다. 재일한인의 탈 경계 정체성의 경향을 잘 보여주는 요소가 바로 폭력과 사랑이기 때문이다. 재일한인 영화들에서 각각 다르게 변주하는 폭력과 사랑의 스펙트럼을 추적해 보면 정체성 반감에서 극단적인 폭력이 유발되고, 사랑의 관계 속에서 정체성 갈등이 증폭됨을 발견하게 된다. 이런 점에서 폭력과 사랑에 대한 성

찾은 정체성을 규명하는 매우 중요한 단서가 될 수 있다. 폭력을 유발하는 '경계의 정치'[2]를 해체하고, 사랑을 가로막는 경계를 가로지르는 재일한인의 정체성은 다문화 사회에서 세계시민으로 살아가기 위한 인류의 미래지향적 전망이다.

〈박치기!〉와 〈박치기! LOVE & PEACE〉에서 재현되고 있는 재일한인 젊은이들의 일본 청년들에 대한 맹목에 가까운 이항 대립적 폭력은 반작용에 의한 대항 폭력, 즉 자기 증오에서 벗어나 자기 해방을 성취하기 위한 탈 식민주의적 성향의 폭력[3]에 해당된다.

〈GO〉의 재일한인 청년 스기하라가 보여 주는 탈주적인 이미지의 폭력은 식민지적 상황의 정신적인 노예상태로부터 심리적 해방을 가져오기 위한 행위로 파악할 수 있다.[4] 이는 질 들뢰즈가 말하는 유목론의 의미, 즉 도망치는 사상, 정주적인 발상을 넘어서 항상 경계 쪽으로 새로운 대지를 찾아 움직이는 사상[5]과 유사한 맥락이다.

〈달은 어디에 떠 있는가〉에서 재일한인 청년 강충남은 민족 내부의 자본주의적 분화에 따른 계급적 폭력 양상을 보여 준다. 택시기사인 충남은 회사 사장인 고교 동창생과 종업원 대 사주의 노사 갈등 구도를 보인다. 한편, 야쿠자를 등에 업고 택시회사를 집어삼키려는 사채업자 동창생에 대해서는 악덕 금융자본 세력에 대항하는 모습을 보인다. 세 사람은 같은 민족이고 동창생 관계이지만 이들 사이에 복잡한 계급적 갈등이 발생하고 있는 것이다. 이처럼 다양한 권력관계가 중층적으로 얽혀 행사되는 폭력 양상은 무페의 '급진 민주주의' 이론[6]에 따르면 국가 이외의 차원 즉 계급, 젠더, 직장 등 다양한 권력관계에서도 경계선의 폭력이 작동하고 있음을 보여 준다.

〈박치기!〉에서 재일한인-일본인 커플인 안성과 모모코, 경자와 코우스케가 구축해 가는 불확실한 경계선상의 사랑은 알랭 바디우의 철학적 사랑 담론과 사유를 담고 있다. 민족이라는 상상된 공동체의 신화 속에 흐르고 있는 국민적 정서의 강을 건너려는 힘겨운 사랑의 시도를 보여 주는 이 영화를 해석할 때, 양자가 극단적인 분리를 경유하여 상호 간에 지속적으로 구축해 가는 게 사랑이라고 정의하는 알랭 바디우 식의 사유[7]는 큰 공감을 불러일으킨다.

〈GO〉에서 재일한인 학생 스기하라가 일본인 여학생 사쿠라이와 만들어 가는 사랑은 민족과 국가라는 집단적 정체성의 경계를 가로지르는 개별적 자유주의의 성향을 강하게 띤다. 이들의 자유로운 사랑은 앤소니 기든스의 '낭만적 사랑'이나 프롬이 말하는 '에로틱한 사랑'과 상통한다.[8] 낭만적 사랑에 빠진 개인에게 그 사랑의 대상은 바로 그 사람이라는 이유 하나만으로도 충분한 의미를 가지며, 에로틱한 사랑도 본질상 배타적이다. 이러한 종류의 사랑은 개별적 자유와 개성을 추구하는 정체성을 보인다.

〈달은 어디에 떠 있는가〉의 강충남은 일본 사회에 정주한 재일한인으로서 새롭게 이주해 온 뉴커머인 필리핀인 여성 코니와 사랑을 만들어 간다. 민족의 경계와 사회적 지위의 차이를 뛰어넘는 사랑의 교섭이다. 서로 다른 정체성을 가진 인물들이지만 두 사람이 함께 열어 갈 공생의 미래를 위해 사랑의 조각들을 맞추어 나간다. 이 같은 진취적 사랑은 기든스가 말한 '합류적 사랑'[9]에 해당한다. 이러한 사랑은 우발적인 만남에서 출발하지만 미래 지향성 속에서 서로 간의 경계를 해체해 가는 다문화 사회의 새로운 정체성 형성의 원동력이 된다.

끊임없이 경계를 넘나드는 행위를 보여 주는 재일한인은, 재일한인 학자 강상중이 말하는 바대로, 푸코가 각종 사회적 공간을 이화(異化: 자신을 외계 상황에 적응하도록 변화시키는 것)하는 특이한 제도로 들고 있는 '헤테로토피아'의 경계상의 주체[10]로 볼 수 있다. 혼종적인 제3의 정체성을 획득해 가는 〈달은 어디에 떠 있는가〉의 강충남이야말로 일본 사회 내부의 민족 차별적인 기존 질서를 반박하고 그 제도에 이의를 제기하는 헤테로토피아로서의 경계상의 주체이다. 이러한 새로운 인간상에서 '국민'의 경계를 넘는 다문화 사회 '세계시민'의 가능성을 발견하게 된다. 세계시민주의는 재일한인 영화에서 발견할 수 있는 미래지향적 가치이다.

## '피식민지성' 가부장주의의 정체성 :
### 영화 〈피와 뼈〉

해방 전후의 재일한인 1세대를 주인공으로 다룬 영화 〈피와 뼈〉(2004)는 최양일(崔洋一) 감독이 양석일(梁石日)의 동명 장편소설 『피와 뼈』(1998)를 원작으로 만든 영화다. 원작소설인 『피와 뼈』는 양석일이 자신의 아버지를 모델로 쓴 작품으로, 일본 대중문학상인 야마모토 슈고로상을 수상했다.

이 영화는 재일한인 1세대인 주인공 김준평과 이영희 사이에서 태어난 아들 김 마사오가 서술자로 등장해 아버지 김준평의 역사를 진술한다. 마사오가 아버지 김준평의 청년시절부터 노년기 최후까지의 개인사와 가족의 얘기를 재구성하는 방식으로 영화가 진행된다.[11] 영화 속 화자인 마사오는 곧 원작자인 양석일과 동일 인물로 볼 수 있다. 양석일이 재일한인 1세대인 자신의 아버지를 모델로 쓴 가족사적 소설이 바로 영화의 원작이기 때문이다. 양석일은 30세의 나이에도 아버지의 폭력을 피해 다닐 정도로 그의 아버지는 폭력성이 강한 남자였다고 한다.[12] 그런 아버지의 모습이 소설 『피와 뼈』에 투영됐고, 영화 〈피와 뼈〉 속의 김준평에게로 옮겨 온 것이다.

영화 속 김준평은 1923년 제주에서 오사카로 건너와 광복 전후의 일본사회에서 어묵 공장과 고리대금업을 하면서 가족과 주변 사람들을 폭력과 착취로 억압했던 마초요, 수전노요, '괴물' 같은 인물로 그려진다. 자손에 대한 병적인 집착으로 끝없이 여자들을 탐하고 가족을 소유물처럼 여기는 전근대적이고 가부장제적인 이미지가 선명하게 부각된다.

#### 1) 내향적 폭력

영화는 관객들에게 시종일관 폭력의 이미지를 보여 준다. 그 폭력은 주로 가족과 이웃의 동포에게로 향하는 내향적 폭력이다. 재일한인을 차별하고 무시했던 일본 사회와 일본인에 대한 적대감과 대응폭력이 아니다. 재일한인 영화에서 폭력의 시선이 어디를 향하고 있는가 하는 점은 매우 중요하다. 시선은 곧 권력이라고도 할 수 있을 만큼 인간 및 세계와 밀접한 연관을 맺고 있다.[13] 식구들과 동족에게로 향하는 주인공의 폭력은 매우 가부장제적인 성향을 보인다. 김준평은 가족과 어묵공장 종업원들에게 무엇인가를 강요하다가 거부당할 때, 또는 반항의 기미가 보일 때 가차 없이 폭력을 행사한다. 그때마다 그는 집안의 가장 또는 사장에 대한 복종과 순종의 논리를 내세우며 관습적 질서를 강조한다. 유교적 지배이데올로기 사회의 가부장제[14] 유습에 포획된 측면이 강하다.

프란츠 파농은 식민주의가 근본적으로 폭력적 상황이라는 점을 지적하면서, 식민주의가 내포한 폭력의 본질적 요소 세 가지를 설정한다. 식민주의 속에 이미 폭력이 편재하고 있다는 점, 식민지 상황이 잉태하는 폭력은 처음에는 동포를 포함한 자신에게로 향하다가 점차 다양한 형태로 변화한다는 점, 그 폭력이 지금까지의 내향을 멈추

고 지배자에게로 방향을 바꾸는 계기가 된다는 점 등이다.[15]

파농이 말하는 식민주의 폭력의 요소들, 즉 식민지 상황이 잉태하는 폭력은 처음에 동포를 포함한 자신에게로 향하다가 나중에 식민주의 자체의 지배자에게로 방향을 바꾼다는 이론은 재일한인의 실제적 상황과 다르지 않다. 태평양전쟁 직후 구 종주국인 일본 사회에서 숨죽이며 살아갔던 재일한인들은 처음에는 자신의 가족과 동족에게로 내향적 폭력을 행사했던 것이다. 그 적나라한 모습을 영화 〈피와 뼈〉의 그로테스크한 풍경 속에서 확인할 수 있다. 산업화가 급속도로 진행되던 전후 일본 사회에서 대부분 임노동자로 일하며 멸시와 냉대를 겪어야 했던 1세대 재일한인 가장들의 울분이 가족과 동포들에게로 분출되었을 개연성은 충분하다. 그런 점에서 김준평의 가족사가 매우 극단적인 모습을 보여 주긴 하지만, 태평양전쟁 전후 격변기를 살았던 재일한인 가족들의 일반적인 상황을 그려냈다고 해도 무방할 것이다. 일본 사회의 하층에서 숨죽이며 근근이 살아갔던 1세대 재일한인 아버지들의 내향적 폭력성은 조선시대 전통적 가부장제의 규율 및 규범과 결부돼 순종과 복종을 강요하는 폭압적 행태로 나타났다고 할 수 있다.

그런데 영화 속 김준평이 보여 주는 폭력과 착취의 모습에서 고난이나 절망 같은 재일한인의 고정된 이미지는 보이지 않는다. 돈과 섹스, 핏줄에 병적으로 집착하는 인간의 욕망만이 보일 뿐이다.[16] 이를 놓고 민족이나 국적을 넘어 존재하는 인간 본연의 폭력성과 돈에 대한 집착을 그린 작품으로 보는 시선도 없지 않다. 이 영화는 재일한인의 이야기에 그치지 않고 보편성을 가진 '압도적인 인간상'을 그려낸 작품으로 평가받기도 했던 것이다.[17]

영화는 김준평이 제주도에서 오사카로 건너간 이후 1940년대 초

반까지 약 20년간의 행적을 건너뛴다. 배 위에서 오사카 항구를 바라보며 희망에 찬 표정을 짓던 청년 김준평의 모습에서 여자와 금전에 대한 끝없는 탐욕으로 가득 찬 중년 김준평의 모습으로 갑자기 화면이 바뀐다. 여기에서 중요한 것은 무엇이 이러한 '괴물' 김준평을 만들었는가 하는 시대적 배경을 읽어 내는 일이다. 김준평의 폭력성이 갖는 사회성과 역사성을 무시한 채 보편적 인간상만을 논의하는 것은 무의미하다. 인간은 타고난 개별적 특성을 보유하고 있지만, 사회적 동물로서 그가 살아가는 시대와 지역사회적인 특성에 영향을 받지 않을 수 없는 존재이다. 그런 차원에서 김준평, 즉 재일한인 1세대가 겪어야 했던 내력과 사회 현실에 대해 먼저 살펴볼 필요가 있다. 그래야 그의 폭력에 대한 기원을 찾을 수 있기 때문이다.

일제가 1910년대 실시한 토지조사사업 등 경제적 수탈의 결과로 땅을 잃어버리고 궁핍에 시달리던 조선의 많은 농민들은 생계유지를 위해 일본으로 흘러들어 간다. 또 만주사변과 중일전쟁, 태평양전쟁 등 1930~40년대 일제강점기 전시체제하에서도 많은 조선인들이 일본으로 자발 유입되거나 강제적 또는 반강제적으로 끌려가 일본에 체류하게 된다. 이들은 주로 광산이나 토목공사 현장, 군수공장 등에서 차별과 신체적 폭력에 시달리며 혹독한 노동을 감수해야 했다. 집단적 린치에 의해 생명을 잃기도 한다. 김준평이 일본으로 건너간 해는 1923년으로 설정돼 있다. 그해 9월 일본에서 발생한 간토(關東)대지진 때 일본 군경 등이 조선인에게 가한 대학살이 그 대표적인 사례다.

1945년 8 · 15광복 때 230만 명 이상의 조선인이 일본에 남아 있었으나, 광복 직후 대부분 귀국하고 1946년에는 약 60만 명 정도가 일본에 남는다. 광복 이후 한반도의 분단 상황이 심각해지고 정세가 험

악했던 점, 토지 상실 등으로 인해 귀국 후 생계에 대한 전망이 불투명했던 점 등이 일본에 잔류한 이유로 지목된다.[18] 종전 이후 일본에 그대로 잔류한 재일한인들은 폐품 수집과 같은 최하층민이 담당했던 허드렛일을 하거나 영세 자영업 등을 운영하며 힘겹게 삶을 영위한다. 극심한 고생과 억울한 일을 겪으면서 재일한인의 원한과 피해의식도 쌓여 갔을 것이다. 또 억척같은 생활력과 강한 파이팅이 몸에 배지 않을 수 없었을 것으로 짐작된다. 김준평의 폭력성도 이 같은 환경에서 살아남기 위한 동물적 본능에서 생성됐다고 볼 수 있다. 일본 사회의 차별과 냉대로 인해 억눌렸던 분노가 살아남아야겠다는 인간 내면의 근원적 본능과 결합해 표출된 것이다. 영화에서는 자기방어의 폭력적 성향이 가족과 자기 동족을 향하는 특징적 현상으로 재현돼 나타난다.

그렇다면 왜 김준평의 폭력은 가족과 동족 내부로 향하게 되었을까. 이러한 현상은 구 종주국에서 눈치를 보며 살아가야 했던 재일한인 1세대의 특수한 사회적 환경이 초래한 왜곡된 선택이다. 김준평이야말로 일제의 식민주의적 정치성이 강력하게 투영된 인물이라고 할 수 있다. 김준평은 식민지적 상황을 만든 일제의 폭력성을 내재화한 이데올로기적 존재인 것이다.[19] 김준평은 자신의 요구가 거절당하거나 욕망이 충족되지 않을 때면 가차 없이 폭력을 행사한다. 외지를 떠돌다가 갑자기 돌아와서는 어묵공장을 만들겠다며 집을 부숴 버리기도 한다. 그는 가족 위에 군림하며 모든 것을 독단적으로 결정하고 처리해 나간다.

전근대적인 가부장제의 전형적인 인물상이지만 그 태도와 행동은 일본 제국주의의 폭력적이고 강압적인 지배 형태를 꼭 닮아 있다. 폭력과 금전적 착취를 통해 가족과 여성을 복종케 하는 모습은 일제가 조선의 국권을 강압적으로 탈취한 뒤 총칼의 힘으로 경제 침탈을 강행했던 식민지적 상황을 고스란히 옮겨 놓은 듯하다. 그렇다면 김준평의 폭력은 일제에 의해 왜곡된 피식민지성의 양상을 띤다고 볼 수 있다. 김준평이 고리대금업을 하면서 이웃은 물론 가족에게도 금전에 대한 게걸스러운 탐욕을 보이는 모습은 근대 자본주의 세계의 무한경쟁과 팽창주의가 낳은 엽기적인 '괴물'의 이미지를 연상시킨다.

이는 일본 제국주의의 아시아 침략과 대동아공영권 구상을 낳은 탐욕의 그림자와도 겹쳐진다. 그런 의미에서 일본이라는 제국주의 집단의 폭력에 의해 숨죽이며 소외된 채로 살아갔던 1세대 재일한인이 제국의 폭력 안에 편입돼 약한 자 및 가족(동족)에게 폭력을 가하게 되는 중층적 폭력의 이중구조 속에 김준평의 폭력이 위치하고 있다는 분석[20]은 설득력을 갖는다. 말하자면, 일제에 의해 억눌렸던 본능적 감정을 일본 제국주의자들에게 분출시키지 못하고 힘없는 가족과 동족 내부로 향한 폭력으로 전가시켰던 것이다. 이때 내향적 폭력성이 기생했던 숙주가 바로 조선사회 유습으로 잔존했던 가부장제 문화의 규율과 규범이고 그 폭압적 구조였다. 이것이 바로 피식민지성 가부장주의가 형성된 맥락이라고 할 수 있다.

**2) 강박적 사랑**

영화 〈피와 뼈〉에서는 마초적인 한 남성의 강박적인 섹슈얼리티를 관찰할 수 있다. 주인공 김준평이 여자들을 취하는 방법은 힘에 의한 강제적인 정복과 돈의 위력이다. 아내 이영희를 굴복시킬 때도 강간의 형태를 취했고, 돈에 팔려오다시피 한 일본인 애인 사다코와의 관계도 폭력적 지배의 성격을 띤다. 김준평은 여자들을 대할 때 쌍방적 · 인격적 차원이 아니라 자신의 성욕을 채워 줄 대상 또는 자신의 아들을 낳아 줄 대상 정도로밖에 여기지 않고, 그러한 욕망이 거부당할 때 이들을 폭력으로 핍박하는 것이다.

김준평이 보여 주는 폭압적 섹슈얼리티도 식민지적 상황 속에서 차별받고 억압된 권력 지향의 남성성이 폐쇄적 재일한인 사회 내부의 가부장주의 메카니즘 속으로 편입돼 여성들에 대한 강박적 성적 지배로 나타난 것으로 볼 수 있다. 이런 현상은 어릴 적 어머니의 사랑 박탈로 인해 성적으로 불안한 경향을 보이는 남성들이 여성들에게서 자신의 결여된 것을 찾으려는 과정에서 나타나는 성적 강박증의 한 양상인 폭력적 남성 섹슈얼리티와 흡사하다.[21]

김준평은 1923년 젊은 나이에 제주에서 일본 오사카로 혈혈단신 건너와 생존을 목적으로 살았던 디아스포라 이방인이다. 부모와 가족으로부터 일찍 떨어져 나와 이국땅에서 지독한 외로움을 겪으며 살았을 그에게 어머니 사랑의 결핍은, 기든스 식으로 말하면, 매우 극심한 심적 불안과 성적 강박증을 낳았을 것이다. 김준평이 아내 이영희를 강제로 차지한 뒤 평생 괴롭힌 것이나 일본인 애인 사다코를 돈으로 사다시피 데려와 착취한 것 등은 그러한 강박이 초래한 폭력적 섹슈얼리티라고 할 수 있다.

김준평은 일본인 전쟁 과부 기요코에 대한 순정을 보이기도 하는데, 그녀가 뇌종양으로 쓰러지자 병석에 누운 그녀를 버리지 않고 돌보며 살아간다. 하지만 나중에는 그녀를 편하게 해 준다는 명목으로 자신의 손으로 그녀의 목숨을 끊는다. 이런 이중적 면모에서 자신의 결여된 것을 여성한테서 찾으려 집착하는 김준평의 강박적 성향을 발견할 수 있다. 말년에 아무도 자신의 곁에 남아 있지 않자 김준평은 사다코와의 사이에서 태어난 어린 아들 류이치를 데리고 북한으로 들어가 살다가 외롭고 쓸쓸한 죽음을 맞는다. 진정한 사랑을 할 수 없는 강박적 남성의 비극적 최후 모습이다.

김준평이 재현하고 있는 재일한인은 식민지적 상황에 갇힌 디아스포라의 왜곡된 인간상이라고 할 수 있다. 앤소니 기든스에 의하면 남성들은 친밀한 관계 속에서 타인을 동등한 존재로 사랑할 능력이 없거나 부족하다. 친밀성이란 사람들이 서로 평등한 위치에서 타자 및 자기와 감정적으로 의사소통하는 것이다. 성별 노동 분업이 가정이나 작업장 등에 실질적으로 강력하게 남아 있기 때문에 남성들은 대체로 그들이 장악하고 있는 권력을 늦추려고 하지 않는다. 하지만 남성의 권력이 여성의 공모, 여성이 제공하는 경제적이고 정서적인 서비스에 기초하고 있는 것도 사실이다.[22] 따라서 여성의 공모가 시들해지거나 여성으로부터 서비스를 거부당해 남성의 권력이 위협받게 되면 남성들은 폭력적 섹슈얼리티의 반응을 보이게 되는 것이다. 김준평은 구 종주국 일본에서 살아가는 재일한인에 대한 일본 사회의 차별과 억압 속에서 탄생한 '괴물'이라는 점에서 피식민지성 가부장주의의 강박적 정체성 양상을 보인다.

김준평의 딸인 하나코의 결혼도 사랑을 매개로 한 결합이 아니다. 하나코는 아버지의 공장에서 일하던 장찬명을 사랑하지만, 그가 비합법 조직인 '조국방위대'에서 활동했다는 이유로 체포당하자 할 수 없이 동포인 박희범과 애정 없는 결혼을 한다. 이 당시 재일한인은 일본인과 결혼하는 경우가 드물었기 때문에 대부분 같은 동포 가운데서 결혼 상대를 골라야 했고, 이마저도 조국 분단과 함께 재일한인 사회가 민단과 조총련으로 나뉘어 대립했기 때문에 배우자 선택이 자유롭지 못했다.[23]

하나코를 폭력적으로 지배하는 주체는 아버지라는 가부장에서 남편이라는 또 다른 가부장에게로 그 바통이 넘어간다. 유교사회의 남녀 간 규율인 '여필종부(女必從夫)'와 '삼종지도(三從之道)'의 도덕률을 따라 하나코는 결혼생활을 하지만 그녀의 마음은 여전히 장찬명에게 가 있다. 아마 박희범도 하나코에게서 그러한 정서적 거리감과 차가움을 느꼈을 것이다. 기든스 식으로 말하자면 하나코에게서 자신의 결여된 것을 찾지 못하고 감정적 의존에 대한 공모를 거부당한 박희범은 마침내 하나코와 장찬명 사이를 의심하면서 그녀를 상습적으로 폭행한다. 폭력적 군림으로 자신의 권위를 세우려 한 강박적 행동이다. 결국 자살로 생을 마감한 하나코는 재일한인 사회 속 가부장주의의 굴레를 벗어나지 못한 채 남성의 강박적 사랑에 희생된 약자로서의 여성이다.

김준평이 보여 주는 독단적이고 강박적인 남성 섹슈얼리티의 성적 지배 양상은 결과적으로 E. 프롬이 말하는 이기심에 속하는 사랑이다. 프롬은 긍정적 효과의 자기애와 이기심을 구별한다.[24] 이기적인 인간은 타인의 욕구에 대해서는 관심을 갖지 않으며, 그들의 존엄과 통합을 존중하지 않고, 그 자신 이외에는 어떤 것도 볼 수가 없다. 따라서 이기적인 인간은 남을 사랑할 수 없으며, 자기 자신도 진정으로 사랑할 수 없게 돼 자신을 혐오하게 된다. 김준평과 같은 사람에게서는 알랭 바디우가 말하는 사랑의 진실성과 충실성은 찾아볼 수가 없다. 알랭 바디우의 말처럼 사랑의 목표는 종의 재생산을 확보하는 데 놓여 있는 게 아니라, 둘이서 차이의 지점으로 이루어진 세계를 빠짐없이 경험해 나가는 것이기 때문이다.[25]

이 영화는 1세대 재일한인 디아스포라 내부의 폭압적 가부장주의의 정체성을 확인할 수 있다는 점에서 주목할 만하다. 광복 직후까지도 재일한인들은 민족적 정체성 외에도 전근대적 가부장주의의 관습적 시스템에 여전히 갇혀 있었음을 영화는 잘 보여 준다. 영화 속 주인공인 김준평의 여자관계와 그가 행사하는 폭력의 양상도 그런 이미지를 강하게 전달한다. 돈과 여자에 끝없이 집착하는 김준평의 탐욕과 폭력성조차도 가부장제적 양식 속에서 작동하고 있음을 알 수 있다. 영화에 나타나는 각종 폭력과 남녀 관계의 모습들은 복종과 순종을 강요하는 관습적 질서와 이에 대한 한 치의 저항도 허용치 않으려는 강고한 가부장주의 문화의 폭압적 성향을 형상화하고 있다.

반면, 이 영화는 재일한인의 스테레오타입을 지나치게 폭력적으로 그려내고 있다는 비판도 받고 있다. 역사성과 사회성이 사상된 채 김준평의 과도한 폭력에만 초점이 맞춰지고, 이것이 '압도적인 인간상'으로 높게 평가받음으로써 결국 '재일한인=폭력적'이라는 스테레오타입을 강화하고 재생산할 뿐이라는 것이다.[26] 아무런 설명도 없이 남성의 욕망 등 인간의 본성만 강조한다면 여성과 가족 내부로 향하는 재일한인의 폭력적 성향이 어떻게 형성되었는가 하는 과정, 즉 식민지적 상황에서 재일한인들에게 가해졌던 차별과 냉대 등 집단적 폭력이 초래한 내향적 폭력의 중층적 구조를 간과했거나 무시했다는 비판에서 자유로울 수 없다.[27] 영화의 원작소설 『피와 뼈』에 나오는 김준평도 '피'를 이어 줄 아들에 대한 욕망과 강인한 육체를 상징하는 '뼈'를 가진 인물로만 묘사됨으로써, 민족과 사상이 대두됐던 시대의 물결과는 상관없이 살아간 인물로 묘사되고 있다는 지적을 받고 있다.[28]

영화 〈피와 뼈〉는 재일한인 자체의 정체성보다는 일본인 스스로를 바라보는 거울로서의 재일한인을 묘사하고 있다는 지적도 있다. 김준평이 일생을 통해 맞서야 했던 타자는 국적이나 일본인이 아니라 생존과 그것을 위한 힘 즉 권력과 돈이었으며, 김준평이 보여 준 '괴물'은 재일한인의 특화된 모습이 아니라 전쟁 전후의 시기를 본능적으로 살아간 일본인 자신의 괴물 같은 모습[29]이라는 해석이 그것이다.

영화 〈피와 뼈〉는 기본적으로 일본영화이다. 그렇다 보니 이 영화는 일본인들의 시선에 맞춰 그들이 보고 싶어 하는 한국인의 상(像)을 영상으로 되돌려 보여 주고 있는 측면도 있다. 그런 점에서 일본 오리엔탈리즘[30]적인 시선도 내재돼 있는 것으로 보인다. 이러한 시선 되돌려 주기는 재일한인의 정체성을 실체적으로 온전히 규명하는 데 걸림돌로 작용할 수 있다.

## 상상된 민족공동체의 정체성 :
### 영화 〈박치기!〉, 〈박치기! LOVE & PEACE〉

재일한인은 일본 국적 없이 일본 사회의 주민으로서 살아가는 한반도 출신 및 그 후손들이다. 이들은 재일한인이라는 이유로 학교에서는 일본 학생들에게 멸시를 당하고, 학교를 졸업한 후에도 차별을 받는 등 사회적 냉대 속에서 살아간다.

소외계층과 사회적 약자에 관심을 가져온 이즈츠 가즈유키(井筒和幸) 감독의 영화 〈박치기!〉(2004)와 그 속편 격인 〈박치기! LOVE & PEACE〉(2007)에는 1960~70년대 일본 사회의 차별과 억압에 분노하고 저항하는, 민족적 자긍심이 강한 재일한인 2세대 젊은이들이 주인공으로 등장한다. 이 두 편의 영화는 제주도 출신 아버지를 둔 2세대 재일한인들이 일본인들의 차별과 괴롭힘에 온몸으로 맞대응하는 집단적 저항과 힘겨루기라는 대립적 구도의 이분법적 문법을 보인다.

상대방에 대한 집단적 폭행과 그에 따른 보복 폭행의 연속적인 반복이 이들 영화 전체를 관통하며 관객의 시선을 붙든다. 영화는 재일한인과 일본인 사이에 흐르는 민족적 갈등의 깊은 강물을 건너지 못한 채 지금도 평화와 공존의 언덕을 찾아 헤엄쳐 가고 있는 재일한인의 힘겨운 몸짓들을, 갈등이 극심했던 60~70년대의 암울했던 상황 속으로 되돌려 유머러스하고 경쾌한 리듬으로 보여 준다.

영화 〈박치기!〉에는 '임진강'이란 노래가 삽입돼 주제를 부각시킨

다.[31] 이 곡을 그룹 '포클'에게 처음 소개했던 마쓰야마 다케시는 이 무렵 자신이 겪었던 사연, 즉 노래 '임진강'과 일본인 소년의 극적인 만남을 소설 형식의 『소년 M의 임진강』으로 엮어 낸다. 그리고 이 소설을 접하게 된 영화제작사 씨네콰논의 이봉우 대표와 이즈츠 가즈유키 감독이 의기투합해 이 영화를 만든다. 영화는 재일한인을 탄생케 한 역사적 배경과 재일한인에 대한 사회적 차별에 대해, 그리고 이러한 사실들을 외면해 온 일본인들의 망각과 일방적 시선에 대해 경각심을 던져 주는 고발적 성격이 강하다. 이봉우 대표와 이즈츠 가즈유키 감독은 일본의 언론이 한 · 일(혹은 북 · 일)의 관계를 일본인의 일방적인 시선으로 다루고 있는 데 반발하여 양쪽의 이야기를 함께 하자는 의도로 영화 〈박치기!〉를 기획했다고 한다.[32] 감독과 제작자가 주목한 것은 대립하는 쌍방의 시선이다.

### 1) 대항적 폭력

재일한인은 분단 상태에 있는 한반도 남북과 일본 사이의 정치적 역학관계에 큰 영향을 받는다. 일본 국적이 없으면 일본 국민으로서 인정을 받을 수도, 권리를 누릴 수도 없는 것이 재일한인의 처지다. 이들이 대학진학이나 취업, 사회보장, 참정권 등 일상생활 속에서 주류사회 구성원인 일본인들로부터 불이익을 받는 것은 물론 눈에 보이지 않는 편견과 냉대에 시달려 온 것이 엄연한 현실이다. 일본은 전통적으로 단일민족 국가라는 의식이 강한 사회다. 따라서 국가의 구성원으로 소수민족이 존재한다는 사실을 인정하지 않고, 이들을 외국인으로 간주해 제도적으로 차별해 왔다. 이런 분위기 속에서 재일한인의 민족적 정체성의식이 반사적으로 더 또렷해졌을 것이라는 주장[33]은 타당하다.

사카이 다카시는 폭력의 철학적 지평을 열었던 맬컴 엑스가 백인사회에 대한 적대심을 노골적으로 드러냈던 목적은 흑인들이 가졌던 자기증오로부터 해방되기 위해서였다고 분석한다.[34] 백인들의 억압에 의해 흑인들 내부에 깊숙이 쌓인 자기증오야말로 블랙 커뮤니티를 무력하게 만드는 근본적인 원인이며 억압자에게 스스로 무릎 꿇게 만들고 예속시켜 버리는 원천이라고 생각했다는 것이다. 따라서 맬컴 엑스가 말하는 폭력은 반작용에 의한 것이며, 그 폭력은 아메리카 사회 속에 제도화되어 있는 흑인이나 다른 소수집단에 대한 구조적인 폭력을 가시화하고 블랙 커뮤니티가 잉태한 잠재력을 보여 주는 것[35]이라는 다카시의 주장은 재일한인의 상황에 충분히 대입될 수 있다.

아메리카의 흑인 대신에 일본의 재일한인을 대입할 경우 일본 사회 속에 제도화되어 있는 재일한인에 대한 구조적인 폭력을 가시화하고, 재일한인 공동체가 잉태한 잠재력을 보여 주기 위한 대항 폭력을 상정할 수 있다. 맬컴 엑스 식의 대항 폭력이야말로 일본 제국이 재일한인에게 심어 놓은 피식민지적 특성과 자기증오로부터의 해방을 위한 적대성의 폭로인 것이다.

영화 〈박치기!〉와 〈박치기! LOVE & PEACE〉에 보이는 폭력의 양상은 그런 대항 폭력의 적극적인 몸짓으로 볼 수 있다. 〈박치기!〉를 보자. 조선학교에 다니는 재일한인 여학생이 일본인 남학생들에게 희롱을 당하자 조선학교 학생들이 몰려가 응징을 한다. 재일한인 2세인 안성 일행은 볼링장에서 만난 일본인 학생들과 별 이유 없이 패싸움을 벌이고, 일본 학교 학생들과 축구시합 중 이단옆차기를 날리기도 한다.

안성의 후배 재덕이 일본인 학생들에게 폭행당하고 돌아오다 어이없는 사고로 죽자 재일한인 학생들은 교토 외곽의 가모가와(鴨川) 연변에서 마치 전쟁을 치르듯 대대적인 패싸움을 벌인다. 그냥 보기에는 이들의 싸움에 특별한 이유가 있어 보이지도 않는다. 하지만 이들의 폭력의 근저에는 구 종주국에서 살아온 재일한인의 뼈아픈 역사가 자리 잡고 있음이 재덕의 장례식에서 밝혀진다. 슬픔에 찬 재일한인 1세들이 장례식에 참석한 일본인 학생 코우스케에게 내쏟는 울분 어린 절규에서다. 그들은 강제 징용당해 일본 탄광과 공사장에서 생사를 넘나드는 고생을 했고, 일본인들이 먹던 음식찌꺼기를 삼키며 연명했던 신산한 삶을 살아온 것이다. 일제의 탄압과 차별과 냉대에 시달려 온 재일한인들에게 일본인에 대한 적개심과 함께 자기증오의 감정이 생겨난 것은 당연한 이치다. 억압자에게 스스로 예속되려는 무력감을 극복하고 자기증오로부터 해방되기 위한 몸짓이 바로 영화에서 안성과 재일한인 2세 학생들이 보여 주고 있는 대항 폭력의 실체적 모습인 것이다.

식민주의 폭력의 요소들, 즉 식민지 상황이 잉태하는 폭력은 처음에 동포를 포함한 자신에게로 향하다가 나중에 식민주의 자체의 지배자에게로 방향을 바꾸기 마련이다.[36] 이처럼 폭력이 가족과 동족에게로 향하다가 식민주의 자체의 지배자, 즉 일본인들에 대한 대항 폭력으로 전환된 양상을 재현해 보여 주는 영화들이 바로 〈박치기!〉, 〈박치기! LOVE & PEACE〉라고 할 수 있다.

〈박치기!〉의 속편 격인 〈박치기! LOVE & PEACE〉에서 표출되는 폭력은 민족주의 정체성의 감정과 정서를 잘 드러낸다. 아들인 창수의 치료를 위해 도쿄로 이사를 간 안성은 학창시절 앙숙이었던 일본인 학생을 전차에서 만나 일행들끼리 난투극을 벌인다. 세월이 6년이나 지났지만 일본인의 조선인 학생들에 대한 폭력이 그대로인 것에 대한 묵은 감정이 폭발한 것이다. 이 영화의 하이라이트는 안성의 동생 경자가 배우로 출연한 영화 시사회 장면이다. 일본인 제작자와 배우들이 일본군과 태평양전쟁을 미화하며 찬양으로 일관하는 가운데 인사말을 하러 나온 경자가 자신이 제주 출신의 재일한인임을 커밍아웃하면서 폭언과 야유가 시작되고 시사회에 참석한 재일한인과 일본인 사이에 패싸움이 붙은 것이다. 경자가 자신의 아버지가 일본군 징병을 피해 도망친 것에 대해 감사한다며 파란만장한 가족사에 대해 말하자, 일본인 청중들은 "너희 나라로 돌아가라"며 민족적 차별의 말을 서슴없이 내뱉는다. 이 같은 상황은 안성 일행의 폭력이 맬컴 엑스가 말하는 반작용에 의한 대항 폭력임을 말해 준다. 파농이 제시하고 있는 식민지 상황이 잉태한, 식민주의 지배자에게로 향한 폭력이기도 하다.

경자가 영화 시사회장에서 보여 준 돌출행동은 그동안 당해 온 민족차별 때문에 촉발된 것이다. 경자는 재일한인이라는 이유로 사랑하는 일본인 남자 배우에게 배신당하고, 연예계에서도 차별과 냉대를 받는다. 경자는 처음에는 일본 사회에 적응하기 위해 자신의 출신과 정체성을 숨긴다. 그것은 일본인들의 재일한인에 대한 민족적 차별이 뚜렷하게 존재하고 있기 때문이다. 같은 공간에서 함께 살아가는 이웃을 타자화하면서 구획 짓고 그들에 대한 폭력을 행사하게 하는 견고한 틀의 정체가 바로 국민국가이고 민족주의라는 정치적 원리이다. 카야노 도시히토는 폭력의 조직화가 국민이라는 단위에 의해 수행되고, 또한 그것에 의해 지탱되는 사회편성의 형태가 국가라고 말한다. 국민국가란 폭력 행사의 독점을 요구하는 집단과 이를 강요당하는 사람들의 관계가 하나의 공동체로 재편성되었을 때 성립한다는 것이다.[37]

이 시각대로라면 국민국가의 국민이 이방인이나 비국민에 대해 배타적 폭력을 행사하는 건 국민국가의 특성에서 비롯된다고 볼 수 있다. 〈박치기! LOVE & PEACE〉에서 일본 국민이 이방인으로 여기는 경자 등 재일한인에 대해 차별적으로 대하고 폭력을 행사하는 것도 국민국가 구성원으로서의 행위다. 국민이라는 정체성 속에 내재된 폭력성의 위험을 이 영화를 통해 확인할 수 있다.

민족과 문화라는 개념도 사실은 서구 근대 국민국가의 형성과 함께 만들어진 국가이데올로기에 속한다. 민족이란 영속성을 갖는 초역사적인 자연적 실재가 아니라 근대 자본주의의 발전과정에서 국가 지배의 정당화를 위한 정치적 수단으로 생겨난 역사적 구성물로 보는 시각이 그것이다. 베네딕트 앤더슨에 의하면 민족은 상상된 공동체이다.[38] 각 민족 내에 보편화되어 있을지 모르는 불평등과 수탈의 관계에도 불구하고 민족은 언제나 심오한 수평적 동료의식으로 상상되기 때문이다. 앤더슨은 지난 2세기 동안 많은 사람들로 하여금 제한된 상상체들을 위해 스스로 기꺼이 죽을 수 있게 만든 것이 바로 형제애라고 지적한다. 이런 관점에서 볼 때 민족과 문화는 다른 국가와의 차이를 강조하는 배타적인 성격을 내포하고 있어 국경을 안쪽에서 만들어 내거나 지지하는 강력한 국가이데올로기로 작용해 왔다.[39] 또한 지금까지도 견고한 가치체계를 구축한 채 세계를 '우리'와 '그들'이라는 이분법으로 나눠 국가와 국민 이익 실현을 위한 무한 갈등과 충돌을 초래하고 있다. 이는 민족주의는 하나의 정치적인 원리이며 집단적 동일성을 구성하는 운동이라는 카야노 도시히토의 정의[40]와도 상통한다. 민족과 문화는 재일한인과 일본인 간 폭력의 원초를 제공하는 집단적 정체성을 형성한다. 두 편의 〈박치기!〉 영화에 재현된 이항 대립적 폭력의 양상은 민족이라는 상상된 코드에 접속된 본질주의가 발현된 것으로 볼 수 있다.

### 2) 경계선상의 사랑

영화 〈박치기!〉에서 사랑은 안성과 모모코, 경자와 코우스케 등 두 쌍의 재일한인-일본인 커플을 통해 변주된다. 이들 청춘남녀의 순수하고 풋풋한 사랑을 가로막으며 흐르고 있는 것은 민족적 정체성의 강물이다. 그런 만큼 이들이 사랑을 이루기 위해 넘고 극복해야 할 대상도 당연히 본질적 민족주의의 세찬 강물이다. 이 영화는 일본판 '웨스트사이드 스토리'로 알려지면서 흥행에 성공하고, 호평도 얻는다. 영화는 재일한인의 정체성이란 주제 아래 민족주의의 경계를 넘어서려는 경계선상의 불확실한 사랑을 보여 준다.

알랭 바디우는 구분되는 두 사람이 각각의 모습을 드러내 무대에 등장하고 새로운 방식으로 세계를 경험하는 바로 그 순간, 즉 불확실하거나 우발적인 어떤 형태의 만남을 통해 사랑은 시작된다고 말한다. 바디우 식이라면 사랑은 우연히 시작되는 데다 불확실한 속성을 갖는다. 조선학교 음악실에서 경자의 플루트 소리를 매개로 경자와 코우스케가 처음 만났을 때, 두 사람은 현실적으로 분리되고 구분될 수밖에 없는 조건 속에 있지만 주체적인 만남을 통해 아슬아슬한 경계선상의 사랑을 만들어 나가게 되는 것이다. 안성과 모모코 커플의 사랑도 구분과 분리 속의 만남을 통해 출발한다. 재일한인과 그들을 차별해 온 일본인은 쉽게 화해할 수 없는 역사적 경험을 가진 집단들이다. 그런 만큼 두 집단의 강력한 이원성과 극단적인 분리를 경유하여 대각선처럼 교차되는 측면이 사랑의 중요한 요소로 강조된다.[41]

학교 선생님의 지시로 조선학교에 친선 축구시합을 제안하러 간 일본인 학생 코우스케가 그곳에서 플루트를 연주하는 청순하고 예쁜 경자를 보고 한눈에 반한 사건은, 불확실하고 우발적인 만남이다. 코우스케는 교토의 재일한인 학생들과 일본인 학생들의 상습적인 갈등과 패싸움을 화해시키기 위한 친선사절로 조선학교에 찾아간다. 하지만 코우스케는 조선학교 학생들로부터 환영받지도 못하고, 어렵게 성사된 축구시합도 폭력이 난무하는 엉망진창의 난투극으로 변해 버린다. 이런 상황에서 경자와 코우스케의 사랑은 미래가 불확실할 수밖에 없다. 그들의 사랑은 좌절될 수도, 희망적일 수도 있다. 특정 정체성에 매몰되지 않는 사랑 만들기가 관건이다.

이들은 과연 민족적 정체성의 경계를 넘어 둘의 관점에서 형성되는 하나의 삶을 이루어 낼 수 있을까? 이 물음에 대한 답을 알랭 바디우는 사랑의 지속성과 충실성, 그 과정에 대한 물음에서 찾는다. 알랭 바디우 식 사랑은 사랑을 소진시켜 둘을 하나로 통합해 버리는 급진적이고 낭만적인 사랑이 아니다. 즉 개인인 두 사람 사이의 폐쇄된 관계라기보다는 양자가 지속적으로 무엇인가를 구축해 가는 과정의 사랑인 것이다.[42]

코우스케는 친하게 지내던 재일한인 학생 재덕의 장례식 기간에 라디오방송에 출연해 한반도 분단의 아픔을 노래한 '임진강' 노래를 불러 재일한인들의 이해와 공감을 얻는다. 이 행위는 경자와의 개인적 폐쇄 관계에 머물지 않고 민족 간 경계를 넘어 새로운 정체성의 공간을 구축해 가는 상징적 모습을 보여 준다. 오스트리아 빈에 가서 오케스트라를 공부하고 싶어 하는 꿈을 가지고 있는 경자도 마찬가지다. 모모코가 안성 몰래 그의 아이를 낳는 것도 그러한 사랑의 구축 행위로 볼 수 있다. 북한 축구대표 선수가 되기 위해 북송선을 타기로 했던 안성이 자신과 모모코 사이에 아이가 태어나자 일본에 남기로 결심한 것도 가족이라는 새로운 모색 과정의 사랑 만들기에 해당된다.

재일한인과 일본의 젊은이들이 교토라는 혼종의 문화공간 속에서 겪는 융합의 과정, 그것이 바로 영화 〈박치기!〉의 사랑 방정식이다. 일본인과의 불확실한 사랑 방정식에 도전한 안성과 경자, 두 사람은 민족적 정체성과 개인적 정체성 사이에 선 경계인으로 표상된다. 민족적 정체성의 경계 넘기를 계속 시도하고 있다는 것 자체가 역설적으로 말하면, 영화의 배경인 1968년 당시에 재일한인들은 안성과 경자가 넘어서기 위해 그토록 안간힘을 썼던 '상상된 민족공동체'의 정체성에 포획돼 있었다는 사실을 반증해 준다.

1974년 도쿄를 배경으로 제작된 〈박치기! LOVE & PEACE〉에서 안성과 경자의 사랑이 순탄치 않음을 확인했을 때, 그런 우려는 현실로 다가온다. 모모코는 죽고 안성은 아들 창수를 홀로 키우는데, 창수는 불치병을 앓고 있다. 경자는 엄마를 잃고 병에 걸린 조카의 치료비를 마련하기 위해 우연한 기회에 연예계로 진출해 유명 배우 노무라를 만나 사랑에 빠지지만 재일한인이라는 이유로 버림을 받는다. 노무라와 잠자리를 같이한 뒤 경자가 노무라의 가족을 만나고 싶다고 말하자 노무라는 "무리야, 우리 부모도 가만히 안 있을 거야. 한국인과의 결혼을 용서할 리 없잖아"라고 말한다. 그들 남녀의 사이에 골 깊은 민족 정체성의 강이 흐르고 있었고, 그 강에 막혀 경자와 노무라의 관계는 중단돼 버린 것이다. 이런 종류의 사랑은 존재의 강렬한 만남으로 시작돼 순간의 황홀감으로 불타서 소진되고 소비되는 사랑일지도 모른다. 하지만 무대에 둘이 등장해 지속적으로 구축하고 사유하는 사랑은 아니다.

반면, 경자를 순수하게 좋아하는 전직 전차 운전원인 일본인 청년 사토는 경자와 안성의 집에 자주 드나들며 안성의 아들인 창수와도 친해지는 등 경자와의 새로운 사랑을 예고한다. 이는 민족적 경계를 넘어서려는 새로운 시도의 사랑 만들기다.

〈박치기!〉는 반목과 대립의 이미지가 강한 영화다. 이 영화는 재일한인과 일본인 간에 두껍게 형성된 민족적 정체성의 장벽을 이들 사이에 발생하는 감정적이고 원초적인 폭력의 양상을 통해 잘 형상화하고 있다. 영화는 양자 간 민족적 정체성의 발현이 일제의 한반도 식민지배와 남북 분단의 역사적 사실과 깊게 연관되어 있다는 점을 일깨워 준다.

영화 주제곡으로 삽입된 '임진강'이나 영화의 배경이 된 교토 외곽의 가모가와는 민족주의적 정체성이 지배하는 갈등과 대립, 경계의 이미지를 효과적으로 드러낸다. '임진강' 노래는 한반도 남북 분단,

재일한인과 일본인 사이의 갈등을 중의적으로 암시한다. 가모가와는 재일한인이 사는 변두리 지역(히가시 9조)과 일본인 거주 지역을 양분해 가르는 강으로서, 재일한인 학생들과 일본인 학생들 사이에 패싸움이 일어나는 싸움터가 되기도 하고, 재일한인 여학생과 일본인 남학생을 연결시켜 주는 만남의 장이 되기도 한다. 재일한인 학생들과 일본인 학생들이 대치하며 만들어 내는 이 같은 공간적 상황에 대해 '대립'과 '화해'의 장이라는 '경계선'이 갖는 특유의 이중성을 담아냈다는 평가[43]는 장소가 갖는 다원적 성격과 관련해서 의미가 깊다. 경계선상의 사랑과 대항적 폭력이 동시에 작동하는 가모가와의 중층적 이미지를 영화는 잘 보여 준다.

〈박치기!〉에서 안성이 일본 학생들에게 박치기 하는 것에 대해, 메이저와 마이너리티가 동등한 인간으로서 정면에서 맞부딪침으로써 때리는 자도 맞는 자도 함께 고통을 느끼는 과정이 동반돼야만 서로가 서로를 이해하고 화해할 가능성이 열린다고 한 해석[44]도 신선한 시각이다. 몸과 몸이 부딪치는 충돌과 갈등이 화합과 혼종의 실마리를 제공할 수 있다는 관점이다.

하지만 이들 두 편의 영화에서 청춘 남녀가 사랑의 경계 넘기를 시도하는 모습들은 화해와 공존을 위한 충분한 과정을 생략한 채 충동적인 경향이 강해 아쉽다. 〈박치기!〉에서는 방송에서 흘러나오는 '임진강' 노래를 듣고 감동을 받은 경자가 방송국으로 달려가 코우스케의 프로포즈를 받아들인다. 안성은 아이의 출생으로 자신의 꿈을 포기하고 모모코와 가정을 이룬다. 〈박치기! LOVE & PEACE〉에서도 자신과 노무라에게 내재된 민족적 정체성의 강고한 틀은 그대로 놓아 둔 채 사랑을 꿈꾸었던 경자는 바로 그 민족적 정체성의 덫에 걸려 넘어진다. 삶의 방식에 대한 획기적인 전환 없이 양자 간 진정한 사랑을 이루는 것은 불가능하기 때문이다. 이런 이유로 재일한인 디아스포라의 향후 존재 방식에 대한 탐구가 요구된다는 지적[45]은 재일한인들이 상상된 민족공동체의 정체성 의식에서 벗어나 공생의 미래지향적 정체성을 획득하기 위해 부단히 변화해 가야 한다는 주장으로 와 닿는다.

한편 이즈츠 가즈유키 감독은 〈박치기!〉 영화 속에서 재일한인의 문제를 단순히 민족주의적 정체성의 본질주의에 한정시키지 않는 새로운 시선을 제공한다. 감독은 베트남전쟁 등 1960~70년대 미국의 패권주의와 냉전체제에 대한 비판에서 비롯된 학생운동과 민중적 계급연대에 관심을 기울인다. 이로써 제3세계 민중운동과의 연대 차원에서 재일한인 문제에 접근하는 새로운 지평을 열고 있다. 조선학교 학생이었던 안성 · 방호 · 재덕이 일본인 학생 운동가들에게 쇠파이프와 헬멧을 팔고, 코우스케의 친구인 노리오가 아마도 안성 등이 만들었을 수도 있는 쇠파이프를 들고 학생 데모에 참가하는 것 등이 그러한 제3의 시선을 제공한다.[46] 이 같은 상황은 교토의 일본인과 재일한인 등 사회 저항세력이 민중운동의 틀 안에서 관계를 맺게 되는 혼종성의 로컬리즘 표출로도 볼 수 있다는 주장[47]으로 이어진다. 영화 〈박치기!〉는 재일한인의 디아스포라 문화가 차이와 함께 혼종성을 드러내는 경계로서의 판타지 공간을 제공한다는 것이다.

## 세계시민주의 지향의 정체성 :
### 영화 〈GO〉, 〈달은 어디에 떠 있는가〉

#### 개별적 자유주의 : 영화 〈GO〉

재일한인 2세, 3세로 세대가 내려오면서 억압과 저항이라는 이분법적 속박에서 벗어나 자신의 방식으로 개인적 좌표를 설정하려는 새로운 정체성 의식이 싹터 가고 있다. 한반도 남북이나 일본의 국가주의에 포획되지 않은 경계상의 주체로서, 개인 삶의 솔직한 정체성을 찾아 나서고 있는 재일한인의 변화된 모습과 활기찬 행보를 보여주는 영화가 유키사다 이사오 감독의 〈GO〉(2001)이다.

이 영화는 민족 · 국가적 집단 정체성을 넘어 여러 가치들이 다원적으로 공존하는 개방적 사회를 향해 달려가는 3세대 재일한인 젊은이들의 현주소를 유쾌하고 박진감 넘치는 영상언어로 보여 준다. 한국인도 아니고 일본인도 아닌 새로운 정체성, 남과 북의 이념을 초월한 제3의 정체성, 민족 · 국가적 소속을 벗어나 인간의 보편적이고 개별적인 문제에 대한 개인적 성찰을 주제로 다룬다. 개별적 자유주의는 종래 우리 삶을 규정했던 민족, 인종, 종교 등의 집단적 정체성의 경계를 횡단할 뿐만 아니라 계급, 직장, 젠더 등 실제 생활 속의 다양한 정체성 의식을 갖는다. 자신의 개별적 정체성을 찾아 갈등하고 분열하는 젊은 세대 재일한인의 이미지를 잘 형상화하고 있는 영화가 〈GO〉라고 할 수 있다.

원작은 가네시로 가즈키(金城一紀)의 장편소설 『GO』.[48] 가네시로

가즈키는 이 작품으로 재일한인 작가로는 최초로 '나오키 문학상'을 수상했다. 이 소설은 어디에도 속하지 못하는 재일한인의 정체성 혼란을 날아갈 듯 가볍고 유머 넘치는 유쾌한 필치, 감각적인 문체와 빠른 템포로 그려내고 있다는 평을 받는다.[49] 어린 시절 조총련계 초등·중학교를 다니다가 일본인 학교로 전학을 가서 차별과 정체성 혼란에 시달렸던 가네시로 가즈키의 경험이 소설과 영화에 그대로 녹아들어 있다. 작가와 감독은 재일한인 젊은 세대를 결코 반사회적이거나 폐쇄적인 모습으로 바라보지 않는다. 반항적이긴 하지만 오히려 자유를 갈망하는 생기발랄한 모습으로 묘사하고 있다.

영화는 재일한인의 정체성 혼란과 갈등, '나 찾기'라는 심각한 주제를 내포하고 있음에도 불구하고 주인공인 재일한인 3세 스기하라(杉原)와 일본인 여학생인 사쿠라이의 개인적인 연애 이야기에 초점을 맞추고 있다. 화자인 주인공 스기하라는 영화 곳곳에서 일인칭 시점의 내레이션을 통해 "이건 나의 연애 이야기"라고 거듭 강조한다. 스스로 자기 삶의 주인공은 바로 자신임을 끊임없이 확인하는 최면을 걸고 있는 셈이다. 재일한인의 정체성 문제가 영화에 내재된 심층의 주제라면, 러브스토리는 표층의 주제라고 할 수 있다. 이들 두 개의 주제는 주인공 스기하라에게 떼려야 뗄 수 없는 동전의 양면 같은 것들이다.

### 1) 탈주의 폭력

프란츠 파농은 식민지 상태에서의 해방이 곧 정신적인 노예상태에 놓여 있는 심리적 병으로부터의 치유라는 문제설정 속에 폭력을 개념화한다.[50] 폭력이 '사회복귀 훈련'이라는 치유의 의미를 지니고 있다는 것이다. 파농이 폭력에 지성을 부여해야 한다고 말한 부분이다. 정신적인 노예 상태로부터의 심리적 해방을 통한 '사회복귀 훈련'이라는 차원에서 폭력의 양상을 파악할 때 영화 〈GO〉를 주목하게 된다. 자신을 지키기 위한 폭력, 개인의 자유를 쟁취하기 위해 경계를 넘는 탈주 폭력의 양상을 잘 보여 주고 있기 때문이다. 이 영화는 개인의 자유를 속박하고 있는 국가나 민족 등 집단적 정체성 의식의 경계를 허무는 주체적 행위로서의 폭력을 보여 준다.

영화는 상영 내내 경계를 넘는 탈주의 이미지를 보여 준다. 특정 정체성의 고정 관념에서 벗어나 개별적 자유를 획득하려는 재일한인의 실존적 변화를 느낄 수 있다. 스기하라가 조선학교에서 군사 제식 훈련을 하다가 혼자 대오를 벗어나 반대 방향으로 걸어간다든지, 경찰에 쫓기다 철조망을 뛰어넘기 위해 공중으로 날아오르는 장면 등은 내면적 탈주 욕망이 외면적 행동으로 표출됐음을 강력한 이미지로 전달한다. 이는 질 들뢰즈가 『천의 고원』에서 말하고 있는 유목론의 의미, 즉 도망치는 사상, 스스로 소수자가 되어 가는 사상, 혹은 정주적인 발상을 넘어서 항상 경계 쪽으로 새로운 대지를 찾아 움직이는 사상[51]과 맥락을 같이한다고 볼 수 있다.

영화 도입부의 화면도 상징적이다. 지하철 철로에 내려서 있던 스기하라는 지하철 전동차가 플랫폼에 들어오는 순간 그야말로 죽을 힘을 다해 다음 역 방향을 향해 질주해 간다. 자칫하다가는 전동차에 깔려 죽을 판이다. 스크린 속에서 정지화면으로 분할돼 속도감을 더하는 이 시퀀스는 재일한인의 풀리지 않는 정체성이 미친 듯 질주하는 장면으로 외화된 것으로 해석된다.[52] 이 장면은 달려 들어오는 지하철의 속도보다 빠르게 다음 역을 향해 움직여야 살 수 있듯이, 재일한인 3세대가 전면에 나선 시대적 변화 속에서 재일한인의 정체성도 한 곳에 머물러 있을 수 없다는 실존적 상황을 잘 보여 준다. 부모 세대가 끌어안고 고민했던 민족적 정체성의 플랫폼에서 벗어나 이제는 다양한 가치가 기다리고 있는 새로운 정체성의 플랫폼을 향해 나아갈 때가 됐다는 영상적인 메시지로 읽힌다.

영화 〈GO〉의 폭력은 자신을 지키기 위한 폭력, 개인의 자유를 쟁취하기 위해 안과 밖의 경계를 무너뜨리는 폭력의 성격을 띤다. 권투 선수였던 스기하라의 아버지는 팔을 쭉 뻗어 주먹으로 그린 원의 안쪽과 바깥으로 세상을 나눈다. 주먹으로 그린 원의 안쪽은 안전한 세상이고, 그 바깥은 험난한 세상이다. 아버지에게 복싱 철학은 '원을 주먹으로 깨부수고 밖의 것을 쟁취하는 행위'이다. 아버지는 일본인의 편견과 멸시가 판치는 원 바깥의 세상을 견디며 '조선적'을 가진 재일한인[53]으로서 악착같이 살아왔다. 하지만 자신이 신봉했던 사회주의 신념도, 중요시했던 국적도 아들의 장래와 사랑하는 아내와의 세계여행을 위해 과감히 던져 버린다. 아버지가 국적을 바꾸며 선택하고 쟁취하려 한 것은 한국이라는 또 다른 특정 국가의 정체성이 아니라 아들의 미래요, 자유이다. 즉 국가주의의 경계를 넘는 새로운 정체성의 길이다.

공원에서 벌인 스기하라와 아버지의 권투시합은 재일한인 세대 간의 갈등과 반목을 상징적으로 보여 준 장면이다. 아버지는 반칙으로 승리하지만, '자이니치니 일본인이니 따지지 말고 넓은 세상을 보라'고 아들에게 충고한다. 아버지가 '춤도 배우지 못하게 해서' 자주 가출하는 어머니도 아버지가 지배하는 가정의 답답함과 폐쇄성의 경계를 넘는 탈주 행위를 실천해 보여 준 것이다.

스기하라는 국적을 한국으로 바꾸지만 엄밀한 의미에서 '한국인'이라고 말할 수도 없다. 일본에서 태어나 일본에서 살아갈 '한반도계 일본인(Korean Japanese)'이다. 즉 지배와 피지배의 이분법적 제도에 속박된 주변인이라고 할 수 있다.[54] 그래서 그는 일본 사회 적응을 위해 자신이 속해 있는 주변부 소수집단의 원 밖으로 탈주를 시도한다. 그 과정에서 발생한 마찰이 폭력의 형태로 나타난다. 스기하라에게 원 밖으로 나가는 일은 국경이라는 족쇄를 부수고 주류 사회인 일본 사회 안으로 진입하는 것이다. 그는 다니던 조선학교를 그만두고 일본학교로 전학하는 탈주를 감행한다. 강적이 우글거리는 원 밖으로 자신의 새로운 정체성을 획득하기 위해 뛰어든 것이다. 그런 그에게 기다리고 있는 것은 일본 학생들과의 끊이지 않는 폭력적 대결이다.

스기하라가 일본학교로 전학가기 전 조선학교에서 겪은 폭력은 민족적 정체성에서 발화한 폭력이다. 민족교육을 실시하고 있는 조선학교의 김 선생은 일본어를 사용했다는 이유와 일본학교로 전학을 간다는 이유로 스기하라를 '민족반역자'로 몰아붙이면서 무자비한 폭력을 행사한다. 일본말 사용과 일본학교로의 전학을 민족적 자부심과 정체성에 대한 심각한 도전으로 받아들인 것이다. 그것은 다름 아닌 조선학교 내부의 자존심을 지키기 위한 규율로서의 폭력[55]으로 볼 수 있다. 스기하라는 이러한 규율과 규범을 싫어하고, 그 경계를 넘고 싶어 한 것이다. 교실에서 폭력을 행사하는 김 선생을 향해 조선학교 우등생 정일이 "우리에겐 처음부터 나라 같은 건 없었습니다"라고 외치는 상황도 민족주의와 국가주의의 허울 아래 강요되고 있는 재일한인 내부의 획일적 강제성과 폭력에 대한 반발이다. 북한 정권과 재일한인 사이에 어떠한 긴밀한 유대나 교류도 이루어지지 않고 있음을 항변한 것이다.[56] 한반도의 본국으로부터 아무런 보호와 혜택을 받지 못하는 재일한인, 그것도 조국에 대한 희미한 기억조차 없는 재일한인 3세들에게 명목뿐인 조국애와 민족애를 갖기를 바라는 것은 사실상 불가능한 일이다. 정일이 그러한 모순적 현실의 정곡을 찌른 것이다.

정일은 재일한인 아버지와 일본인 어머니에게서 태어났지만, 일본학교에 다니지 않고 조선학교에 다니는 학생이다. 정일은 장래 조선학교 교사가 되겠다는 꿈을 가지고 있으며, 축제 때 만담 대회를 열고 싶어 하는 매우 진취적이고 미래지향적인 비전을 가진 학생이다. 그는 조선인과 일본인 사이의 경계를 넘어 서로 넓은 세상에서 만나 함께 교류하기를 원했고, 그런 이유로 조선인과 일본인의 혼혈인 자신이 조선학교 교사가 되어 그들을 연결해 줄 징검다리를 놓아 주고 싶어 했던 것이다. 그런데 아이러니하게도 정일은 교류하기를 원했던 일본 학생의 손에 죽음을 맞는다. 지하철역에서 조선학교 여학생을 집적대던 일본인 남학생을 저지하려던 순간, 그 일본인 학생이 휘두른 흉기에 찔려 피우지도 못한 꿈을 접은 것이다. 이 장면은 일본의 한반도 식민지배의 역사를 안고 있는 양국 민족 간 감정의 골이 아직도 깊음을, 그들 간의 화해와 공존이 쉽지 않음을 보여 준다.

일본학교로 진학을 간 스기하라는 일본학생들로부터 조선인이라는 이유로 차별과 이지메를 당한다. 농구장에서 일본 선수들과 이단옆차기 등 활극을 방불케 하는 싸움을 벌인 이후, 그는 학교에서 유명해지고 일본 학생들로부터 잇단 도전을 받지만 모두 물리쳐 '싸움

짱'의 자리를 지켜낸다. 복서 출신 아버지에게서 초등학교 때부터 배워 온 권투 실력 덕분이다. 그리고 바로 그 '센 주먹'만이 자기를 지키고 자신의 존재를 인식시켜 주는 유일한 창구 역할을 한다.[57] 주먹, 곧 폭력으로 지켜낸 그 자리가 스기하라 자신의 정체성을 확인하는 공간이었던 셈이다. 하지만 스기하라는 정일의 장례식장에서 정일을 죽인 일본 학생들을 공격하자는 조선학교 친구들의 제의를 '정일은 폭력을 원하지 않을 것'이라며 거절한다. 스기하라의 폭력은 단순히 복수를 위한 폭력이나 폭력을 위한 폭력이 아닌 것이다. 그의 폭력은 자유를 쟁취하기 위한 탈주 폭력, '사회복귀를 위한 훈련'으로서의 폭력이다.[58]

스기하라는 개인적으로 민족적 정체성을 찾아가는 모습을 보여주기도 한다. 친구 정일의 권유로 조선 만담에 관심을 갖게 되고, 『현대조선혁명력사』라는 조선학교 교재를 배에 두른 채 일본 학생들과 싸움을 벌이는 등 나름의 유쾌한 방식으로 민족의식에 눈뜨기 시작한 것이다. 요컨대, 정일과 스기하라는 민족공동체의 정체성 자체를 부정하거나 거부하는 것은 아니다. 억압과 강제의 국가이데올로기로 작용하는 집단적 정체성의 규율과 규범에서 탈주하고자 하는 것이다.

#### 2) 낭만적 사랑

낭만적 사랑은 종종 찰나적 매혹, 즉 '첫눈에 반한 사랑'을 함축하기도 하지만 열정적 사랑의 성적이고 에로틱한 충동과는 엄격하게 구분된다. 나와 타자 사이의 느낌이 중요하다. 앤소니 기든스는 낭만적 사랑 자체가 정신적 커뮤니케이션 즉 영혼의 만남을 가정하기 때문에 낭만적 사랑에 빠진 개인에게 그 사랑의 대상인 타자는, 단지 그가 딴 사람이 아닌 바로 그 사람이라는 이유 하나만으로도 자신의 결여를 메꾸어 줄 수 있는 그런 존재라고 말한다.[59] 이러한 낭만적 사랑은 영화 〈GO〉의 일본인 소녀 사쿠라이가 '살아 있는 눈빛'의 소유자인 재일한인 스기하라에게 첫눈에 반한 개인적 취향의 사랑이기도 하며, 스기하라가 국적의 표상인 이름을 버리려 하면서까지 획득하려고 한 사쿠라이에 대한 개별적 자유의 사랑이기도 하다. 이는 한 사람과의 완전한 융합이나 결합에 대한 갈망이라는 점에서 프롬이 말하는 에로틱한 사랑의 기술과도 통한다. 그것은 본질상 배타적인 것이지 보편적인 것은 아니다.[60] 이런 종류의 사랑은 집단적 정체성의 제약에서 벗어나 각자의 개별적 자유를 추구하는 특징을 띠게 마련이다.

스기하라는 처음 사쿠라이를 만났을 때 '통명'[61]으로 자기를 소개하고, 본명은 감춘 채 얘기를 하지 않는다. 그의 본명과 국적은 두 사람의 첫 섹스 직전에 스기하라의 고백으로 밝혀지고, 사쿠라이는 열려던 몸을 닫는다. '한국인이나 중국인은 피가 더러우니 사귀지 말라는 말을 어릴 때부터 들어 왔기 때문에 몸이 안 따라온다'는 이유다. 대대로 내려오는 관습적이고 무의식적인 민족적 정체성의 덫이다. 순혈주의를 고집하는 일본 민족의 심성 내부에 드리워진, 구 식민지 국가의 국민에 대한 차별적 민족감정의 깊은 그림자라고 할 수 있다. 피가 더러워서 결합할 수 없다는 이 극단적 상황은 '몸의 정치학'[62]으로 해석되기도 한다. 이 장면에 대해 영화감독 최양일은 '젊은 남녀가 사랑하는 마음으로 호텔에 가서는 침대 위에서 자신의 민족성을 확고히 하지 않으면 섹스가 불가능하게 된다는' 어처구니없는 상황으로 파악했다.[63] 사쿠라이의 아버지는 일본 정부의 정책에 대해 비판적인 성향을 보이는 진보적인 사람이다. 하지만 사쿠라이 집

안의 이 같은 개방성도 순혈주의에 포박된 민족적 정체성의 한계를 넘어서지 못한 것이다.

이 영화는 셰익스피어의 작품 『로미오와 줄리엣』에 나오는 유명한 대사인 "이름이란 뭐지? 장미꽃은 다른 이름으로 불러도 아름다운 향기는 그대로인 걸"이라는 장미꽃의 비유를 재일한인이 안고 있는 이름 문제의 알레고리로 연결시킨다. 장미꽃이 무엇이라 불리든 그 향기가 달라지지 않는 것처럼, 재일한인의 이름이 무엇이든 그 사람은 그 사람 자체라는 것이다.

국가이데올로기로서의 상상된 민족공동체적 정체성의 벽에 부딪혔던 두 청춘남녀는 결국 낭만적 사랑의 '추구'라는 특징적 지향 안에서 통합된다. 이 추구는 타자가 자기를 발견해 줌으로써 비로소 자기 정체성이 인정받기를 기다리고 있는 오딧세이라고 앤소니 기든스는 정의하고 있다.[64] 이름 공개 사건 이후 잠시 헤어져 있던 사쿠라이가 스기하라를 다시 찾았을 때 스기하라는 사쿠라이로부터 자신이 재일한인이라는 사실을 인정받은 뒤 "나는 재일외국인도 외계인도 아니고 난 나다. 나조차도 버리겠다"고 외친다. 사쿠라이로부터 자신의 정체성을 인정받은 스기하라가 마침내 새로운 오딧세이의 깃발을 올린 것이다. 이는 일본 땅의 재일한인 디아스포라로서 제3의 존재로서 살아가겠다는 의지의 천명이며, 필요하다면 재일한인이라는 이름조차도 버리고 자유로운 한 인간으로서 살아가겠다는 강력한 메시지다. 실천적 주체로서의 '경계인', 즉 개별적 인간 스기하라가 탄생하는 순간이다.

한반도 남은 남대로, 북은 북대로, 일본은 일본대로 재일한인을 자신의 정치적 그물 속에 포획하려는 국가주의이데올로기의 압력 속에서, 스기하라는 국가주의의 저장소인 이름의 정치학을 온몸으로 거부함으로써 국가주의에 포섭되지 않는 주변인의 관점을 일깨워 준다.[65] 어느 한쪽의 집단성에 속박되지 않는 경계인의 실존적 감각이야말로 공존의 다문화 사회 개척에 필요한 개방성과 주체성을 확보하고 있다.

앤소니 기든스에 의하면 낭만적 사랑을 추구하는 여성은 능동적으로 사랑을 생산한다. 자신에게 무관심하고 냉담하게 대하거나 공공연히 적대시하던 남자의 마음을 열고 들어가 그것을 누그러뜨리고 타자의 적대를 헌신으로 바꾸어 놓는다는 것이다.[66] 사쿠라이는 체육관에서 스기하라를 보고 첫눈에 반한 뒤 그에게 접근해서 사귀고, 스기하라가 재일한인이라는 사실을 안 뒤에 헤어졌다가 다시 자발적으로 돌아와 스기하라가 추구하는 오딧세이를 만족시켜 준다. 이런 일련의 행동들은 낭만적 사랑에 빠진 여성의 능동적 행위이다. 그렇다면, 사쿠라이의 마음을 변하게 한 힘은 무엇이었을까. 그것은 스기하라를 처음 봤을 때의 느낌, 그 강렬한 눈빛의 끌림에 대한 지향이고 추구이다. 사쿠라이 개인의 취향과 감정에 충실했던 것이다. 영화 〈GO〉는 재일한인 남자 스기하라와 일본인 여자 사쿠라이가 만나 서로를 고양시키고 상승시켜 주는 남녀 간의 낭만적 사랑에 관한 얘기다.

재일한인 3세 스기하라를 이루는 요소는 다양하다. 권투선수 출신의 다소 폭력적이고 보수적인 아버지와 세대 갈등을 일으키는 고등학생 아들. 국적을 조선에서 한국으로 바꾼 뒤 조선학교를 자발적으로 그만두고 일본학교로 전학 가 일본학생들의 이지메에 맞서 폭력적 시위를 벌이는 반항아. 본명을 숨기고 통명을 사용하지만, 나중에는 "난 재일외국인도 외계인도 아니다. 나는 나다. 아니 나조차도 버리겠다"며 민족적 정체성의 속박을 거부하는 자유주의자. 일본 조직폭력단 보스의 아들과 우정을 나누는 주변인 소년. 민족성과 국적의 높고 두꺼운 경계를 넘어 일본 소녀와 사랑을 만들어 가는 경계인. 이 모든 정체성들 가운데 꼭 집어 어느 것이 스기하라의 진짜 모습이라고 말할 수는 없다. 분명한 건 국적상으로 대한민국 국민이라는 국가주의, 한민족의 피가 흐르고 있다는 민족주의가 그의 정체성 전체를 지배하고 있지는 않다는 점이다. 국가적 경계가 불분명한 재일한인이라는 존재 조건 자체가 국가주의의 집단적 정체성에 포획되지 않게 막아 주고 있기 때문이다.

〈GO〉는 자신의 정체성을 찾아 갈등하고 분열하는 젊은 세대 재일한인의 이미지를 잘 형상화하고 있는 영화이다. 민족과 국가라는 정체성은 영구불변의 가치는 결코 아니라는 점을 이 영화는 말해 주고 있다. 영화는 21세기를 살아가는 신세대 재일한인이 민족이라는 집단적 정체성의 속박에서 벗어나 개인적 정체성의 자유를 찾아가는 과정을 열린 시선으로 바라볼 수 있게 하는 관점을 제공한다.[67] 스기하라가 아버지의 말을 인용해 스페인어로 "나는 조선 사람도 일본 사람도 아닌, 떠다니는 일개 부초다"라고 한 말은 일본사회에 팽배한 차별과 편견을 통렬히 비판하면서도, 동시에 주인공이 특정 집단적 정체성의 범주에 전적으로 귀속되기를 거부하고 자신의 개별적 정체성을 쟁취하려는 반항적 탈주 의식을 대변해 준다. 스기하라는 민족과 세계시민 사이의 경계선상에서 끊임없이 정체성 탈주를 시도하는 동시에 이민족 소녀와의 낭만적 사랑을 가꾸어 나가는 '움직이는' 존재다.

한편, 스기하라와 사쿠라이의 막판 재결합은 동화의 느낌이 강하고 과장된 액션과 에피소드의 나열은 비현실적이라는 견해[68]가 제기

된다. "조선학교 꼴통이 사회에 나가 봤자 별 볼일 없고, 적응에 성공할 가능성이 별로 없다"거나 "취직은 절대 하지 않을 것이다. 사장이 될 수 없다. 희망도 없이 조직에 인생을 바치는 건 생각만 해도 끔찍하다"는 스기하라의 불만들은 그저 언어적 고발에 그칠 뿐이다. 재일한인이 일본 사회에서 차별받고 있는 현실에 대항해 싸우는 모습들을 보여 주는 영상 이미지는 찾아보기 어렵다.

영화는 스기하라와 일본 폭력조직 보스의 아들 가토와의 우정, 한국인 여자 친구와 사귄 적이 있는 일본인 경찰과 스기하라의 우연한 만남을 통한 공감대 형성 등의 사건을 통해 일본 사회의 마이너리티로 살아가고 있는 재일한인과 주류 일본인의 연대의식을 제시하고는 있다. 하지만 이 또한 현실적인 삶 속에서 구체적인 관계성과 실천성을 가진 유대의 가능성을 보여 주지는 못하고 있다.

사쿠라이가 스기하라의 반항적 눈빛에 빠져 한눈에 반한 설정도 서로의 차이에 대한 조건을 정확하게 인식하고 그것을 바탕으로 사랑을 구축해 가는 성숙함을 보여 주지는 못한다. 단지 자기가 갖고 있지 않은 '그 무엇'에 대한 동경의 매혹에 걸려든 측면이 강하다.[69] 이는 일본인 자신을 바라보는 거울로서 재일한인을 표상해 온 일본 영화의 문법에 머물게 되는 것으로, 재일한인의 실체적 정체성을 그려내는 데 성공하지 못한 부분으로 지적된다.

### 공생적 세계시민주의 : 영화 〈달은 어디에 떠 있는가〉

최양일 감독의 〈달은 어디에 떠 있는가〉(1993)는 재일한인 작가 양석일의 자전적 소설 『택시광조곡』(1987)을 원작으로 만들어진 영화이다. 이 영화에 나오는 주인공 강충남(일본식 이름 타다오)은 어떤 권위나 속박에도 얽매이지 않는 자유로운 삶을 지향하는 생활인이다.

재일한인 3세, 4세들은 국적상의 '국가'와 혈통인 '민족'의 귀속이 일치해야 한다는 고정적인 단일 정체성 관념에서 점차적으로 자유로워지고 있다. 재일한인 중에는 한국 국적을 취득한 이들과 무국적의 '조선적' 소지자[70]들이 있다. 하지만 자신이 한반도 남북이나 일본, 어느 쪽의 국민인지를 구별하려는 국적 개념은 점차 의미를 잃어 가고 있다. 이들에게 조국이나 본국 개념은 희미해지는 한편, 일본에 정착한 정주자(定住者) 의식이 점차 부각되고 있는 것이다.

이들은 일본 정부에 세금을 내고 일본의 언어와 문화 속에서 일본인들과 어울려 살아가고 있는 한반도계 소수민족, 곧 '코리안 재패니즈(Korean Japanese)'라는 현실감각에 눈떠 가고 있다. 영화에서 택시기사로 일하는 충남이 일본인 승객과 나누는 대화에서 오히려 일본인 승객이 한국의 역사와 서울의 사정에 대해서 더 잘 알고 있는 반면, 충남은 일본군 위안부 문제 등에 대해 별 관심이 없다. 오히려 "일본에 살려면 일본어를 해야 한다"며 일본에서 살아가는 시민으로서의 적극적인 태도를 보인다.

이러한 의식 변화는 1989년 베를린 장벽 붕괴와 1991년 구소련 해체 등 전 세계적인 탈냉전의 분위기 속에서 일본 내 민단과 조총련 사이의 대립과 갈등이 그 이전에 비해 약해진 현실과도 무관하지 않다. 탈냉전과 세계화의 흐름 속에서 재일한인 사회를 양분했던 이념적 정체성의 경계가 불분명해지고 양 진영 사이에 화해 무드가 형성되면서, 민족적 정체성을 강화하기보다는 경계 넘기를 통해 일본인들과 어울려 살아가려는 생활적 측면의 공생적 시민주의 경향을 보이고 있는 것이다.

이 영화는 일본 사회 정주에 성공한 재일한인 여성(가라오케 바 여주인)과 그녀의 아들 충남, 그리고 충남과 연인관계에 있는 필리핀

인 뉴커머 여성 코니(가라오케 바 여종업원) 사이의 중층적 갈등과 사랑을 그려내고 있다. 충남과 일본인 택시기사 호소 사이의 민족과 국적을 뛰어넘은 우정, 반대로 조선학교 출신 세 동창생이 자본주의적 계급 분화에 따라 벌이는 민족 내부의 균열과 갈등이 영화 전개의 중심축이다. 다인종·다문화 사회의 계급적 연대와 혼종의 정체성을 바탕으로 한 세계시민의 이미지가 강하게 엿보인다.

계급과 젠더 등의 다양한 권력 관계가 중층적으로 작용하는 사회상과 그러한 다원적 구도 속에서 벌어지는 정체성 혼란의 양상을 잘 재현해 내고 있는 재일한인 영화가 바로 〈달은 어디에 떠 있는가〉이다.

#### 1) 계급성의 폭력

우에노 나리토시는 집합적 아이덴티티를 국민국가로만 정립시켜 왔던 근대정치의 문법을 비판하면서, 국가 이외의 차원에서도 얼마든지 경계선의 폭력이 작동하고 있다는 점을 강조한 논의들에 주목하고 있다.[71] 그 가운데 무페의 '급진 민주주의'론은 사회 공간 속에는 계급, 젠더, 민족 등을 축으로 한 다양한 권력관계가 겹겹이 둘러쳐져 있어 어떠한 개인의 아이덴티티도 복수의 적대관계 속에서 중층적으로 결정되지 않을 수 없다는 내용을 담고 있다. 즉, 적대관계의 중층성과 다원성으로 인해 단일의 절대적인 동지와 적의 관계로 일체를 해석해서는 안 된다는 것이다.[72]

영화 〈달은 어디에 떠 있는가〉에서도 이처럼 국가 이외의 차원에서 작동하는 다원적 양상의 폭력을 확인할 수 있다. 민족·국가적 차원의 이분법적 정체성 갈등 구도는 이 영화에서 더 이상 볼 수 없다. 하층 계급에 속하는 일본인과 재일한인 사이의 민족적 경계를 넘는 우정이 등장하는 반면, 재일한인 내부에서도 자본주의적 계급 분화와 갈등이 발생한다. 이에 따라 영화에서는 다문화 사회의 혼종성에서 비롯되는 폭력의 다양한 스펙트럼을 보여 준다. 이 폭력의 양상은 민족이나 국가와 같은 집단적 정체성을 시위하는 폭력이 아니라 세계인들이 함께 어울려 살아가는 과정에서 발생하는 계급성을 가진 폭력이다.

'가네다 택시'회사의 택시기사인 충남과 사장 세일, 사채금융업자 광수는 조선학교 동창생들이다. 이들은 자본주의 사회에서 자신들이 처한 계급적 상황과 욕망을 좇아 서로 간에 얽히고설킨 다양한 형태의 폭력들을 행사한다. 야쿠자를 등에 업고 세일의 택시회사를 집어삼키려는 고리대금업자 광수는 원작소설 속 주인공의 아버지와 동일 범주에 속한 인물이다. 원작소설인 『택시광조곡』 속 주인공의 아버지는 아내와 자식들에게까지 무시무시한 폭력을 휘둘렀던 악독한 고리대금업자로 등장한다. 그런 이유로 영화 속에서 광수를 바라보는 충남의 시선은 포악한 고리대금업자인 자기 아버지를 바라보는 원작소설 속 주인공의 시선과 일치하고,[73] 결국 충남은 광수를 머리로 들이받아 버리는 폭력을 행사한다. 더 이상 '동족=같은 편'의 공식이 성립하지 않게 된 것이다.

광수와 야쿠자들의 강압으로 월급을 받지 못하자 충남을 비롯한 택시기사들은 일을 거부하고 온천여행을 떠나 버린다. 이에 대해 사장인 세일이 충남에게 같은 조선인끼리 그럴 수 있느냐며 힐난하자, 충남은 자신은 종업원에 불과하다고 반박한다. 야쿠자의 횡포를 참지 못한 세일은 자신의 택시회사 사무실에 불을 질러 버리고, 불을 끄는 과정에서 택시회사 종업원들과 야쿠자 사이에 패싸움이 벌어진다. 이러한 상황들 역시 계급적 정체성의 차원에서 경계선의 폭력이 작동하고 있음을 보여 주는 장면이다. 노동자와 자본가, 회사종업원과 회사를 위협하는 외부의 타자 등 다양한 권력관계가 중층적으로 얽혀 행사되는 계급성을 띤 폭력인 것이다.

이러한 현상과 관련, 개인을 둘러싸고 있는 다원적인 정체성에 주목할 필요가 있다. 개인들은 자신을 구성하고 있는 여러 정체성들 가운데 어디에 우선순위를 두어야 할지 이성적으로 추론하고 선택해 나간다.[74] 집단적 정체성의 늪에서 빠져나와 이와 같은 개인적 정체성들에 눈을 돌릴 때, 비로소 그 사람은 자신의 정체성이 여러 개의 소속으로 이루어져 있고, 여러 요소가 흘러 들어와 자신을 구성하고 있음을 알게 된다. 또 이때부터 단순히 '우리'라든지 '그들'이라는 것은 존재하지 않게 된다. '우리' 쪽에도 나와 공통점이 별로 없는 사람들이 있으며, 또 '그들' 쪽에도 내가 극히 가깝게 느낄 수 있는 사람들이 있게 되는 것이다.[75]

일본인 택시기사와 서양인 승객의 주먹다짐, 무면허로 택시운전을 하다 경찰에 붙들린 불법체류 이란인 정비사와 일본 경찰이 벌이는 폭행은 새롭게 형성되는 다문화 사회에서 발생할 수 있는 폭력의 양상이다. 젊은 신입 택시기사가 택시 정비 불량을 이유로 늙은 정비사를 구타하는 장면은 같은 업종 내에서도 '갑'과 '을'의 계급이 생길 수 있음을 말해 주는 폭력이다. 이와 같은 다양한 양상의 폭력들은 더불어 살아가는 사회를 만들어 나가는 과정에서 겪게 되는 통과의례 또는 시행착오적인 폭력의 양상들로 볼 수 있다.

충남은 자신이 재일한인이라는 사실을 알고 택시비를 내지 않고 달아나는 일본인을 추격해 붙잡지만 때리지는 않고 택시요금만 받고 놓아준다. 민족적 적대감에서 비롯된 폭력, 즉 대응폭력의 양상을 보이지 않는 것이다. 이는 충남의 의식 속에 자신이 재일한인이라는 인식이 그렇게 깊게 박혀 있지 않다는 뜻이기도 하다. 충남에게 이 일본인은 택시요금을 내지 않으려고 도망간 승객일 뿐이며, 그 이상도 그 이하도 아닌 것이다. 민족의식보다는 직업의식에 더 충실한 생활인 강충남이다. 충남이 일본인 승객에게 자신의 성이 '가'씨가 아니라 '강'씨라는 사실을 바로잡아 주기는 하지만, 폭력을 가할 정도로 민족 정체성에 민감하지는 않다.

충남은 동료들에게 일본식 발음으로 '추(忠)' 또는 '타다오'로도 불린다. 그는 다양한 이름만큼 복합적 존재라고 할 수 있다. 따라서 그는 존재의 다양성만큼 열린 아이덴티티를 소유하고 있다.[76] 한 사람의 아이덴티티는 고정불변의 존재도 아니고 단일하지도 않다. 이 영화에서 나타나는 폭력들은 일본 사회에서 일본인과 재일한인, 여러 나라 출신 뉴커머들이 함께 호흡하고 겪는 공생 지향의 계급성과 다원성을 띤다.

### 2) 혼종성의 사랑

영화 〈달은 어디에 떠 있는가〉에서 눈여겨볼 사랑 방식은 출신이 다른 재일외국인들 사이의 혼종적인 결합, 즉 일본 사회 정주에 성공한 재일한인 강충남(타다오)과 뉴커머인 재일필리핀인 여성 코니의 사랑 만들기이다. 이들의 사랑은 민족 · 국가의 정체성과 계층적 신분의 경계를 뛰어넘는 혼종적인 사랑이다.

가라오케 바 주인인 충남의 어머니는 그 자신이 차별받던 코리언 디아스포라지만, 형편이 나아진 지금은 필리핀인 여종업원 등 뉴커머들을 업신여기고 충남과 코니의 사귐을 극구 반대한다. 어머니의 반대에도 불구하고 충남은 코니와 동거에 들어가고 서로 원하는 것들을 함께하려 한다. 코니가 원하는 건 충남과 함께 고향인 필리핀으로 돌아가 가게를 여는 것이다. 여러 가지 여건상 실현이 어려운 희망사항이지만 충남은 그 제안을 수락하고, 그녀와 사랑의 협상을 시도한다. 결국 코니는 충남 어머니의 가라오케 바에서 다른 가라오케 바로 일자리를 옮겨 가지만, 충남은 속임수로 그녀를 쫓겨나게 만든 뒤 그녀와의 새로운 만남을 시도한다.

이들의 결합은 민족·국가적 장벽이나 계층적 지위, 과거의 정체성 등 그 어떤 제약도 미래지향적 사랑의 추구를 가로막을 수 없다는 사실을 잘 보여 준다. 이는 공생적 세계시민주의의 특성을 가진 사랑의 모습이다. 앤소니 기든스는 이 같은 사랑의 양상을 '합류적 사랑'이라고 부른다.[77] 앤소니 기든스가 말하는 '합류적 사랑'의 조건은 능동적이고 우발적인 사랑이며, 따라서 '영원한' 또는 '유일한' 특성을 갖지 않는다. '특별한 사람'보다는 '특별한 관계'의 중요성이 더욱 부각되는 것이다. 즉, 타자의 특성에 대한 앎을 중심으로 관계가 이루어진다는 점에서 순수한 관계의 한 모델이라고 할 수 있다.[78] 영화에서는 코니가 필리핀인 뉴커머로서 주점 여종업원이고, 충남은 재일한인이 운영하는 택시회사의 노동자인 택시기사라는 특성에 대해 서로 알아 가면서 둘의 발전적 관계가 이루어져 나간다.

기든스에 의하면 낭만적 사랑에 대한 여성들의 꿈은 자주 가정적 종속으로 이어져 권력 면에서 비대칭적이다. 하지만 합류적인 사랑은 감정적인 '기브 앤 테이크'에서 평등이 우선이다.[79] 코니의 경우도 결혼이나 가정이라는 제도적 장치에 연연하기보다는 상대에게 민감하게 반응하면서 자기의 관심과 욕구를 드러내고 사랑의 관계를 만들어 가기 위한 협상에 나선다. 그런 점에서 충남과 코니의 사랑은 합류적인 사랑이라고 할 수 있다.

이 영화에 보이는 또 하나의 '특별한 관계'는 충남과 일본인 택시기사 호소의 우정이다. 전직 권투선수 출신 호소는 아내와 헤어지고 아이들과도 떨어져 살아가는 게으르고 지저분한 인물로, 말하자면 일본 사회의 낙오자이다. 그는 '조선인은 교활하고 불결해서 싫지만 충남은 좋아한다'며 충남과 우정을 쌓아 간다. 이들의 우정은 국가와 민족의 경계를 넘어 개인 대 개인의 자격으로, 사회의 하위계층 주변인끼리의 공감과 연대의 동류의식으로 결합된 혼종의 사귐이라고 할 수 있다. 그런 점에서 이들의 우정의 세계는 공존공생의 다문화 사회를 향한 진풍경을 펼쳐 보인다.

이들의 우정은 또한 프롬이 말하는 형제애의 사랑의 범주에 속한다. 형제애의 사랑은 모든 사랑의 유형 중에서 가장 근본적인 것으로, 모든 인간에게로 향하는 사랑이다. 형제애 속에는 모든 사람과의 결합과 인간적 유대와 일치의 경험이 존재한다. 형제애는 타인에 대한 지식과 책임감, 배려, 존경 등을 내포한다. 형제애는 모두가 하나라는 인식에 기초를 두고 있다.[80] 이는 더불어 살아가는 세상을 지향하는 공생적 세계시민주의의 원리에 닿아 있는 사랑이라고 할 수 있다.

바디우는 사랑의 진리는 둘에 관한 진리이고, 차이의 진리라고 말한다. 자신이 갖고 있던 기존의 정체성에 이의를 제기하고 일본 사회에서 만나는 또 다른 정체성과 합류해 새로운 정체성을 형성해 나가는 재일한인의 혼종적인 사랑의 정체성에서 바디우가 말하는 사랑의 진리인 차이의 진리를 발견하는 건 어렵지 않다. 그것이 바로 〈달은 어디에 떠 있는가〉의 주인공들이 재현해 보여 주는 정체성의 특성이다.

영화 마지막 장면에서 충남은 코니를 택시에 태우고 어딘가를 향해 간다. 코니의 조국인 필리핀의 마닐라로 달려간다고 하지만 사실상 불가능한 일이다. 그저 도쿄 한복판을 달려갈 뿐이다. 이는 둘 사이에 가로막힌 민족의 문제, 또는 일본 사회 정주자와 뉴커머 사이의 차이로 인해 두 사람의 사랑의 결합이 쉽지 않은 현실임을 보여 준다. 영화는 재일한인의 정체성 재정립을 위한 방향 설정에 대해 묻고 있는 것은 아닐까. 충남은 '달'이 떠 있는 곳을 향해 길을 찾아 나섰고, 그런 의미에서 이 영화는 재일외국인 이주자 혹은 정주자의 '로드맵 만들기'로 볼 수 있다는 해석[81]이 나온다.

이 영화는 이산(離散 · 디아스포라)과 혼종성(Hybridity)에 의한 경계 넘기, 경계 허물기의 이미지 전달에 주력하고 있다. 디아스포라와 혼종성이야말로 문화 · 문명과 국민국가를 넘어 새로운 정체성의 길을 개척할 수 있도록 해 주는 요소들이다. 재일한일 사회에서 민족공동체를 구성하는 혈통, 모국어 구사능력, 민족문화 유지 등의 요소는 세대가 내려갈수록 미약해지고 있다. 특히 국제결혼을 통해 태어나는 자녀들이 늘어나고 생활적으로 일본문화에 동화되는 정도가 심화되는 현 상황에서 재일한인을 국적과 민족의 개념으로 일본인과 구분하는 이분법적 구별은 의미를 잃어 가고 있다.[82]

이에 따라 재일한인을 탈민족, 탈국가, 탈경계로 상징되는 '글로벌시대의 자유인'으로 보는 시각들이 나오고 있다. 민족과 민족주의가 근대 국민국가의 정치적 목적 아래 창조된 산물이라는 시각에 공감하는 이들은 재일한인을 민족국가와 국민주의의 울타리를 벗어나 자유롭게 사유하고 실천하는 모습으로 이해한다.[83] 〈달은 어디에 떠 있는가〉도 그런 시각에서 연출된 영화이다. 이와 같은 정체성 의식의 관점에서 보면 재일한인은 한 개인이 한 아이덴티티의 유형을 구축하고 살아간다기보다는 여러 모습의 아이덴티티를 내재화함으로써 결코 단일하지 않은 양상을 띤다. 이러한 삶의 모습에서 주목되는 특징은 재일한인의 주변부적인 위치가 한편으로는 자신의 아이덴티티와 관련해 혼란을 가져오지만, 다른 한편으로는 그 경계적인 위치야말로 오히려 창조적이고 적극적인 삶을 추동하는 기반이 되기도 한다는 점이다.[84]

영화 〈달은 어디에 떠 있는가〉는 택시기사 강충남의 삶의 궤적을 통해 경계선상에 선 인간이 그려내는 다원적 정체성의 모습을 리얼하게 보여 준다. 충남은 디아스포라로서 새로운 뉴커머인 필리핀인 여성과 민족 · 국가의 경계를 넘는 결합을 이뤄낸다. 일본인 마이너리티와 조건 없는 우정을 나누고, 다문화 · 다인종 택시노동자들과 계급적 연대를 이루어 나간다. 일본 학자 후쿠오카 야스노리는 이와 같은 타입의 재일한인을 '공생지향: 다문화적 지향' 타입으로 분류한다.[85] 영화는 이처럼 세계시민의 길을 가고 있는 재일한인의 공생지향적인 모습을 영상언어로 잘 재현해 내고 있다.

영화는 또 새로운 정체성을 찾아 나선 경계인의 방황과 탐색의 이미지를 관객에게 각인시키는 데 성공했다. 택시회사 경리부 직원은 길을 몰라 회사로 돌아오지 못하는 신입 기사에게 '달이 떠 있는 쪽으로 달려오라'고 전화에 대고 몇 번씩이나 말한다. '달은 어디에 떠 있는가'라는 질문은 방향감각을 잃고 일본 사회에서 부유하고 있는 마이너리티로서의 재일한인의 현재 상황을 묻는 것과도 같다.[86] 영화 마지막 장면에서 충남이 필리핀인 애인인 코니를 태우고 도쿄 한복판을 달려가는 광경도 같은 맥락이다.

반면, 이 영화의 메시지처럼 '공생'과 '개인'을 강조하다가는 재일한인에 대한 일본사회의 차별에 면죄부만 주는 꼴이 될 수 있다는 비판도 나오고 있다. 일본인들은 재일한인을 일본 사회 내의 소수집단으로 여기는 것이 아니라 여전히 다른 나라의 국적을 가진 이방인으로 보고 차별하는 경향이 강하다. 따라서 차별받는 재일한인 스스로가 '제3의 길'을 모색하며 공생을 주장하고 나서는 것은 재일한인에 대한 일본인의 차별구조를 간과하는 함정이 될 수 있다는 비판[87]은 새겨들을 만하다.

하지만 민단과 조총련 등 재일한인 내부의 화해 무드 등 현실적 변화를 무시할 수 없다. 그뿐만 아니라 '제3의 길'을 걸어가는 것이 민족에 대한 부정이거나 억압구조에 대한 저항 포기를 의미하는 것이 아니라 오히려 자신들의 삶에 영향력을 미치는 요인들에 개입하는 입장[88]이라면 문제는 또 달라진다.

폐쇄적 민족주의만을 고집하거나 반대로 무책임한 자유방임에 빠져 민족공동체의식을 부정하는 쪽 모두를 뛰어넘는 시각과 실천이 필요하다. 역사인식과 민족의식을 견지하면서도 개별적 인간으로서의 가치를 일본인, 아시아인, 세계인과 함께 공유하고 연대를 모색하는 경계인으로서의 재일한인의 현실적 감각이 중요한 것은 말할 나위가 없다.

## 재일한인의 세계시민주의 전망

태평양전쟁 전후로 일제의 식민주의적 특성이 강하게 작용하던 일본 사회에서 움츠릴 수밖에 없었던 1세대 재일한인들이 겪었던 정체성 의식이 일본의 폭력성 속에 편입돼 내향성을 보였던 '피식민지성' 가부장주의 정체성(영화 〈피와 뼈〉)이었다면, 일본 사회의 차별과 냉대 속에서 길러진 민족주의적 대항 의식이 강렬히 작용했던 정체성이 바로 이항대립적인 양상을 보인 상상된 민족공동체의 정체성(영화 〈박치기〉)이라고 할 수 있다.

하지만 세계화의 흐름 속에서 젊은 세대를 중심으로 민족과 국가라는 단일한 집단적 정체성의 경계에서 벗어나 생활적인 측면에서 개별적이고 다원적인 정체성을 획득하려는 새로운 정체성 의식이 자리 잡아 가고 있다. 〈GO〉와 〈달은 어디에 떠 있는가〉와 같은 영화들에 재현된 개별적 자유주의와 공생적 세계시민주의 정체성이 바로 그것이다. 이들 영화는 다문화 사회의 혼종성이 작동하는 문화접변 지대의 정체성 재생산 과정을 잘 재현해 낸 작품들이다. 세계시민주의의 정체성을 획득해 가는 재일한인의 미래지향적인 가치와 다원적 특성을 다각적으로 조명하는 재일한인 영화들이 더욱 양산될 것으로 기대된다.

세계시민주의는 1789년 프랑스 인권선언에 반영됐고, 유럽 계몽주의 사상가들에 의해서도 '지구의 모든 사람을 단일한 가계의 자손들로 간주하고, 세계를 하나의 국가로 간주하는' 세계시민주의 이상

이 표명된 바 있다.[89]

세계시민주의의 개념과 관련해 콰메 앤터니 애피아는 두 가지 관점을 제시한다. 하나는 우리에게는 타인에 대한 의무 즉 혈족의 유대나 시민적 유대를 넘어서는 확장된 의무가 있다는 생각이며, 또 하나는 우리가 보편적인 인간의 삶뿐만 아니라 특수한 삶의 가치까지도 진지하게 고려해야 한다는 것이다.[90] 이는 우리에게는 이방인에 대한 의무가 있으며, 이 세상에 기본적인 권리를 누리지 못하는 사람들이 존재한다면 우리 모두가 의무를 다하지 못한 것이라는 윤리적 차원의 세계시민주의 정신이다. 〈달은 어디에 떠 있는가〉를 통해 감독이 보여 주는 필리핀인 여종업원이나 불법 체류 이란인 정비사 등 뉴커머 이주민들에 대한 애정 어린 시선은 그러한 세계시민의 확장된 의무를 생각하게 한다. 재일한인 충남과 우정을 쌓아 가는 일본인 마이너리티 호소를 바라보는 연민의 눈길은 동시대 소외된 이들의 아픔까지 끌어안아야 한다는 애피아의 세계시민주의적인 시선과 겹쳐진다.

마사 누스바움이 민주 시민에게 필수적인 능력이라고 주장하는 감성과 공감의 능력 또한 세계시민의 핵심적 자질에 닿아 있다. 마사 누스바움에 의하면 시민이 행하는 투표 등의 법적 선택에 필요한 판단력과 지각 형성에는 감성과 공감의 능력이 필수적인 요소이다.[91] 이런 능력은 기원전 스토아학파 철학자인 마르쿠스 아우렐리우스가 세계시민의 능력이라고 말한 동감의 상상력(sympathetic imagination)과 크게 다르지 않다. 이를 통해 그들이 위협적인 외부인이나 타자가 아니라 공통의 문제점과 가능성을 우리와 공유한 사람들이라는 사실을 알게 된다는 것이다. 영화 〈달은 어디에 떠 있는가〉는 일본 사회에서 함께 살아가는 재일한인과 일본인, 그리고 필리핀인 · 이란인 등 뉴커머들이 정체성의 차이로 인해 서로 충돌하지만 이해의 동감과 감성적 공감을 통해 서로를 알아가고 연대하고 사랑하는 모습들을 보여 준다. 이러한 행위들은 누스바움이 시민의 자질로 꼽은 감성과 공감의 능력이 없이는 불가능한 일이다.

보다 정치적이고 경제적인 성격을 띤 세계시민주의는 세계의 영구평화를 실현하기 위해 국제연합을 제창한 이마누엘 칸트의 구상에서 찾을 수 있다. 칸트는 도덕적 차원의 순수이성종교에 기초하여 '세계시민적인 도덕적 공동체'가 실현되고 '신의 나라'가 실현될 것이라고 생각했다. 가라타니 고진에 따르면 칸트의 '신의 나라'는 국가들이 그들의 주권을 양도함으로써 성립하는 구체적 형태의 '세계공화국'이다. 인류의 영원한 평화를 위해 개별 민족과 국가를 넘어서는 초국가적 공동체를 조직하자는 것이 칸트 구상의 핵심적 요소라는 것이다. 칸트가 구상한 초국가적 형태의 국제연합은 각국이 주권을 방기함으로 형성되는 민족합일 국가나 체제로, 국가들 간의 전쟁만 있는 무법상태에서 탈출하기 위한 적극적인 평화론으로 제기됐다. 세계공화국 외에는 국가 간의 자연상태(적대상태)를 해소하고 국가가 지양될 방법이 없다는 것이다. 칸트에게 세계공화국의 형성은 인류사가 도달해야 할 이념으로 논해진다. 즉, 인류의 역사는 자연이 그 은밀한 계획을 수행하는 과정으로 간주될 수 있으며, 공민적인 연합을 형성시키는 것이 바로 자연의 은밀한 계획이라는 것이다. 이와 관련해 고진은 전쟁, 환경파괴, 경제적 격차를 인류가 해결해야 할 세 가지 과제라고 지적하고, 국가와 자본을 통제하지 않으면 인류는 파국을 맞을 것이라고 경고한다. 고진은 그런 차원에서 국제연합을 강화하고 재편성해서 각국의 군사적 주권을 국제연합에 양도함으로써 국가를 지양해야 한다는 주장으로까지 나아간다.[92] 국가를 넘어서야 인류에 내재하고 있는 자연적 소질인 평화를 전개할 수 있다는 칸트의 이념적 추구는 〈GO〉, 〈달은 어디에 떠 있는가〉와 같은 재일한인 영화들에서 나타나는 세계시민주의 지향의 미래 정체성 찾기와 정신적 궤를 같이한다.

세계시민주의는 타인에 대한 이해와 공감의 차원이든, 동시대 인간에 대한 윤리적 의무의 실천이든, 아니면 인류의 운명과 관련된 정치적 이념 구상이든 인간 사회에서 언젠가는 실현되어야 할 미래지향적 가치로 대두하고 있는 것만은 분명하다.

한 개인은 그 사회의 '누구'일 수도 있고 또 다른 '누구'일 수도 있다. 재일한인은 일본 땅에서 살아가는 소수민족 집단으로서 소외받고 차별받는 사회계층, 억압받는 노동자계급, 소속감이 불분명한 주변인 등 다양한 모습의 삶을 살아가고 있다. 그런 한편, 재일한인은 일본 사회의 일원으로서 그들의 친구와 동료, 애인 등 다양한 모습으로도 존재한다. 꼭 어느 하나의 정체성에 고정되지 않는다. 재일한인은 자신이 처한 경계선상의 위치로 인해 다양한 정체성의 경계를 넘나들며 개별적 가치를 추구한다. 주체적 결단과 선택에 의해 민족적 정체성의 경계를 넘어 제3의 정체성을 선택하기도 한다. 이러한 실천은 국가이데올로기 장치인 '국민'으로서가 아니라 개별적 자유와 공생의 혼종적인 정체성을 획득하려는 '세계시민'으로서의 행위라고 할 수 있다.

재일한인은 탄생부터 일본제국주의의 한반도 침략과 식민지배, 제2차 세계대전이라는 역사적 사실에 바탕을 두고 있다는 점에서 서경식의 정의대로 '외적인 이유에 의해 이산을 강요당한' 디아스포라라고 할 수 있다. 또한 소냐 량의 견해대로 '본국과의 소통이 단절되고, 호스트 사회에 완전히 동화될 수도 없는, 고의적인 무자격의' 디아스포라 상태에 있다고 볼 수 있다.[93] 디아스포라로서의 재일한인은 일본사회와 한국·북한 사회의 어느 쪽에도 완전히 소속되지 못한 경계인으로서 혼종의 정체성을 안고 살아간다. 혼종성은 디아스포라 이주자들이 현장에서 호스트와 만나는 문화적 혼합의 가장자리 혹은 접점을 나타내는 범주라고 할 수 있다. 혼종성은 디아스포라 이주자들이 도착하여 호스트 문화의 여러 측면들을 받아들이고, 새로운 혼종 문화 혹은 '혼종적 정체성'을 만들기 위해 호스트 문화를 재가공하고 재구성하는 문화적 혼합의 과정인 것이다.[94] 따라서 혼종문화는 국민문화의 존재론적 진정성에 집착하거나 구애받지 않으면서 다양한 접합적인 실천을 통해 새로운 종류의 정체성을 사유하고자 한다. 그런 의미에서 혼종성 개념의 실천적 의미는 국민문화나 특정집단 문화의 진정성에 대한 집착에서 생겨나는 아우라에서 탈피하는 탈아우라적 실용주의에 있으며, 혼종문화론은 기원이나 진정성을 과감히 떨쳐 버리고 자신의 정체성을 미래적 수행성 속에서 끊임없이 실험하고 새롭게 구성해 가는 이론[95]이라고 할 수 있다. 재일한인들 역시 혼종성과 혼종문화의 특성을 갖고 있는 디아스포라로서 탈아우라적 실용주의를 바탕으로 자신들의 정체성을 끊임없이 새롭게 형성해 가는 다문화 사회의 미래지향적 존재, 곧 세계시민이라고 할 수 있다.

재일한인 사회는 '코리언 네트워크'[96]의 적극적 역할을 수행함으로써 세계시민으로서의 지평을 넓혀 가고 있다. 동아시아 국가들 간의 평화와 상생을 위한 교류와 교섭에 재일한인을 비롯한 동아시아 각국의 코리언계 소수자들의 네트워크는 매우 큰 역할을 할 수 있다. 세계체제 중심부의 대립적 힘겨루기와 헤게모니 싸움에서 벗어나려면 경계를 이루는 주변부의 창조적 가치 형성이 요구된다.[97]

재일한인의 경우 정치·경제와 사회 등 모든 분야에서 국가와 국가를 중개하는 광역적인 코리언 네트워크의 중심적인 역할을 수행할 수 있다는 기대를 모으고 있다.[98] 일본에서 시작된 코리언 네트워킹 움직임의 대표적 행사로는 2009년 6월 열린 제25회 '원 코리안 페스티벌'을 들 수 있다. 이 페스티벌은 민단과 조총련의 재일한인들이 힘을 합쳐 아시아시민주의, 더 나아가 세계시민주의를 지향하는 공생의 이념을 내세우고 진행한 행사였다. 세계화 등 국제정세와 현실적 삶의 조건의 변화에 따라 민단과 조총련 사이에 화해 무드가 조성되면서 '원 코리안 페스티벌'을 '조선적'과 '한국적'을 넘어선 '제3의 재일한인 운동'으로 치러 낸 것이다. 이 페스티벌은 '재일한인이 하나 되어 원 코리언의 심벌이 되고 조국남북, 해외코리언의 허브 역할로서 원 코리언의 실현에 공헌함과 더불어 궁극적으로는 세계시민으로 이어지는 아시아 시민의 창출을 위한 아시아공동체를 지향한다'는 취지에서 출발했다.[99]

같은 맥락에서 2002년부터 매년 한국에서 열리고 있는 세계한상(韓商)대회는 경제 분야의 코리언 네트워크가 가동되고 있는 사례다. 이와 같은 코리언 네트워크들의 역할 수행을 통해 재일한인 등 재외코리언들은 코리언으로서뿐만 아니라 아시아시민, 나아가 세계시민으로서의 정체성을 획득해 가고 있는 것이다.

5부

# 경계를 넘어

## 공생의 패러다임 전환을 바라며

2001년 미국에서 9·11 테러가 발생한 지 15년이 흐른 2016년 지구촌의 테러 공포는 그 어느 때보다 심각했다. 2016년 7월은 유난히 큰 테러가 많이 발생했던 시기로 기록된다. 극단주의 무장세력 이슬람국가(IS) 조직원이 프랑스 북부의 한 성당에 난입해 미사를 집전하던 신부를 살해했다. 프랑스 휴양도시 니스에서는 불특정 다수의 관광객을 대상으로 트럭 테러가 발생했다. 독일 뮌헨 쇼핑몰 총기난사의 범인은 나치 독재자 아돌프 히틀러와 생일이 같은 아리안족 우월주의자로 밝혀졌다. 범인은 터키와 아랍계 이민자에 증오심을 품고 범행을 저질렀다고 한다. 일본 가나가와 현의 장애인시설에서는 평소 장애인 혐오 발언을 일삼던 20대 남성이 침입해 흉기를 휘둘러 19명의 사망자를 냈다.

이 밖에 IS의 지령에 의한 것으로 알려진 2015년 11월 프랑스 파리 테러와 2016년 3월 벨기에 브뤼셀 테러도 서구 사회에 큰 공포감을 심어 줬다. 2016년 6월 미국 올랜드 게이클럽 총기난사 사건 역시 증오심에서 비롯된 민간인 테러라는 점에서 충격을 던져 줬다.

특정 존재나 집단에 대한 혐오와 증오가 불러온 테러들은 그 발단이 종교적 신념이든 정치적 지향이든 이방인에 대한 혐오이든 간에, 어떤 고정불변의 단일 정체성에 대한 집착 때문에 발생한다. 경제학자이자 철학자인 아마르티아 센은 정체성에 의한 폭력은 어떤 정체성이 숙명적이고 운명적이라는 환영이 길러 낸 폭력이라고 파악한다. 그는 무수한 갈등과 만행은 선택이 불가능한 독보적인 정체성이 있다는 개념적 환영을 통해 유지된다고 통찰한다.[1] 선택이 불가능한 신성불가침의 정체성이 있다는 믿음에서 비롯된 폭력은 매우 위험하고 무모하다. 1994년 아프리카 르완다 종족 분쟁이 초래한 대규모 유혈사태나 2001년 미국 9·11 테러 사건 등 지구촌의 온갖 치명적인 테러와 폭력들이 이를 잘 말해 준다.

20세기 중반 이후에는 냉전체제와 신자유주의 세계체제가 초래한 부의 양극화 또는 민족·종교를 둘러싼 지역분쟁과 전쟁으로 수많은 난민이 양산되고, 전 지구적 차원의 대대적인 이주가 진행됐다. 현대적 디아스포라의 탄생으로 말미암아 전 세계적 차원의 다문화 사회가 도래한 것이다. 그 부작용도 만만치 않다. 아랍계와 아프리카 난민의 대규모 유입에 따른 반작용으로 유럽에서 극우정당이 득세하고, 영국은 유럽연합에서 탈퇴(브렉시트)했다. 기존 정치행태에 대한 반발을 등에 업고 포퓰리즘 선풍을 일으키며 미국 대통령이 된 도널드 트럼프 정부는 멕시코 난민 봉쇄, 무역전쟁 등 미국 우선의 보호주의 정치에 돌입했다.

일본에서는 혐한시위가 지금도 계속되고 있다. 대표적인 혐한단체인 '재특회'(在特會: 재일특권을 허용하지 않는 시민모임)를 중심으로 특정 외국인 차별·혐오 언동인 '헤이트스피치(hate speech)'가 공공연히 행해지고 있는데, 재일한인이 그 주된 표적이다.[2]

디아스포라 상태에 있는 사람들과 주류사회 구성원들 사이의 관계성이 어떠한가에 따라 그 사회공동체 구성원들의 세계시민적 수준을 가늠해 볼 수 있다. 혼종과 다문화 사회의 도래 속에서 아직도 디아스포라 집단을 이방인으로 간주해 차별하는 풍조가 계속되고 있다면, 그 사회는 진정한 세계화를 향해 나아가지 못하고 있다는 반증이 된다. 한 사회의 구성원들이 민족·국가·종교적 정체성의 경계를 넘어 동시대를 살아가는 이웃으로서 융합과 교섭을 원활하게 진행해 나갈 때, 국민주의의 한계를 극복한 세계시민 사회가 열릴 것으로 전망된다.

그런 차원에서 일본 세계화의 관건도 역시 재일한인에 대한 차별의 철폐에 있을 것이다. 그것은 세계시민으로서의 일본인의 자질을 가장 명확하게 확인할 수 있는 시금석이기도 하다. 재일한인은 아직도 일본 사회에서 민족적 차별의 대상이 되고 있다. 대학진학이나 취업, 사회보장, 참정권 등에서 제도적인 불이익을 받아 온 것은 물론 일상생활 속에서도 편견과 냉대에 시달려 온 게 엄연한 현실이다. 이런 현실의 지양과 극복이야말로 일본 사회가 진정한 세계화로 가는 첩경이 될 것이다. 재일한인이 일본시민으로서의 권리를 확장시켜 나가는 일도 중요하다. 스스로 경계상의 주체가 되어 세계시민으로서의 자질을 향상시켜 가는 것, 그것이 공생의 패러다임을 만들어 나가는 다원적 정체성 시대의 실천적 과제이다.

공생의 패러다임 전환의 필요성은 국내의 경우도 절실하다. 이제는 우리나라도 외국인 이웃들의 존재가 낯설지 않은 풍경이 되었기 때문이다. 2015년 기준으로 한국에서 살고 있는 외국인의 수는 이주노동자와 결혼이주여성, 북한이탈주민, 조선족 등 총 174만 명을 넘어섰다. 국내 전체 인구에서 차지하는 비중은 3.4%로 인구 100명 가운데 3명 이상이 외국인인 셈이다. 조선족이 70만 명에 육박해 가장 많다. 국내 거주 무슬림도 16만 명이 넘는 것으로 추산된다.

이들의 거주지는 일자리 수요가 높은 경기도 안산·수원·시흥시와 서울시 영등포·구로구 등 수도권 지역에 집중돼 있다. 하지만 부산 등 전국의 대도시는 물론 농어촌의 산업 현장에서 이들을 발견하기는 어렵지 않다. 결혼이민과 혼인귀화자의 경우도 비수도권에 고루 분포해 있다. 일이 힘들어 한국인 구직자들이 취업을 꺼리는 이른바 3D 업종과 농축수산업은 이들이 없으면 유지하기가 힘들 정도이다. 외국인 노동자가 종사하지 않는 건설 현장이나 공장은 이제 상상할 수 없게 됐다.

이처럼 많은 외국인들이 한국에 살고 있고, 이들이 우리 경제에 미치는 영향이 큰데도 이들에 대한 우리 국민의 배타적 시선과 차별, 착취의 현실은 크게 변하지 않고 있다. 고용주들은 외국인 노동자들에게 예사로 폭언과 폭력을 가하고, 불법 체류 사실을 빌미로 밀린 임금을 주지 않거나 내쫓기도 한다. 업주들로부터 성추행이나 성폭행을 당하는 외국인 여성노동자들도 있다. 고용주가 외국인 종업원의 여권과 외국인등록증 등을 빼앗는 경우도 발생하고 있다니 아직은 성숙한 다문화 사회라고 말할 수 없을 것 같다.

국제결혼을 통해 한국으로 이주한 결혼이주여성들도 한국 생활에 정착하지 못하고 어려움을 겪는 경우가 많다. 문화의 차이, 언어 소통의 어려움, 생활습관 및 사고방식의 차이를 극복하지 못해 갈등을 겪는 경우가 많은 것이다. 더구나 '못사는 나라에서 돈에 팔려 왔다'는 사회적 편견과 이로 인한 차별 때문에 극심한 스트레스를 받는 경우도 많다고 한다. 이와 같은 이유들로 부부가 헤어지거나 결혼이주여성들이 가정을 버리고 도주했다는 소식이 들려와 안타까움을 낳는다.

이주노동자들과 결혼이주여성들은 조국과 고향을 떠나 우리 사회에 적응하며 살아가는 우리의 이웃이다. 대한민국 주민으로, 동아시아 지역민으로, 세계시민의 이름으로 소통하며 함께 살아가야 할 현재와 미래의 파트너이다. 이방인을 어떻게 인식하고 대할 것인가 하는 과제는 21세기 세계화시대의 중요한 이슈이다. 이는 또한 지역민과 세계인 사이에서 정체성 갈등을 고민하는 현대인들에게 그 해결 방법을 찾아가는 길을 제시해 준다. 애피아는 민족주의자를 편들 필요도 없고, 친구들에게 냉담하고 극단적인 세계시민주의를 편들 필요도 없다고 주장한다. 그가 옹호하는 입장은 '지역적 헌신을 요구하는 세계시민주의'이다. 인류에 대한 헌신과 지역적 충성이 결코 이율배반이 아니라는 것이다.[3]

최근 들어 전 세계적으로 포퓰리즘이 만연하고 있지만, 다문화 사회는 부정할 수 없는 엄연한 현실이다. 탈 경계의 생활시스템과 글로벌한 경제 · 문화 네트워크는 자유로운 인적 · 물적 교류와 인터넷의 확산 등으로 이미 시대의 흐름이 되었기 때문이다. 민족, 국가, 피부색, 언어, 종교 등 특정 정체성에 대한 차별과 증오, 개별 국가 우선의 고립주의가 만연한다면 미래의 성숙한 다문화 사회로 나아갈 수 없다. 개인의 존엄한 자유와 인권이 그런 요소들로 인해 침해받는 사회는 성숙한 사회라고 할 수 없다. 단일의 집단적 정체성에 매몰되지 않고 상호 이해와 연대의 세계시민주의를 실천하는 다원적 정체성이야말로 오늘의 다문화 사회를 열어 가는 미래지향적 특성이라고 할 수 있을 것이다. 경계를 넘어선 다문화적 공생 철학의 실천이야말로 전 세계적인 폭력과 불평등의 고리를 끊고 평화적 공존의 지평을 열어가는 단서를 제공한다.

정치 · 군사적 패권주의가 다문화 사회의 인권과 자유를 침해해서는 안 된다. 우리가 살아가는 지구촌을 여러 가치들이 동등하게 존중받는 열린사회로 만들어 나가려면 여러 민족과 국가와 문화가 호혜적 관계에서 소통하고 교섭해야 한다. 국가 간 정치외교 · 경제적 갈등과 충돌을 평화와 호혜의 원칙 아래 대화와 협력의 방식으로 해결하는 성숙한 태도를 견지해 나가야 한다. 그런 태도와 방식만이 세계적 차원에서 다문화 사회의 공생적 패러다임을 정착시켜 나갈 수 있는 방법이다.

요동치는 동아시아의 정치 · 외교적 상황 속에서 일촉즉발의 무력 충돌 위험을 방지할 수 있는 솔루션도 이와 다르지 않을 것이다. 근년 들어 세계 강대국들의 패권주의가 가장 첨예하게 부딪치고 충돌하는 곳이 바로 한반도 주변이다. 북핵 도발과 사드 배치를 둘러싸고 동아시아 지역의 주도권을 차지하기 위한 미국과 중국의 힘겨루기가 불붙은 형국이다.

현대적 중화주의를 실현하려는 시진핑 주석의 중국과 북한 핵에 대한 강력한 응징을 천명한 트럼프 대통령의 미국에 의해 신(新)냉전 체제 전선이 형성되고 있어 무력 충돌의 우려가 높아가고 있다. 북한의 잇따른 핵 · 미사일 위협에 대응하려는 사드(THAAD · 고고도 미사일 방어체계) 배치 진행에 따른 중국의 군사적 경고와 경제적 보복조치, 주한공관 앞 소녀상 설치를 빌미로 한 일본의 외교적 공세 등으로 한반도 주변의 정치적 기류는 다각적이고 복합적인 난맥상을 보이고 있다. 북핵 문제, 중국과의 사드 갈등, 일본의 소녀상 압력, 트럼프 미국 행정부의 예측불허 외교정책 등은 한국 외교와 안보를 위협하는 '4각 파도'로 언급되고 있다.

북한 김정은 체제는 정권 생존과 국제사회에서의 입지 강화를 위해 핵 실험과 탄도미사일 발사 시험 등을 계속해 나갈 것으로 예상된다. 북한은 국제사회의 비난에도 불구하고 2016년 4, 5차 핵실험을 감행한 데 이어 6차 핵실험의 징조까지 보이고 있다. 한국과 미국은 이에 맞서 사드 배치, 한 · 일 군사정보보호협정 체결 등의 군사적 대응과 함께 국제사회와 공조한 강력한 대북 경제제재 조치를 시행 중이다.

한편, '사드 보복'에 나선 중국은 한류 제재 및 한국산 화장품 수입 불허, 자국민의 한국 관광 중지 조치 등 경제적 보복과 함께 군사적 위협도 불사하고 있다. 중국 폭격기들이 2017년 1월 9일 우리나라의 방공식별구역을 침범해 대한해협과 동해를 누볐다. 또 랴오닝 항모전단은 서태평양과 남중국해에서 군사훈련을 하고, 대만 해협을 통과하는 시위를 벌이기도 했다. 중국 폭격기의 방공식별구역 침범 때는 한·중·일 3국의 전투기 수십 대가 동시에 한반도 주변 상공을 비행하는 위태로운 상황이 벌어지기도 했다. 이처럼 강경한 중국의 군사 대응은 사드 배치를 단행한 한국과 미국에 대한 시위로 볼 수 있다. 특히 한국과 대만에 대해서는 신중화주의 질서를 회복하려는 중국의 굴기에 맞서 미국 편을 들지 말라는 압력을 행사한 것으로 보인다.

중국은 눈부신 경제성장을 바탕으로 과거 중화제국의 영광을 재현하기 위한 적극적인 정치·경제·군사적 행보에 나서고 있다. '일대일로(一帶一路)' 구상 추진이 대표적이다. 아시아와 아프리카, 유럽을 아우르는 육상과 해상의 거대한 세계경제 네트워크를 구축해 새로운 중화질서로 복귀하겠다는 것이다. 이러한 기조를 바탕으로 중국은 남중국해에서 강력한 군사 활동을 전개해 일본, 미국과 갈등의 수위를 높여 가고 있다. 사드 배치에 대해서도 러시아 등과 연계해 강력하게 반발하며 한국에 대한 압박의 강도를 가중시키고 있다.

과거 미국 오바마 정부는 이 같은 중국의 행보를 염두에 둔 아시아 회귀정책, 즉 '아시아 재균형' 정책을 펴면서도 대화와 소통의 끈을 놓치 않는 '전략적 인내' 정책을 폈다. 하지만 새로 취임한 트럼프 대통령은 러시아를 끌어들이면서까지 강력한 중국 견제정책을 구사하고 있다. 북한에 대해서는 일전도 불사할 태세다. 지금 세계 정세는 미국의 트럼프, 중국의 시진핑, 러시아의 푸틴이 힘의 논리를 앞세워 강경 일변도의 정책을 추구하는 '스트롱맨'들의 시대라는 평가가 결코 지나치지 않게 느껴질 정도이다.

오바마 미국 대통령이 포기하지 않고 견지해 온 동아시아 평화와 한반도 비핵화 원칙은 대화 없이 강경책으로 일관하는 트럼프 정부에서 계속 이어질 가능성은 희박해 보인다. 대북정책만 봐도 북한을 '세계의 중대한 위협'으로 간주해 북한 핵 시설에 대한 선제 타격론까지 나오고 있다. 우리의 외교안보 현실이 초미의 위기를 맞고 있는 것이다.

트럼프 대통령의 불확실한 한반도 및 동아시아 정책은 이 지역 외교와 안보의 예측을 힘들게 한다. 모든 문제를 자국 보호와 이익을 우선으로 협상에 임하는 게 그의 외교 스타일이다. 미국은 사드 배치와 함께 주한미군 방위비를 한국이 추가로 부담하는 것을 비롯해 주한미군 주둔에 대한 가변성을 거론할 수도 있다. 일본이 북한의 공격 등에 대비해 한반도 전선 방어를 위한 보다 적극적인 군사적 역할을 맡으려 할 수도 있다. 지금까지 한반도 안보 및 대중국 견제 정책을 지탱해 온 기존의 한 · 미 · 일 3각 동맹 체제의 균열과 변동이 예상된다.

안보법안을 통과시켜 사실상 전쟁할 수 있는 보통국가가 된 일본은 '평화헌법' 개헌을 추진하며 군사적 팽창 움직임을 본격화하고 있다. 조선 식민지배와 중국 침략 등 과거사에 대한 사과는커녕 방위상 등 내각 관료들이 야스쿠니 신사를 참배해 한국, 중국 정부와 갈등을 빚고 있다. 특히 한국에 대해서는 일본대사관 앞 소녀상 설치와 2016년 말 부산 총영사관 앞 소녀상 설치를 이유로 주한 일본대사 등 외교관을 85일간이나 귀국시켰고, 한·일 통화 스와프 협상을 중단하는 등 외교적 보복 공세를 강화하고 있다. "양국 합의에 따라 10억 엔을 출연했으니 한국이 성의를 보여야 한다"며 사실상 소녀상 철거를 요구하고 나선 것이다. 환태평양경제동반자협정(TPP) 무산과 쿠릴 열도 4개 섬 반환 협상 실패로 궁지에 몰린 아베 총리가 자국 여론을 무마하기 위해 한국을 의도적으로 압박하고 있다는 분석도 나온다.

대만에서는 국민당 후보를 제치고 민진당의 차이잉원(蔡英文) 후보가 2016년 5월 총통에 취임했다. 이 기회를 놓치지 않고 당시 트럼프 미국 대통령 당선인은 2016년 12월 차이잉원 총통과 전화 통화를 해 중국을 흔들어 놓았다. 37년 만에 미국-대만 정상 간 대화가 이뤄진 것이다. '하나의 중국'을 고수하고 있는 중국(중화인민공화국)을 대만(중화민국) 카드로 자극함으로써 미국-중국 관계의 불확실성과 충돌 가능성이 증대했다. 또 이에 영향을 받게 될 한반도 정세에 대한 불안감도 높아가고 있다. 중국과 양안(兩岸)관계에서 대립각을 세우고 있는 대만의 차이잉원 총통이 어떤 외교적 노선을 선택할 것인가에 따라 한국 외교의 향방에도 큰 영향을 미칠 것으로 보인다.

이처럼 한국이 처한 작금의 외교적 현실은 구한말의 어지러운 정세를 떠올리게 할 만큼 위태로운 지경이다. 마치 고립무원의 가파른 절벽 위에 서 있는 것 같은 처지다. 강대국들이 자국의 이익을 실현하기 위해 한국의 외교안보망과 경제를 압박해 들어오고 있는 것이다. 외교부조차도 냉전 종식 이후 가장 엄중한 외교·안보 환경이 전개될 것이라는 내용의 2017년 신년 업무보고를 내놨다. 한반도와 동아시아를 둘러싼 강대국들의 패권주의가 노골화되고 있는 지금의 정세는 열강의 동아시아 침략이 극에 달했던 19세기 중반~20세기 중반 격변기의 살벌한 풍경과 닮아 가고 있다. 단지 외교 · 군사적 갈등과 충돌의 내용과 방식이 달라졌을 뿐이다.

강대국들의 의도대로 우리의 외교가 끌려 다니기만 한다면 현대판 '시일야방성대곡(이 날, 목 놓아 통곡하노라)'의 외침이 곧 터져 나올 것만 같은 위기감마저 감돈다. 지금의 상황을 을사조약 체결 당시와 단순 비교하는 것은 가당치 않다. 하지만 열강의 압박과 위협으로 나라의 경제와 외교가 휘둘리는 불안한 정치적 풍경은 당시의 위태로운 지경을 떠올리게 한다.

사정과 형편이 이런데도 우리 정부와 정치권은 무기력하기만 했다. 국가적 차원의 단합된 외교 전략과 정책을 내놓지 못했다. 국민융화와 정치력 결집으로 대선 이후의 어수선한 분위기를 수습해야 한다. 이제는 분열과 대립을 넘어 소통과 화합을 통한 국가적 위기 극복이 시급한 과제로 대두했다.

외교적 사안은 한 번 결정을 잘못하거나 때를 놓치면 주도권을 회복하기 힘들다. 그런 만큼 어느 한 강대국에 치우친 섣부른 판단과 실행도, 그렇다고 속수무책의 방관도 답이 아니다. 외교적 무리수든 외교력 상실이든 그 어느 쪽도 국익에 도움이 되지 않는다. 새 정부는 정치권의 대타협과 '협치'를 이뤄 작금의 외교 안보적 위기를 극복하고 국가와 국민의 안전을 지켜 나가야 마땅하다. 당파주의를 청산하고 위기에 처한 국가부터 구해야 옳다. 국난 극복의 공동 목표 아래 지금까지의 정국 혼란을 종식시키는 결단이 필요하다. 외교에서만큼은 국론 분열의 편 가르기를 그만두고 각 정파가 의견을 수렴하여 통합적이고 일치단결된 외교 전략 및 정책을 실현해 나가야 할 것이다.

안보와 국방을 군건히 하면서 평화외교를 펼칠 수 있는 길을 찾아야 한다. 어떤 외교적 전략을 세워야 한반도와 동아시아의 평화를 유지하며 공생의 역사를 만들어 갈 수 있을지 고민해 나가야 한다. 새 정부는 내부적으로는 민생 경제를 추스르고 대외적으로는 외교안보를 굳건히 하는 일이 급선무다. 나아가 우리는 남북통일을 이룩하고 동아시아 평화를 정착시켜 나가야 할 과제를 안고 있다. 이 같은 비전 아래 경제적 안정과 외교적 실리를 도모하는 것은 우리의 생존전략이자 역사적 숙명과도 같은 것이다. 그런데 고립주의의 세계적인 확산은 이런 전략의 발목을 잡을 수 있다. 평화와 통일은 폐쇄적 자국 보호주의나 대립과 반목의 외교정책으로는 결코 이뤄 낼 수 없는 교류와 교섭의 산물일 것이기 때문이다.

그런 차원에서 우리의 대북정책과 동아시아 외교 전략은 다원적이고 고차원적으로 접근해야 한다. 한 · 미 · 일의 전통적인 방위조약과 동맹 관계는 중시하되, 기존 태평양외교의 틀 속에만 갇혀 있어서는 안 된다. 트럼프 미국 대통령의 자국 우선주의에 대비해야 한다. 주한미군 주둔비용 등 방위비 추가 분담 요구가 거세질 것으로 전망된다. 경제적으로도 그동안 미국 주도의 신자유주의 세계체제에 탑승해 온 한국으로서는 미국의 무역정책 궤도 수정에 따른 정세 변화에 적극 대비해 나가야 한다. 미국이 자국 보호주의에 입각해 개별 국가들과 경제 협상을 새롭게 해 나가는 양자 무역협정 시대가 열린 만큼 한 · 미 FTA(자유무역협정) 재협상은 피할 수 없는 과제이다.

개성공단 철수 이후 단절된 북한과의 대화 및 경제 교류 재개는 물론 중국, 러시아 등과도 다원적인 북방외교를 펴 나가는 전략을 신중히 검토해야 한다. 일본과도 역사 문제와 경제 협력 관계에서 어떤 입장을 취할지 외교 방향을 설정하는 일은 매우 중요하다. 과거사에 대한 사과는 분명히 받아내되 함께 발전할 수 있는 공생의 미래를 개척해 나가는 노력도 분명히 기울여 나가야 한다. 국익을 우선하는 외교에서 영원한 우방도, 적군도 없는 법이다. 실리외교, 등거리외교의 균형 잡기가 그 어느 때보다 절실한 시점이다.

한국이 동아시아 외교에서 살아남는 길은 평화통일 정책 추진을 통해 한반도 비핵화와 동아시아 평화질서 유지의 균형추 역할을 담당하면서 힘을 키워 나가는 전략이다. 그런 역할을 통해 중국과 미국, 일본의 패권 다툼과 신냉전 국제질서에 적극 대응하는 경쟁력을 갖춰 나가야만 우리의 미래를 담보할 수 있다.

이럴 때 필요한 방식과 전략이 기존 정치 질서의 경계를 뛰어넘는 용기와 패러다임 전환이다. 사드 배치 실행으로 혼란스러운 국제 정세를 추스르고, 동아시아 관련 국가들이 평화적으로 윈-윈 할 수 있는 정치적 또는 경제적 국제 네트워크를 가동해야만 한다. 서로가 원하는 조건들을 내놓고 일괄적인 타결을 시도하는 방안을 고려해 볼 만하다. 이를테면 북한의 핵 동결과 한 · 미 군사훈련의 수위 조절을 연계해 협상하면서 남북 대화와 미 · 북 수교, 북핵 폐기 논의를 함께 진행시켜 나가는 전진적이고 통합적인 모색과 실천이 필요하다. 이를 위해 강경 일변도의 미국과 북한을 설득하고 평화회담 성사를 위해 주도적 역할을 해 나가는 것은 새 정부의 역량에 달려 있다. 개성공단 재가동이나 금강산 관광 등 남북 경제교류의 재개도 협상 카드로 제시할 수 있어야 한다. 한반도가 또다시 전쟁터가 되는 비극만은 막아야 하는 게 우리 안보외교의 제1 명제가 되어야 한다. 힘이 있어야 평화를 지킬 수 있다는 논리는 맞다. 하지만 힘으로 상대를 눌러서 굴복시키겠다는 패권주의는 언제 폭발할지 모르는 화약고처럼 위험하기 짝이 없다.

국가 대 국가가 겨루는 힘의 역학관계에 좌우되는 국제정치가 작동해서는 또다시 19세기 중반~20세기 중반 동아시아가 겪었던 혼란이 되풀이될지도 모른다. 최근 미국, 중국, 일본 등 강대국들의 '강 대 강'으로 치닫는 세력 다툼과 유럽의 고립주의 추세는 동아시아는 물론 전 세계를 공멸의 구렁텅이로 몰아넣을 수도 있다. 대한민국이 그런 비극을 막고 모두가 공존·공생할 수 있는 평화로운 동아시아와 지구촌 사회를 열어 가는 중개 역할을 담당해 나가야 한다. 고립과 대결의 원리보다는 대화와 협력, 교류의 원칙이 적용되는 다원적인 외교 전략과 세계시민주의적인 정치·경제 네트워크의 구축이 절실하다.

대표적 다문화 사회인 홍콩은 1997년 중국 반환을 앞두고 심각한 정체성 혼란과 불안을 겪었다. 하지만 중국의 일국양제(一國兩制) 정책에 잘 적응하여 중국과 조화로운 관계를 유지하며 서로 '윈-윈'하고 있다. 대만도 독립주의 노선의 민진당 차이잉원 총통이 취임해 중국과 정치적 긴장을 자아내고 있지만 그동안 중국과 양안관계의 균형을 유지하며 활발한 경제교류 네트워크를 형성해 왔기 때문에 지금도 양국의 관계는 건재하다. 한반도를 바라보는 넓은 안목과 새로운 시각이 요구된다. 열린 마음으로 주변국들과의 상생 네트워크를 만들어 나가야 한다.

평화와 공생을 위협하는 고립주의와 국가주의의 확산은 국가 간 분쟁과 무력 충돌의 위험성을 높인다. 그뿐만 아니라 난민 위기에 따른 폭력 요소도 증가할 가능성이 높다. 대립과 갈등의 위기 상황을 이겨낼 수 있게 하는 다각적 국제공조와 정치·경제 교류 시스템의 회복이 시급하다.

2017년 1월 스위스 다보스에서 열린 2017 세계경제포럼이 발표한 '글로벌 리스크 리포트'를 눈여겨볼 만하다. 이 리포트는 가능성의 측면에서 올해 전 세계 정치 · 경제 · 사회에 가장 큰 위협이 될 요소로 기상이변을 꼽았고, 그다음으로 난민 위기를 선정했다. 테러 공격도 4위를 차지했다. 영향력 측면에서는 대량살상무기가 1위, 난민 위기가 6위, 테러 공격이 8위로 꼽혔다. 이처럼 올해 지구촌은 갈등과 무력 분쟁 요소들의 작동으로 큰 위험에 처해 있다.

1990년대 이후 확산된 신자유주의 세계체제 아래서 전 세계적인 경제 불평등과 사회 양극화 현상이 발생한 게 사실이다. 이런 현상은 종종 정치 · 종교적인 양태의 분쟁과 폭력을 동반하기도 한다. 이로 인해 양산된 난민과 이주민들은 부와 일거리가 집중된 유럽과 미국으로 대거 몰려들게 돼 그 반작용으로 브렉시트(영국의 유럽연합 탈퇴)와 유럽 극우정당의 발호, 미국 우선주의 정권의 출현을 불러왔다. 세계적인 경제 불황 속에서 강대국들은 자유무역에 기반을 둔 다자간 협정과 같은 연대와 협력의 고리를 끊고 극단적 자국 보호주의로 돌아섰다. 하지만 이와 같은 각자도생의 국가정책은 필연적으로 군비확충 등 국가 간 세력 경쟁을 초래해 마치 3차 세계대전이라도 일어날 것 같은 불안과 긴장을 조성하고 있다.

한반도는 북한의 핵 위협, 중국과의 사드 배치 갈등, 일본의 '평화헌법' 개정 추진 등으로 강대국들의 입장과 이익들이 복잡하고 미묘하게 얽혀 들어가며 군사적 충돌의 우려가 점증하고 있다. 이 같은 상태를 지양하려면 관련 국가들의 이익을 함께 반영할 수 있는 호혜적인 평화 체제 구축을 반드시 이뤄 내야 한다. 전쟁이나 무력 충돌로 인한 고통과 희생은 막아야 하겠기 때문이다. 폭력과 난민 문제 등을 근본적으로 예방하기 위해서는 전 세계적인 경제적 불평등과 사회 양극화를 줄여 나갈 수 있는 기획을 국제적인 차원에서 논의해야 한다. 그런 면에서 국제연합을 제창한 이마누엘 칸트와 일본의 사상가 가라타니 고진의 '세계공화국'에 대한 개념과 구상은 시사적이다.

가라타니 고진에 따르면 인류의 영원한 평화를 위해 개별 민족과 국가를 넘어서는 초국가적 공동체를 조직하자는 것이 칸트 구상의 핵심적 요소다. 칸트가 구상한 세계공화국이나 국제연합은 각국이 주권을 방기함으로 형성되는 국가 간 체제로, 국가들 간의 전쟁만 있는 무법상태에서 탈출하기 위한 적극적인 평화론으로 제기됐다. 이와 관련해 고진은 전쟁, 환경파괴, 경제적 격차를 인류가 해결해야 할 세 가지 과제라고 지적하고, 국가와 자본을 통제하지 않으면 인류는 파국을 맞을 것이라고 경고했다. 시사하는 바가 크다. 고진은 그런 차원에서 국제연합을 강화하고 재편성해서 각국의 군사적 주권을 국제연합에 양도함으로써 국가를 지양해야 한다는 주장으로까지 나아간다. 작금의 고립주의와 극단적 국가주의 회귀 경향과는 배치되는 구상이다.

칸트나 고진이 주장하는 국제 평화를 위한 초국가적 체제를 달성하기 위해서는 관용과 포용, 혼종과 연대의 세계시민주의적인 관점과 시선이 필요하다. 이와 관련해 콰메 앤터니 애피아는 우리에게 이방인에 대한 의무가 있으며, 이 세상에 기본적인 권리를 누리지 못하는 사람들이 존재한다면 우리 모두가 의무를 다하지 못한 것이라는 윤리적 차원의 세계시민주의 정신을 제시한다. 또 마사 누스바움은 외부인이나 타자는 위협적인 존재가 아니라 공통의 문제점과 가능성을 우리와 공유한 사람들이라는 사실을 깨닫는 감성과 공감의 능력을 개발해 나가야 한다고 강조한다.

세계시민으로서의 이와 같은 자질들은 상생의 지역공동체와 국제적 연대를 토대로 개별적 국가와 민족들이 서로를 인정하면서 평화적 공생을 도모하는 미래지향적인 정치 기획의 근간이 될 수 있다.

동아시아에서의 맹목석 대결과 충돌, 공멸을 피하려면 '따로 또 같이' 공존하고 공생한다는 태도와 지향으로 한반도 비핵화와 동아시아 평화체제 구축의 과제를 반드시 실현해 나가야 한다. 국가 우선주의와 패권주의의 경계를 넘어 다문화적인 발상과 세계시민적 지향성을 갖는 소통과 교류의 정치외교적인 패러다임 정착이 그 어느 때보다 절실하다고 하겠다.

# 주

## 1부 21세기 신(新)냉전체제

1 윤여일, 『동아시아 담론』, 돌베개, 2016, 234~235쪽.

2 이병한, 『반전의 시대』, 서해문집, 2016, 332, 336쪽.

3 신분적으로 억압된 순희의 몸은 언어적 불구상황과 마찬가지로 육체적으로도 불구임을 보여 준다는 해석이 있다. 감독은 사막을 떠도는 노마드(nomad)적 성(性)이 보여 주는 자유분방함과 경쾌함을 통해 극단적으로 억압된 순희의 성과 대비하고자 한다는 것이다. 김태만, 「재중 코리안 디아스포라의 트라우마」, 『중국현대문학』 제54호(별쇄본), 2010년 9월, 264쪽.

4 김태만, 앞의 논문, 262쪽.

5 이욱연, 『중국이 내게 말을 걸다-이욱연의 중국 문화기행』, 창비, 2008, 301쪽.

6 김동식, 「식민의 역사, 동아시아의 기억-한국 · 중국 · 대만 · 홍콩 · 일본의 몇몇 영화를 중심으로」, 『영상예술연구』 12집, 2008, 20쪽.

7 마루카와 데쓰시 지음, 백지운 · 윤여일 옮김, 『리저널리즘』, 그린비, 2008, 52~53쪽.

8 김양수, 「대만, '나는 누구인가'에 관한 영화적 물음」, 한국 중국현대문학학회, 『영화로 읽는 중국』, 동녘, 2006, 294~295쪽.

9 김동식, 앞의 논문, 15쪽.

10 이병한, 앞의 책, 38쪽.

11 테라시마 지쯔로오, 김항 옮김, 『세계를 아는 힘』, 창비, 2012, 58~60쪽.

12 테라시마 지쯔로오, 앞의 책, 68~70쪽.

13 양태은, 「徐克 영화에서의 "중국" 또는 "동방"」, 중국어문학연구회, 『중국어문학논집』 제30호, 2005, 172쪽.
14 양태은, 앞의 논문, 173~174쪽.
15 이병한, 앞의 책, 18~19쪽, 26~29쪽.
16 안드레 군더 프랭크의 『리오리엔트』, 조바니 아리기의 『장기 20세기』와 『베이징의 애덤 스미스』에서 이 같은 전망이 나온다. 윤여일, 앞의 책, 233~234쪽.
17 이광재 · 김태만 · 장바오윈, 『중국에게 묻다』, 학고재, 2012, 44쪽.

## 2부 근대 서양의 침략과 동양의 응전

1 유용태 · 박진우 · 박태균, 『함께 읽는 동아시아 근현대사 1』, 창비, 2010, 283~284쪽.
2 서경식, 김혜신 옮김, 『디아스포라 기행-추방당한 자의 시선』, 돌베개, 2006, 14쪽.
3 하상일, 「윤동주와 재일 디아스포라」, 한국작가회의 부산지회 『윤동주와 디아스포라』, 2009, 94쪽.
4 하상일, 앞의 논문, 116쪽.
5 양태은, 「민족, 중화의 자존심을 노래하라」, 한국 중국현대문학학회, 『영화로 읽는 중국』, 동녘, 2006, 194~195쪽.
6 크리스 베리, 이은주 옮김, 「스타의 횡단: 초국적 프레임에서 본 리샤오룽의 몸 혹은 중화주의적 남성성」, 김소영 편저, 『트랜스: 아시아 영상문화』, 현실문화연구, 2006, 368쪽.
7 크리스 베리, 앞의 논문, 379쪽.
8 유용태 · 박진우 · 박태균, 앞의 책, 130쪽.
9 임성모, 「동아협동체론과 '신질서'의 임계」, 백영서 외, 『동아시아의 지역질서』, 창비, 2005, 167~169쪽.
10 임성모, 앞의 논문, 192쪽.

11 김정욱, 「문학과 영화, 장르를 넘어 경계를 넘어」, 한국 중국현대문학학회, 『영화로 읽는 중국』, 동녘, 2006, 154쪽.

12 슈테판 크라머, 황진자 옮김, 『중국영화사』, 이산, 2000, 239쪽.

13 레이 초우, 정재서 옮김, 『원시적 열정』, 이산, 2004, 240~241쪽.

14 다이진화, 이현복 · 성옥례 옮김, 『무중풍경』, 산지니, 2007, 85쪽.

15 슈테판 크라머, 앞의 책, 242쪽.

16 다이진화, 앞의 책, 88쪽.

17 다이진화, 앞의 책, 90쪽.

18 슈테판 크라머, 앞의 책, 198~200쪽.

19 강상중, 이경덕 · 임성모 옮김, 『오리엔탈리즘을 넘어서』, 이산, 1997, 50~51쪽.

20 다이진화, 앞의 책, 334쪽.

21 김순진, 「동성애, 퀴어로 읽는 또 다른 중국」, 한국 중국현대문학학회, 『영화로 읽는 중국』, 동녘, 2006, 53쪽.

**3부 우리 곁의 다문화 사회**

1 일요신문 2016년 9월 19일자 기사 참조.

2 헤럴드경제 2016년 4월 9일자 기사 참조.

3 헤럴드경제 2015년 10월 15일자 기사 참조.

4 중도입국 자녀들에 대한 내용은 중앙일보 2016년 10월 13일자 1 · 4 · 5면 참조.

5 아민 말루프, 박창호 옮김, 『사람 잡는 정체성』, 이론과실천, 2006, 43~45쪽.

6 비린더 S. 칼라 · 라민더 카우르 · 존 허트닉, 정영주 옮김, 『디아스포라와 혼종성』, 에코리브르, 2013, 23~27쪽.

7 서경식, 김혜신 옮김, 앞의 책, 14쪽.

8 서경식, 임성모 · 이규수 옮김, 『난민과 국민 사이』, 돌베개, 2006, 150쪽.

9 슈테판 크라머, 앞의 책, 329~330쪽.

10 데이비드 L. 엥, 이경은 옮김, 「퀴어 디아스포라/심리적 디아스포라: 왕자웨이의 공간과 세계」, 김소영 편저, 『트랜스: 아시아 영상문화』, 현실문화연구, 2006, 348~351쪽.

## 4부 폭력 · 사랑 코드로 읽는 재일한인의 세계시민주의

1 김양기, 「재일 KOREAN의 민족적 정체성과 개인 정체성 형성의 갈등」, 한국학중앙연구원 동아시아역사연구소 편, 『정체성의 경계를 넘어서』, 경인문화사, 2012, 31쪽.

2 강상중은 제국주의와 식민주의라는 '이야기'도, 내셔널리즘이라는 '대항 이야기'도 모두 '경계의 정치'와 문화적 헤게모니의 확대에 불과하다고 말한다. 강상중, 이경덕 · 임성모 옮김, 『오리엔탈리즘을 넘어서』, 이산, 1997, 197쪽.

3 사카이 다카시, 김은주 옮김, 『폭력의 철학-지배와 저항의 논리』, 산눈, 2007, 52쪽.

4 사카이 다카시, 앞의 책, 66쪽.

5 아사다 아키라, 문아영 옮김, 『도주론-스키조 키즈의 모험』, 민음사, 2012, 79~80쪽.

6 무페는 사회 공간 속에는 계급, 젠더, 민족 등을 축으로 한 다양한 권력관계가 겹겹이 둘러쳐져 있어 어떠한 개인의 아이덴티티도 복수의 적대관계 속에서 중층적으로 결정되지 않을 수 없다고 주장한다. 우에노 나리토시, 정기문 옮김, 『폭력』, 산지니, 2014, 156~157쪽.

7 알랭 바디우, 조재룡 옮김, 『사랑 예찬』, 도서출판 길, 2010, 40~43쪽.

8 앤소니 기든스, 배은경 · 황정미 옮김, 『현대 사회의 성 · 사랑 · 에로티시즘』, 새물결, 2003, 85~86쪽. E. 프롬, 권오석 옮김, 『사랑의 기술』, 홍신문화사, 2012, 67쪽.

9 앤소니 기든스, 앞의 책, 108쪽. 이 책의 옮긴이인 배은경과 황정미는 기든

스의 합류적 사랑에 대해 각기 따로 흘러오던 두 개의 지류가 합쳐져 하나의 강물이 되어 흐르듯, 두 사람의 정체성이 과거에는 각기 달랐음을 인정한 위에서 다가오는 미래의 시간을 향해 사랑의 유대를 공유하고 새로운 정체성을 협상해 가는 사랑을 말한다고 해석한다.

10 강상중, 앞의 책, 197쪽.

11 정민아는 이러한 서사방식에 대해 주변상황을 이겨내기 위해 '괴물'이 되어간 비정한 아버지를 바라보는 아들이 자기 가족의 역사를 쓰고 있다는 점에서 재일한인 스스로 펼치는 자신의 정체성에 대한 진술의 내러티브라고 평한다. 정민아, 「청춘잔혹물어, 재일한인영화의 디아스포라와 탈식민지 저항」, 『현대영화연구』 제5집, 2008, 180쪽.

12 오마이뉴스, 2009년 6월 24일자, '해외리포트-양석일의 작품세계'를 참조할 것.

13 박정자는 시선은 시대에 따라 변하는 사회문화적 현상이라고 정의한다. 그리고 시선은 타자와의 관계이고, 나와 세계를 맺어 주는 기본적인 매체이기 때문에 시선은 인간관계의 기본인 권력관계와 밀접한 관계를 갖는다고 주장한다. 박정자, 『시선은 권력이다』, 기파랑, 2008, 5~6쪽.

14 가부장제 사회에서 가부장은 가족과 집안에 군림하며 모든 것을 독단적으로 결정하고 처리하는 경향이 있다. 영화 〈피와 뼈〉에서 김준평은 전근대 가부장제 사회의 전형적인 인물상을 보여 준다. 자신의 피와 뼈로 만든 자식은 자신의 것으로서 마음대로 할 수 있다는 생각이나, 아내는 남편의 지배를 받아야 하고 종업원은 사장의 명령을 들어야 한다는 생각은 남존여비와 상하주종 관계를 기초로 하는 전근대적인 가부장제의 발상이다.

15 사카이 다카시, 앞의 책 63쪽.

16 김영심, 『일본 영화 일본 문화』, 보고사, 2006, 54~55쪽.

17 〈피와 뼈〉 팸플릿 글 「엄청나게 압도적인 인간상」에서 영화평론가 사토 타다오는 "인간의 본질에 다가가는, 쉽게 답이 나오지 않는 물음에 끌어들임으로써, 이 영화는 민족 문제나 차별 문제 영화라는 틀을 넘어서 인간이란 무엇인가를 생각하게 만드는 깊이 있는 작품이 되었다"고 썼다. 고화정,

「이질적 타사, 재일조선인의 초상-〈GO〉, 〈피와 뼈〉, 〈박치기!〉를 중심으로」, 『황해문화』 2007 겨울호, 110쪽.

18 서경식, 『난민과 국민 사이』, 122~123쪽.

19 소설 『피와 뼈』 해설에서 김석범은 "김준평은 전설상의 괴물이 아니라 엄연한 일본제국 식민지 지배의 소산인 파행적인 상징"이라고 지적했다. 김준평의 폭력과 돈에 대한 집착의 근원에 대해서는 "김준평 자체가 피식민지인이라는 것, 피식민지성으로서 이데올로기적인 존재"라는 김석범의 지적을 되새겨 볼 필요가 있다. 고화정, 앞의 글, 109쪽 참조.

20 오마이뉴스, 앞의 2009년 해외리포트를 참조할 것.

21 앤소니 기든스, 앞의 책, 182~186쪽.

22 같은 책, 202~204쪽.

23 김영심, 앞의 책, 66쪽.

24 E. 프롬, 앞의 책, 72~79쪽.

25 알랭 바디우, 앞의 책, 67쪽.

26 고화정, 앞의 글, 111쪽.

27 고화정은 영화 〈피와 뼈〉가 거듭 다루는 여성에 대한 폭력에 대해 '인간의 업'이라고 해 버리면 '남자는 성적 욕구 불만 때문에 충동적으로 강간한다'는 극히 본질주의적인 '강간 신화'가 될 뿐이라고 비판한다. 재일조선인 사회에서 남성에 의한 여성에 대한 폭력 혹은 억압을 철저하게 비판하여 극복하려고 한다면, 식민주의 폭력의 작용과 젠더규범의 강화가 어떻게 겹쳐지고 복합적으로 구성되어 있는지를 성찰할 필요가 있는데, 〈피와 뼈〉의 표상에서는 그 실마리조차 잡을 수 없다는 것이다. 고화정, 앞의 글, 112쪽.

28 김영심, 앞의 책, 52~54쪽.

29 유양근, 「영화 〈GO〉, 〈피와 뼈〉, 〈박치기〉의 변주와 수렴」, 『일본학연구』 제36집, 2012, 137~138쪽.

30 일본 오리엔탈리즘이란 일본 스스로 일본이 동양에서 유일하게 근대화한 국가라는 생각을 갖는 인식체계로, 일본은 이를 바탕으로 다른 아시아 국가들에 대해 식민주의적이고 민족 차별적인 권력관계의 주도적 힘을 행사

하려 했다. 이는 일본 제국주의의 사상적 바탕이 된 문화 제국주의적 발상으로, 일본은 일본 오리엔탈리즘을 근거로 한국과 중국 등 다른 아시아 국가들을 근대화시키고 문명화시킨다는 명목을 내세워 제국주의 침략과 식민정책을 펼쳐 나갔다.

31 '임진강'은 월북한 카프 시인 박세영이 작사한 노래로, 1950~60년대 재일 한인들이 남북분단의 아픔과 조국을 등지고 살아가는 자신들의 슬픔을 달래기 위해 즐겨 불렀다. 1968년 당시 마쓰야마 다케시가 조선학교에서 들려오는 이 노래를 듣고 감동을 받아 그 곡과 일본어 가사를 일본의 유명한 3인조 포크송 그룹 '더 포크 크루세더스(포클)'에게 전달했다. 이 노래는 레코드 싱글 앨범으로 발매될 예정이었지만 저작권과 정치적 문제 등의 이유로 발매가 중지됐다. 하지만 이 곡은 콘서트 등을 통해 꾸준히 불리다가 1998년 방송금지에서 풀리고, 2002년 마침내 '포클'의 68년도판 오리지널 곡이 34년 만에 시디(CD)로 재발매돼 인기를 얻었다. 2001년에는 그룹 알피(Alfee)의 사카자키 신스케가 DJ를 하고 있던 인기 FM 라디오 프로그램에서 '임진강' 특집을 방송해 주목받았다. 신명직, 『재일코리안 3色의 경계를 넘어』, 고즈윈, 2007, 99~104쪽. 안민화, 「알려지지 않은 또 다른 한류 붐: 재일 붐과 영화 〈박치기〉」, 김소영 편저, 『트랜스: 아시아 영상문화』, 현실문화연구, 2006, 215~216쪽.

32 안민화는 『키네마 준보』 2005년 1월 하순 호에 실린 「특집 박치기: 이즈츠 가즈유키 인터뷰」를 인용해 영화 〈박치기〉를 출발시킨 감독과 제작자의 의도와 시선에 대해 언급했다. 필자는 또 노래 '임진강'이 새롭게 인기를 얻은 배경에 대해 2000년 남북정상회담 개최와 2002년 한일 월드컵 공동개최 등의 역사적 사건을 배경으로 한류문화가 붐을 일으키며 한반도 문화에 대한 관심이 고조되었기 때문이라고 분석하고 있다. 안민화, 앞의 글, 216쪽.

33 이지연은 재일코리언들이 공유하고 있는 같은 민족이라는 유대감은 애초부터 그들이 태생적으로 지니고 있었던 것이 아니라 일본사회 속 차별이 만들어 낸 정서적 연대감이고 공동체의식의 발로라고 지적했다. 이지연,

「다큐 영화 〈우리학교〉를 통해 본 재일조선인 연구-재일조선인의 정체성과 민족의 의미를 중심으로」, 부경대학교 인문사회과학연구소, 『인문사회과학연구』 제14권 제2호, 2013, 43쪽.

34 사카이 다카시, 앞의 책, 57~58쪽.

35 같은 책, 52쪽.

36 같은 책, 63쪽.

37 카야노 도시히토, 김은주 옮김, 『국가란 무엇인가』, 산눈, 2010, 16쪽, 162쪽.

38 베네딕트 앤더슨, 윤형숙 옮김, 『상상의 공동체』, 나남출판, 2002, 27쪽.

39 니시카와 나가오는 국민성과 국민문화라는 신화는 사람들에게 국민임을 최고의 보람(조국을 위해 죽는 것)으로 만들었고, 자기와 타자의 참된 모습과 관계에 대한 인식을 왜곡하고, 때로는 상호 멸시와 반감을 품도록 만들었다고 지적한다. 니시카와 니가오, 윤해동 · 방기헌 옮김, 『국민을 그만두는 방법』, 역사비평사, 2009, 45~46쪽, 141~142쪽.

40 카야노 도시히토, 앞의 책, 162~163쪽.

41 알랭 바디우, 앞의 책, 40쪽.

42 같은 책, 41~43쪽.

43 신명직, 앞의 책, 106쪽.

44 신하경은 이 영화가 2000년대 일본의 내셔널리즘 경향 확대와 북한에 대한 마녀사냥식 몰이 등의 일방적인 정치적 상황을, 서로가 이해하기 위해 폭력도 불사했던 1968년이라는 시점을 설정하여 간접적으로 비판하고 있다고 분석한다. 신하경, 「1960년대 오시마 나기사 영화 속의 재일조선인 표상」, 한국일본문화학회, 『일본문화학보』 제45집, 2010, 188쪽.

45 김태만, 「재일코리안 디아스포라의 트라우마-영화 〈우리에겐 원래 국가가 없었다〉, 〈박치기〉, 〈우리학교〉를 중심으로」, 『동북아문화연구』 제25집, 2010, 383쪽.

46 안민화, 앞의 글, 224~225쪽.

47 정민아, 앞의 글, 186~187쪽.

48 가네시로 가즈키, 김난주 옮김, 『GO』, 북폴리오, 2006.

49 가네시로 가즈키, 앞의 책, 표지 설명을 참조할 것.

50 사카이 다카시, 앞의 책, 66쪽.

51 대담 「들뢰즈 · 가타리를 읽는다-이마무라 히토시 · 아사다 아키라」편에서 이마무라는 들뢰즈의 유목론을 이처럼 정의하고, 참된 의미에서 민주주의가 가능하다면 소수 유목주의(nomadism) 운동, 탈영토 운동의 절대화 같은 것에 있을 것이라고 했다. 아사다 아키라, 앞의 책, 79~80쪽.

52 신명직, 앞의 책, 156쪽

53 '조선적'을 가진 재일한인은 무국적 상태로, 예외적으로 북한의 여권을 발급받기도 하지만 여행이나 유학 등의 목적으로 해외에 나갈 때는 여권 없이 일본이 발행하는 재입국허가증만 갖고 출국하기 때문에 불안하고 불편을 겪는다. 서경식, 김혜신 옮김, 『디아스포라 기행』, 돌베개, 2006, 24~25쪽.

54 최원식, 「주변, 국가주의 극복의 실험적 거점-동아시아론 보유(補遺)」, 『주변에서 본 동아시아』, 문학과지성사, 2004, 327~328쪽

55 신명직, 앞의 책, 160쪽.

56 일본 내 조선학교가 초기에 북한 정부의 지원을 받은 것은 사실이다. 하지만 세월이 갈수록 관심과 지원이 줄어들어 조선학교를 일으켜 세운 것은 재일한인 자신이라는 주체적 인식이 학부모들 사이에 널리 퍼져 나갔다. 신명직, 같은 책, 20~21쪽.

57 같은 책, 159쪽.

58 사카이 다카시, 앞의 책, 66쪽.

59 앤소니 기든스는 결여가 직접적으로 자기 정체성과 관련되므로 낭만적 사랑은 불완전한 개인을 완전한 전체로 만들어 주는 어떤 것이라고 설명한다. 앤소니 기든스, 앞의 책, 85~86쪽.

60 E. 프롬, 앞의 책, 67쪽.

61 통명(通名): 일반에 널리 알려져 통하는 이름. 재일코리언들은 일본사회에서 민족적 차별을 피하기 위한 생활상의 편의로 본명을 숨긴 채 일본식 이름을 통명으로 사용하는 경우가 많다. 이 영화에서는 스기하라(杉原)가 통

넹이다.

62 최원식은 이 상황을 그들 젊은 육체의 자유로운 교섭에 날카로운 분단선을 긋는 정치적 무의식이라고 진단한다. 최원식, 앞의 글, 330쪽.

63 김영미, 『팝콘과 배낭-아시아, 영화로 기행하다』, 현실문화연구, 2006, 204쪽.

64 앤소니 기든스, 앞의 책, 87쪽.

65 최원식, 앞의 글, 330쪽.

66 앤소니 기든스, 앞의 책, 87쪽.

67 정민아는 〈GO〉가 민족이라는 대명제가 개인의 삶으로 초점화되는 방식, 자이니치의 특별한 체험을 청춘이라는 보편적 주제로 승화시키는 발전적 전망을 보여 준다고 평가한다. 정민아, 앞의 글, 184쪽.

68 유양근은 이 같은 판타지적 구성은 결과적으로 역사성이나 현실적인 문제로부터 독립된 또 다른 이야기 공간으로 기능할 수 있어, 재일한인의 정체성이나 일본의 역사 인식 문제를 제기할 수 있는 단초가 된다고 지적한다. 유양근, 앞의 글, 152쪽.

69 최원식은 사쿠라이가 스기하라에게서 전후 고도성장 사회에서 온실의 꽃처럼 성장한 일본 남성들에게서 찾아볼 수 없는 강렬한 야성을 발견했기 때문에 그에게 매료됐다고 독해하고 있다. 최원식, 앞의 글, 326쪽.

70 서경식에 따르면 1947년 재일코리언을 '외국인으로 간주한다'는 외국인등록령이 일본 쇼와 천황 칙령으로 선포됐다. 이때 한반도는 민족분단을 둘러싼 대립이 심화된 상태로, 조선 사람들의 독립 국가는 성립되지 않은 상태였다. 많은 재일코리언들이 국적란에 '조선'이라고 기입했는데, 이는 조선반도 출신 즉 조선 민족의 일원이라는 민족적 귀속의 기호였지 국적의 의미가 아니었다. 그리고 일본은 지금까지 북한과 공식적으로 국교를 수립하지 않았기 때문에 '조선적'이 조선민주주의인민공화국(북한)의 국적을 뜻하지는 않는다. 따라서 조선적은 어떤 국가도 가리키지 않는 기호로서 현재까지 지속되고 있다. 서경식, 『디아스포라 기행』, 21쪽.

71 우에노 나리토시, 앞의 책, 153쪽.

72 우에노 나리토시는 서로를 적이 아니라 경쟁상대로 대하면서 복수의 가치와 이해가 복잡하게 뒤얽힌 쟁점을 둘러싸고 서로 논쟁하는 다원적인 데모크라시의 모습이 무페가 구상한 민주주의라고 설명하고 있다. 우에노 나리토시, 앞의 책 156~157쪽.

73 신명직, 앞의 책, 178쪽.

74 아마르티아 센은 개인을 둘러싸고 있는 다원적 정체성으로 이를테면 시민권, 주거 소재, 출신지역, 젠더, 계급, 정치관, 직업, 고용 형태, 식습관, 스포츠 취미, 음악 취향, 사회 참여 등을 들고 있다. 아마르티아 센, 이상환 · 김지현 옮김, 『정체성과 폭력』, 바이북스, 2009, 36~37쪽.

75 아민 말루프, 앞의 책, 44~45쪽.

76 신명직, 앞의 책, 199쪽.

77 앤소니 기든스, 앞의 책, 108쪽.

78 같은 책, 107~112쪽.

79 저자는 합류적 사랑은 반드시 일부일처제적이어야 할 필요가 없으며 이성애와 특수한 연관을 갖고 있지 않다고 말한다. 또한 합류적 사랑은 관능의 기술을 결혼 관계의 핵심에 도입한 최초의 사랑 형태이며, 성적 쾌락의 상호적 성취를 결혼 관계의 유지 또는 해소를 좌우하는 핵심 요소로 만들었다고 지적한다. 같은 책, 107~112쪽.

80 E. 프롬, 앞의 책, 61쪽.

81 신명직은 이제는 '핍박받는 재일조선인'과 '차별하는 일본인'만 존재하는 것이 아니라고 지적한다. 대적해야 할 상대는 물론 같은 대오라고 생각했던 사람들마저 대체 어디가 '아방'이고 어디가 '타방'인지 분간하기 힘들어졌다는 것이다. 신명직, 앞의 책, 171쪽.

82 윤인진, 고려대학교출판부, 『코리안 디아스포라-재외한인의 이주, 적응, 정체성』, 2004, 184~185쪽.

83 김진환은 '발명된 민족'의 시각에 공감하는 사람들에게는 재일한인이 민족 구성원인가, 아닌가 하는 문제는 그다지 중요한 것이 아니라고 지적한다. 또 이처럼 민족공동체에 매여 있기를 스스로 거부하는, 민족이라는 개념으

로 자신의 정체성을 규정하는 것을 거부하는 능동적 주체를 가리켜 '탈민족 디아스포라'라고 명명하자고 제안하고 있다. 김진환, 「재일조선인 정체성 연구 현황과 과제」, 『한민족문화연구』 제39집, 2012, 383쪽.

84 김현선, 「국적과 재일 코리안의 정체성-조선 · 한국적 유지자의 삶과 의식을 중심으로」, 『경제와 사회』 통권 제83호, 2009년 가을호, 338~339쪽.

85 권숙인은 후쿠오카 야스노리의 책 『在日韓國 · 朝鮮人』(동경: 중앙공론사, 1998, 183~184쪽)을 인용해 재일한인을 조국지향, 귀화지향, 개인지향, 공생지향(다문화적 지향) 등 4가지 타입으로 설명하고 있다. 권숙인, 「월경(越境)하는 정체성: 재일한인, 민족, 그리고 '우리'」, 중앙대학교 민족발전연구원, 『민족발전연구』 제7호, 2002, 120쪽.

86 김영심, 앞의 책, 44쪽.

87 서경식은 네이션을 근대 국민국가라는 정치공동체의 주권자라고 파악할 경우, 전 지구를 뒤덮고 있는 현재의 국민국가 시스템 속에서 주권으로부터 끊임없이 배제당해 온 구 식민지인들이 스스로를 주권자로 형성하려는 것은 당연하고도 정당한 요구라고 주장한다. 그리고 이러한 요구가 대두하는 것은 문화 본질주의에 사로잡혀 있거나 민족자결의 이데올로기를 신봉하기 때문이 아니라, 구 식민지 출신자들이 지금도 여전히 차별구조 속에 놓여 있다는 사실 그 자체 때문이라는 것이다. 서경식, 『난민과 국민 사이』, 167쪽.

88 권숙인, 앞의 글, 125쪽.

89 세계시민주의의 기원 등에 관한 내용은 콰메 앤터니 애피아, 실천철학연구회 옮김, 『세계시민주의』, 바이북스, 2008, 19~21쪽을 참조할 것.

90 콰메 앤터니 애피아, 앞의 책, 22쪽.

91 누스바움은 시민에게 필수적인 감성과 공감의 능력은 문학, 특히 소설이 권장하는 상상력을 통해 계발될 수 있으며, 이러한 문학적 상상력이 곧 '시민적 상상력'이라고 주장한다. 마사 누스바움, 황은덕 옮김, 「민주 시민과 서사적 상상력」, 『오늘의 문예비평』 79호, 2010년 겨울호, 23쪽.

92 이마누엘 칸트의 초국가적 공동체 구상과 가라타니 고진의 '세계공화국'

개념은 가라타니 고진, 조영일 옮김, 『세계공화국으로』, 도서출판b, 2007, 183~186, 220~225쪽을 참조할 것.

93 서경식의 앞의 책 『디아스포라 기행』 14쪽. 신명직, 「디아스포라의 '성찰'과 '소통'」, 부산작가회의, 『요산문학 100년, 21세기 생명과 평화를 찾아서』, 2008, 287쪽.

94 비린더 S. 칼라 · 라민더 카우르 · 존 허트닉, 정영주 옮김, 『디아스포라와 혼종성』, 에코리브르, 2014, 139쪽, 142쪽.

95 아브릴 트리고는 발터 벤야민의 아우라 개념을 빌려 진정성의 아우라 미학에 갇혀 있는 문화의 정체성을 기꺼이 포기하는 탈아우라적 실용주의가 혼종성 개념의 실천적 의미라고 주장한다. 김용규는 이러한 탈아우라적 실용론으로서의 혼종문화론을 가장 치밀하게 전개한 이론가들로 호미 바바와 네르토르 가르시아 칸클리니를 꼽는다. 김용규, 『혼종문화론』, 소명출판, 2013, 326~327쪽.

96 강상중은 재일한인, 중국동북부의 조선족, 연해주와 중앙아시아에 거주하는 고려인 등 동북아시아에 산재하는 코리언계 소수자의 관계를 '코리언 네트워크'라고 부른다. 강상중, 고정애 옮김, 『재일 강상중』, 삶과꿈, 2004, 207쪽.

97 구모룡은 대안으로서의 지역문화는 근대와 전통, 중심과 주변, 근대성과 식민성, 서구와 아시아 등 대립항들이 만드는 함정에 빠지지 않고 생성의 공간, 희망의 공간을 만드는 혼종성에서 찾을 수 있다고 말한다. 다시 말해 대립항들을 중층적으로 인식함으로써 중심과 주변, 세계적인 것과 지방적인 것의 변증법을 모색할 수 있다는 것이다. 구모룡, 『근대문학 속의 동아시아』, 산지니, 2012, 74~75쪽.

98 강상중은 식민지 지배와 전쟁으로 얼룩진 동북아시아 지역에도 공동체의식이 싹틀 가능성은 있다고 말한다. 그것은 동아시아 지역에 옛날부터 국가를 초월한 중층적인 교류가 있어 왔기 때문이라는 것이다. 그러한 교류의 현대적 회복을 위해 코리언 네트워크, 특히 재일한인의 역할은 상상보다 클 것이라는 게 강상중의 생각이다. 강상중의 앞의 책 『재일 강상중』,

207~209쪽.

99 박광현, 「재일한국인 · 조선인의 정체성에 관한 연구」, 고려대학교 일본학 연구센터, 『일본연구』 제13집, 2010, 424쪽.

### 5부 경계를 넘어

1 아마르티아 센, 앞의 책, 18~21쪽.

2 재특회는 2006년 설립된 우익 시민단체로 재일한인이 가지고 있는 권리를 없애고 외국인으로 대우해야 한다고 주장한다. 재특회는 2009년 12월 교토 조선 제1초급학교에서 '김치냄새 난다', '일본 땅을 돌려놓아라', '북조선 스파이 양성기관' 등을 확성기로 발언하며 이 장면을 유튜브에 올렸다. 이 사건으로 교토조선학원으로부터 민사소송을 당한 재특회와 회원들은 2013년 교토지방법원으로부터 가두선전 금지와 손해배상 명령을 받았다. 경향신문 2013년 10월 14일자 참조할 것.

3 콰메 앤터니 애피아, 앞의 책, 24~26쪽.

# 참고문헌


강상중, 이경덕 · 임성모 옮김, 『오리엔탈리즘을 넘어서』, 이산, 1997.

강상중, 고정애 옮김, 『재일 강상중』, 삶과꿈, 2004.

곽수경 편저, 『영화로 만나는 현대중국』, 산지니, 2012.

구모룽, 『근대문학 속의 동아시아』, 산지니, 2012.

김영미, 인디컴 시네마 엮음, 『팝콘과 배낭』, 현실문화연구, 2006.

김영심, 『일본 영화 일본 문화』, 보고사, 2006.

김용규, 『혼종문화론』, 소명출판, 2013.

김소영 편저, 『트랜스: 아시아 영상문화』, 현실문화연구, 2006.

박정자, 『시선은 권력이다』, 기파랑, 2008.

백영서 외, 『동아시아의 지역질서』, 창비, 2005.

서경식, 김혜신 옮김, 『디아스포라 기행』, 돌베개, 2006.

서경식, 임성모 · 이규수 옮김, 『난민과 국민 사이』, 돌베개, 2006.

신명직, 『재일코리안 3色의 경계를 넘어』, 고즈윈, 2007.

유용태 · 박진우 · 박태균, 『함께 읽는 동아시아 근현대사 1』, 창비, 2010.

윤여일, 『동아시아 담론』, 돌베개, 2016.

윤인진, 『코리안 디아스포라』, 고려대학교출판부, 2004.

이광재 · 김태만 · 장바오윈, 『중국에게 묻다』, 학고재, 2012.

이병한, 『반전의 시대』, 서해문집, 2016.

이욱연, 『중국이 내게 말을 걸다』, 창비, 2008.

최원식, 『주변에서 본 동아시아』, 문학과지성사, 2004.

한국 중국현대문학학회, 『영화로 읽는 중국』, 동녘, 2006.
한국학중앙연구원 동아시아역사연구소 편, 『정체성의 경계를 넘어서』, 경인문화사, 2012.
아마르티아 센, 이상환 · 김지현 옮김, 『정체성과 폭력』, 바이북스, 2009.
아민 말루프, 박창호 옮김, 『사람 잡는 정체성』, 이론과실천, 2006.
아사다 아키라, 문아영 옮김, 『도주론』, 민음사, 2012.
앤소니 기든스, 배은경 · 황정미 옮김, 『현대 사회의 성 · 사랑 · 에로티시즘』, 새물결, 2003.
알랭 바디우, 조재룡 옮김, 『사랑 예찬』, 도서출판 길, 2010.
베네딕트 앤더슨, 윤형숙 옮김, 『상상의 공동체』, 나남출판, 2002.
비린더 S. 칼라 외, 정영주 옮김, 『디아스포라와 혼종성』, 에코리브르, 2013.
다이진화, 이현복 · 성옥례 옮김, 『무중풍경』, 산지니, 2007.
에드워드 사이드, 박홍규 옮김, 『오리엔탈리즘』 개정증보판, 교보문고, 2012.
E. 프롬, 권오석 옮김, 『사랑의 기술』, 홍신문화사, 2012.
가네시로 가즈키, 김난주 옮김, 『GO』, 북폴리오, 2006.
가라타니 고진, 조영일 옮김, 『세계공화국으로』, 도서출판b, 2007.
카야노 도시히토, 김은주 옮김, 『국가란 무엇인가』, 산눈, 2010.
콰메 앤터니 애피아, 실천철학연구회 옮김, 『세계시민주의』, 바이북스, 2008.
마이크 크랭 · 나이절 스리프트 엮음, 최병두 옮김, 『공간적 사유』, 에코리브르, 2013.
마루카와 데쓰시, 백지운 · 윤여일 옮김, 『리저널리즘』, 그린비, 2008.
미셸 푸코, 이상길 옮김, 『헤테로토피아』, 문학과지성사, 2014.
니시카와 나가오, 윤해동 · 방기헌 옮김, 『국민을 그만두는 방법』, 역사비평사, 2009.
레이 초우, 정재서 옮김, 『원시적 열정』, 이산, 2004.
사카이 다카시, 김은주 옮김, 『폭력의 철학』, 산눈, 2007.
슈테판 크라머, 황진자 옮김, 『중국영화사』, 이산, 2000.

테라시마 지쯔로오, 김항 옮김, 『세계를 아는 힘』, 창비, 2012.
우에노 나리토시, 정기문 옮김, 『폭력』, 산지니, 2014.

## 찾아보기

**ㅇ**



**ㅈ**

# 영화로 만나는 동아시아

초판 1쇄 발행 2017년 6월 5일
2쇄 발행 2017년 12월 18일

지은이 백태현
펴낸이 강수걸
기획 이수현
편집장 권경옥
편집 정선재 윤은미 박하늘바다 김향남
디자인 권문경 조은비
펴낸곳 산지니
등록 2005년 2월 7일 제333-3370000251002005000001호
주소 부산시 해운대구 수영강변대로 140 BCC 613호
전화 051-504-7070 | 팩스 051-507-7543
홈페이지 www.sanzinibook.com
전자우편 sanzini@sanzinibook.com
블로그 http://sanzinibook.tistory.com

ISBN 978-89-6545-423-6 03340

* 책값은 뒤표지에 있습니다.
* 이 도서의 국립중앙도서관 출판예정도서목록(CIP)은 서지정보유통지원시스템 홈페이지(http://seoji.nl.go.kr)와 국가자료공동목록시스템(http://www.nl.go.kr/kolisnet)에서 이용하실 수 있습니다.(CIP제어번호: CIP2017011325)